REICH
Sewastopol
Sochumi
(Dioscurias)
Kutaissi
Poti
Rioni
(Phasys)
Schwarzes Meer
Batumi
Sinop
Terme Çayi
(Thermodon)
Hamsiköy
Trabzon
(Trapezunt)
Altinordu
(Ordu)
Macka
Soumelá-Kloster
Kastamonu
Samsun
Ünye
Giresun
Zigana
Havza
Trabzon
Erzurum
Merzifon
Kastamonu
Gümüshane
Amasya
Tokat
Erzurum
Sivas
Sivas
Mamuretül-Aziz
Ankara
(Angora)
Ankara
Harput
Diyarbakir
Malatya
Kayseri
Diyar-bakir
OSMANISCHES REICH
Euphrat
Urfa
Konya
Konya
Adana
Halab
Iskenderun
(Alexandrette)
Aleppo
Deir ez-Zor
Adana
Sandschak Zor
1878 an Großbritannien verpachtet, 1914 annektiert
Zypern
Beyrut
Dimashk
Beirut
Damaskus
Mittelmeer

Mirko Heinemann
Die letzten Byzantiner

Mirko Heinemann

Die letzten Byzantiner

Die Vertreibung der Griechen vom Schwarzen Meer
Eine Spurensuche

Ch.Links VERLAG

Zur Schreibweise von Namen oder Orten: Im Allgemeinen werden die heutigen türkischen Ortsnamen verwendet, in den historischen Passagen auch die damals üblichen griechischen. Wenn es eine gängige deutsche Bezeichnung gibt, dann wird diese verwendet. Alle Gesprächspartner haben mir erlaubt, sie mit vollem Namen zu zitieren. Dass ich bei vielen von ihnen dennoch nur den Vornamen angebe, dient ihrem Schutz und ist der ungewissen politischen Entwicklung in der Türkei geschuldet.

Auch als ebook erhältlich

Die Deutsche Nationalbibliothek verzeichnet diese Publikation in der Deutschen Nationalbibliografie; detaillierte bibliografische Daten sind im Internet über www.dnb.de abrufbar.

Ch. Links Verlag ist eine Marke der Aufbau Verlage GmbH & Co. KG

3., durchgesehene Auflage, 2022

Die Erstausgabe erschien 2019 im Christoph Links Verlag GmbH.
Prinzenstraße 85, 10969 Berlin
www.christoph-links-verlag.de
Umschlaggestaltung: Nadja Caspar, Ch. Links Verlag,
unter Verwendung einer Postkartenansicht des Hafens
von Ordu, um 1925 (Archiv Mirko Heinemann)
Satz: Eugen Bohnstedt, Ch. Links Verlag
Frontispiz: Familie Alexandra und Christos Markopoulos,
Kavala 1937 (Archiv Mirko Heinemann)
Karten: Peter Palm, Berlin
Druck und Bindung: Druckerei F. Pustet, Regensburg
Gedruckt auf säurefreiem, alterungsbeständigem Papier

ISBN 978-3-96289-093-3

Inhalt

Für meine Familie

Über Griechen, Türken, Deutsche
Einführung

Es sind schemenhafte Erinnerungen, die blitzartig auftauchen und wieder verschwinden: ein Kampfflugzeug, das den blauen Himmel über der Ägäis mit einem Knall zerreißt. Ein Fluch, den meine Großmutter ausstößt, in einer Sprache, die ich nicht verstehe. Die Legende von meiner Großtante, die als todkrankes Kind ein Feuer prophezeit und damit die ganze Stadt in Schrecken versetzt. Mein Onkel, der von Konstantinopel schwärmt, einer Stadt, die es nicht mehr gibt. Das Schild an der Landstraße mit dem Umriss einer Insel, darunter die Aufschrift: »Cyprus – we never forget.« Rote Farbe, die Blut darstellen soll, tropft an ihr herunter.

Immer war es »der Türke«, dessen Schatten über diesen Szenen lag. »Der Türke« bedrohte die Idylle, in der ich meine Sommerferien verbrachte. Von der westdeutschen Stadt, in der ich aufwuchs, fuhr ich jedes Jahr mit meiner griechischen Mutter und meinem deutschen Vater in die griechische Hafenstadt Kavala im Norden der Ägäis, wo uns meine Großmutter, Onkel und Tanten und viele andere, die ich Onkel und Tante nannte, erwarteten.

»Der Türke« will Krieg, so hörte ich es von Verwandten, Freunden und aus dem Fernsehen. Er provoziert mit Grenzverletzungen, er bohrt in griechischem Territorium nach Öl und trägt überhaupt die Schuld am »Kaimos«, dem Leiden des griechischen Volkes. Außerdem ist er Urheber der Tragödie, die meine Familie die Heimat gekostet hat, die einst am Schwarzen Meer lag.

Bevor die Republik Türkei im Oktober 1923 ausgerufen wurde, vereinbarten die Türkei und Griechenland mit der Zustimmung der Siegermächte des Ersten Weltkriegs einen sogenannten Bevölkerungsaustausch: 1,2 Millionen orthodoxe Christen, also »Griechen«, die bisher als Bürger des Osmanischen Reichs auf dem Gebiet der Türkei gelebt hatten, mussten ihre Heimat verlassen und nach Griechenland umsiedeln. Im Gegenzug verloren 400 000 Muslime, also »Türken«, ihre Heimat im heutigen Griechenland und mussten in die Türkei. So etwas hatte es bis dahin nicht gegeben: Ein internationaler Vertrag zwischen den Großmächten, der Friedensvertrag von Lausanne, legalisierte die Vertreibung von 1,6 Millionen Menschen.

Meine Großeltern bestiegen im Winter 1922/23 das Schiff, das sie nach Europa brachte. Die Griechen vom Schwarzen Meer – dem Pontos Euxeinos oder kurz Pontos, wie die Hellenen sagen – stießen in Griechenland auf noch mehr Abneigung als etwa die griechischen Flüchtlinge von der kleinasiatischen Ägäisküste.

Die Heimat der Pontier lag weit entfernt vom griechischen Mutterland, die kulturelle Kluft war tief. Viele Pontier waren einfache Bauern gewesen, sprachen nicht einmal richtiges Griechisch, sondern nur Türkisch und ihren pontisch-griechischen Dialekt. Völlig mittellos kamen sie in das arme Griechenland, wo sie versuchten, sich als Tagelöhner über Wasser zu halten. Viele ihrer Nachkommen verdingten sich in den 1960er-Jahren als Gastarbeiter in der Bundesrepublik.

Unter Griechen hat man sich bis in die jüngste Zeit Witze über die Hinterwäldler aus Anatolien erzählt. Der Vergleich mit den Ostfriesen, den in Deutschland lebende Griechen gern ziehen, hinkt. Bei den Pontiern handelte es sich um Deportierte, die oftmals Familienangehörige verloren hatten und selbst vielleicht gerade noch mit dem Leben davongekommen waren. Viele von ihnen schämten sich ihrer Herkunft, wie auch ihres Status als Flüchtling. Umso mehr bemühten sie sich, zu den besten Griechen überhaupt zu werden. Meine Großmutter war stets bestrebt, Hochgriechisch zu sprechen. Sie arbeitete hart im Geschäft meines Großvaters mit. Ihre Schwermut überspielte sie, wie ich erst viel später verstand, mit Zurückhaltung und Bescheidenheit.

***

Ich weiß noch genau, wie das Zimmer in Kavala aussah, in dem meine Großmutter starb: ein rechteckiger Raum mit vielleicht zehn Quadratmetern Grundfläche, aber hohen Decken. Neben der einzigen Tür stand ein kleiner Kanonenofen. Die Tür führte in die offene Küche, an die sich wiederum die Diele anschloss. Von dort aus gelangte man in zwei weitere Räume. Der eine hatte einen Balkon zur Straße. In beiden Räumen standen Betten. Sie wurden nur genutzt, wenn Gäste oder Familienmitglieder zu Besuch kamen. Von der Diele aus ging es über eine Treppe hinunter und durch einen schmalen Gang zur belebten Straße hinaus. Das Ladengeschäft neben der Haustür gehörte einem Fleischer. Der hatte es über viele Jahre an einen Fischhändler vermietet, danach an einen Bäcker. Dann stand es leer. Keinem Passanten würde das Haus besonders ins Auge fallen, nur der Balkon mit der geschmiedeten Brüstung im ersten Stockwerk gab der Fassade einen Hauch Noblesse.

Das Zimmer meiner Großmutter lag im hinteren, im ruhigen Teil der Wohnung. Man hörte das laute Ticken der Standuhr in der Diele, aus dem alten Kleiderschrank duftete es streng. Ihr schmales Bett, auf dem eine dicke Matratze lag, stand an der Stirnwand gegenüber der Tür, es füllte beinahe die gesamte Breite des Raumes aus. An der Wand daneben hing das Familienfoto in Schwarz-Weiß, darauf war sie Mitte 30. Eine kleine, magere, aber entschlossen wirkende Frau mit markanten Wangenknochen und einer altertümlichen, runden Brille, die sie auch als alte Dame noch trug. Da war sie eine elegante Person, stets im Schwarz der Witwen gekleidet, das silbergraue Haar zu einem Dutt hochgesteckt. Ihr Name war Alexandra Markopoulou, geborene Tatsou.

Zwei Fenster hatte das Zimmer, die beide auf den engen Hinterhof führten. Das kleinere war mit Draht vergittert und diente zugleich als Durchstieg auf eine kleine, überdachte Terrasse; seine Flügel wurden mit einem Klemmbügel verschlossen. Von der Terrasse aus führte wiederum eine Treppe zu der Wohnung meiner Tante eine Etage darüber. Der normale Weg zu meiner Tante hätte eine Etage hinuntergeführt, durch den Hof und über die Außentreppe zwei Etagen hinauf. Stieg man durch das kleine Fenster, konnte man diesen Weg abkürzen.

Mein kleiner Bruder und ich fanden das Fenster großartig, wie auch die verschlungene und völlig unpraktische Verbindung zur oberen Wohnung. Meine Großmutter zwängte sich aber nicht mehr hindurch. Lieber blieb sie auf einem Hocker neben dem Fenster sitzen, während meine Tante sich auf der anderen Seite auf die Terrasse hockte. So sprachen sie miteinander durch das kleine, vergitterte Fenster wie zwei Delinquentinnen in einem bizarren Beichtstuhl, jede in ihrer eigenen Welt. Sie redeten und redeten, Stunde um Stunde, so kam es mir jedenfalls als Kind vor. Meine Mutter gab ab und zu ihre Kommentare aus der Küche dazu. Worüber sprachen sie?

Es waren Geschichten, die mich damals nicht interessierten und die ich auch nicht verstand. Meine Tante nickte zustimmend, und meine Mutter hatte mehr mit uns Kindern zu tun. Die Erzählungen schienen von etwas Fernem, lange Vergangenem zu handeln, durchsetzt mit vielen Klagelauten, »Ach« und »Aman«. Sie spielten in einer Zeit, in der das Haus meiner Großmutter woanders stand und die Welt eine andere war. Von all dem ahnten wir Kinder nichts. Über ihre frühere Heimat sprach meine Großmutter selten mit uns – und wenn wir sie fragten, klang es, als ginge es um eine andere Person in einem fremden Land.

Das war es nun ja auch geworden: Ihre Heimatstadt Ordu lag fern im Osten, an der Küste des Schwarzen Meeres auf dem Staatsgebiet der Türkei, für griechische Staatsbürger unerreichbar und für immer verloren. An die alte Zeit erinnern in Griechenland heute noch die gelb unterlegten Straßenschilder mit dem byzantinischen Doppeladler, auf denen »Konstantinoupolis« neben einer Kilometerangabe steht. Dort, im heutigen Istanbul, residiert noch immer der oberste Patriarch der griechisch-orthodoxen Kirche, seit nunmehr 1500 Jahren.

Die Beziehungen zwischen der Türkei und Griechenland sind immer noch unterkühlt. Die Grenze wurde und wird mit martialischen Zäunen, finster aussehenden Grenzsoldaten und schwerem Kriegsgerät abgesichert. Wie zwei bis aufs Blut zerstrittene Nachbarn liegen sich die beiden NATO-Mitglieder gegenüber. »Ein aggressives Volk mit barbarischen Sitten«, pflegte einer meiner Onkel über die Türken zu sagen. Ich erinnere mich an die überschnappende Stimme der Reporter im Fernsehen, wenn es wieder Provokationen an der Grenze zu vermelden gab. Dann war ein türkisches Kampfflugzeug in den griechischen Luftraum eingedrungen, eine türkische Flagge war auf einem unbewohnten Eiland gehisst worden, oder ein türkisches Ölbohrschiff hatte in einem umstrittenen Meeresgebiet operiert.

Die Griechen, so wurde mir eingeimpft, seien während der 400 Jahre, in denen ihr Land Teil des Osmanischen Reichs war, von den »Türken« unterdrückt worden. Noch heute umspanne Griechenland ein »muslimischer Gürtel«, der von Albanien über die Siedlungsgebiete der muslimischen Volksgruppen Jugoslawiens, Bulgariens und Thrakiens bis nach Kleinasien reiche, und halte es im Würgegriff. Hier stehe das letzte Bollwerk des Abendlandes gegen die drohende Islamisierung, deren Speerspitze die Türkei sei. Nicht umsonst galt ein dreijähriger Militärdienst für alle – außer für mich, der ich als Deutschgrieche davon freigestellt war. Mit erhobenem Zeigefinger wurde auf den Einmarsch der Türken in Zypern 1974 verwiesen – so werde es auch Griechenland ergehen, sollte es nicht stark und wachsam bleiben.

Auf der türkischen Seite ging es offenbar ähnlich zu. Türkische Freunde erzählten mir später, wie der »Grieche« in den Schulbüchern als größter Feind der Türken dargestellt wurde.

Darin überfielen Griechen arglose Dorfbewohner, bis die ruhmreiche türkische Armee unter der Führung von Mustafa Kemal Atatürk zurückschlug und die Griechen ins Meer trieb.

In unserer westdeutschen Stadt lebten Griechen wie auch Türken. Sie waren Mitschüler, Nachbarn, Gastarbeiter und damit Kollegen meines Vaters in der Stahlfabrik oder Betreiber kleiner Restaurants. Ich hatte nichts gegen sie. Ihre Lebensweise war mir sogar vertraut: Die Düfte, die aus ihren Küchen aufstiegen, die orientalisch geprägten Melodien und die Rhythmen ihrer Musik, die durch die Straßen tönte, die Menschen und ihre Art zu reden und zu gestikulieren – all das kannte ich aus meinen Sommerferien. Selbst ihre Religion wirkte auf mich anheimelnder als die Art, wie Katholiken oder Protestanten ihren Gottesdienst abhielten. Der Gesang des Imams, der Koranverse rezitiert, erinnerte mich an den des Priesters im griechisch-orthodoxen Gottesdienst.

Die Feindschaft zwischen Griechen und Türken konnte ich nicht nachvollziehen. Sprache und Religion waren zwar unterschiedlich, aber die Kultur schien mir doch recht ähnlich zu sein. Woher kam diese Antipathie meiner griechischen Verwandten, die von biblischer Kraft zu sein schien und mich an die Geschichte von Kain und Abel erinnerte? Das Dunkel, in dem die Vergangenheit meiner Familie lag, bereitete mir Unbehagen. Hatte meine Existenz womöglich mehr mit dieser Feindschaft zu tun, als ich mir eingestehen wollte? Und warum konnte ich so wenig mit den Zuschreibungen anfangen, die mir in Griechenland serviert wurden? War ich zu sehr Deutscher, der Kritik an dem Fremden reflexhaft abwehrte, weil ihn das in zahllosen Schulstunden über den Holocaust eingeimpfte schlechte Gewissen plagte?

Meine griechische Familie ist zerrissen, Missgunst und Erbstreitigkeiten haben sie entzweit. Zwischen den Angehörigen der jüngeren Generationen ist der Zusammenhalt schwach. Wir sind in der Welt verstreut, viele leben in Großstädten, sind urbane Nomaden geworden. Die Frage nach meiner Identität, ob ich Deutscher bin, Grieche oder nur ein »halber Grieche«, wie man mir oft unterstellte, hat sich mir niemals wirklich gestellt. Ich war immer Deutscher, in meiner Sozialisation, meinem Aussehen, meiner Sprache, mit meinem Namen. Sogar mein serbischer Vorname verlor spätestens nach dem Mauerfall sein Alleinstellungsmerkmal, als ich feststellte, dass »Mirko« unter Sachsen, Thüringern und Mecklenburgern meiner Generation verbreitet war. Ich war also so deutsch wie Ronny, Kevin, Thomas oder Klaus. Aber ganz offensichtlich war da noch mehr – nur was?

Meine Suche nach Antworten führte zwangsläufig in die Vergangenheit. Der kritische Zeitraum umfasst die Jahre zwischen dem Sommer 1917 und dem Winter zwischen den Jahren 1922/23. Es war die Zeit, in der meine Großeltern den Orient hinter sich ließen und Europa erreichten, räumlich wie kulturell. Es war die Zeit, in der beide Staaten, Griechenland wie auch die Türkei, endgültig zu dem wurden, was sie heute sind: Nationalstaaten, die von ihrer ethnischen Vielfalt und ihrer gemeinsamen Geschichte nichts mehr wissen wollten.

Alexandra
Was aus Ordu erzählt wird

Der Sommer des Jahres 1917 war kein Sommer wie jeder andere im Küstenstädtchen Ordu am Schwarzen Meer. Die heißesten Tage waren vorüber, nun stand die Haselnussernte an. Jede Hand wurde gebraucht. Von den Kämpfen des Weltkriegs merkte man an diesem abgelegenen Küstenstreifen nicht viel. Nur die jungen Männer hatte es getroffen. Sie mussten Militärdienst leisten. Deshalb waren es vor allem Frauen und Kinder, die Sträucher schnitten und sie zum Trocknen auf den Boden legten, während die Großeltern den Haushalt besorgten.

Die Wanderarbeiter aus dem Osten Anatoliens, die jedes Jahr bei der Ernte halfen, waren in diesem Sommer nicht gekommen. So blieb muslimischen Türken und christlichen Griechen nichts anderes übrig, als die Arbeit gemeinsam zu erledigen. Von morgens bis abends schufteten sie auf dem heimischen Hof, und wenn die Arbeit getan war, gingen sie zu den Nachbarn und halfen dort mit. Klang der Stundenschlag von der Kirche im Westen der Stadt herüber, hielten die Christen kurz inne und bekreuzigten sich. Rief der Muezzin von der Moschee im Osten, hieß es: Gebetszeit für die Muslime.

In den letzten Jahren war das Misstrauen zwischen den Volksgruppen größer geworden. Natürlich wäre auch zuvor kein Muslim je auf die Idee gekommen, sein Kind mit einem Christen zu verheiraten – und ein Christ umgekehrt genauso wenig. Jeder Junge und jedes Mädchen wusste von klein auf, wo die unsichtbaren Grenzlinien zwischen den Vierteln verliefen. Auch, wo diejenigen wohnten, die Hass versprühten. Der Karajannis, der Schwarze Johannes, der die türkischen Kinder bespuckte – von ihm hielten sie sich besser fern. Die kleinen Griechen wiederum fürchteten sich vor Osman dem Lahmen, über den die grausamsten Geschichten kursierten. Dennoch rannten die türkischen und griechischen Kinder gemeinsam über die Friedhöfe, erzählten sich Geschichten von Engeln und dem Satan und schauderten.

Über das Schicksal der Armenier wurde nur im Flüsterton gesprochen. Zwei Jahre war es nun her, dass der Ausrufer mit seinem eindringlichen Singsang durch die Gassen gezogen war und den Ferman verkündete, den Erlass des Sultans: Alle Armenier sollten ihr Hab und Gut verkaufen und zusammenpacken, was sie tragen konnten. Binnen Tagen müssten sie den Ort verlassen, danach würden sie in ein neues Siedlungsgebiet gebracht. Es kam zu einem Exodus ungeahnten Ausmaßes: In Gruppen von mehreren Hundert Menschen zogen sie davon, mit kleinen Karren oder Rucksäcken, bewacht von Soldaten. Seit diesen Tagen im Juli 1915 standen die Häuser im armenischen Viertel von Ordu leer. Nicht einmal die Kinder wagten sich in die Nähe der leerstehenden Bauten und der großbürgerlichen Villen, deren Türen im Wind knarzten. Und niemand traute sich, nachzufragen, wohin die früheren Nachbarn gebracht worden waren.

Viele Griechen zogen sich in ihre Häuser zurück und beteten, dass man sie verschonen möge. Andere zuckten mit den Achseln. Das war eben der Krieg. Das Osmanische Reich hatte sich mit Deutschland verbündet und kämpfte im Osten gegen Russland, an der Westfront und auf See gegen Frankreich und England. Der schon greise Sultan Mehmet V. hoffte auf die militärische Stärke der Deutschen. Gemeinsam mit ihnen sollte das Reich wieder zu seiner einstigen Größe zurückfinden. Im kleinen Ordu, weit entfernt von der Hauptstadt Konstantinopel, wusste man nur wenig über die Verbündeten. Einer, der schon mal einem Deutschen begegnet sein konnte, war mein Urgroßvater Anastasios Tatsos. Er entstammte einer alteingesessenen Familie von Schwarzmeer-Griechen, die Seefahrer gewesen waren, so weit die Erinnerung zurückreicht. Tatsos kommandierte oder besaß sogar ein Kaiki, ein hölzernes Segelschiff, mit dem er Handelsgüter – meist Haselnüsse und anderes Trockenobst – die Küste entlang bis ins benachbarte Trabzon im Osten oder nach Konstantinopel im Westen transportierte und andere Güter zurückbrachte. Er mochte also schon in den Bosporus gesegelt sein, vorbei an den prächtigen Residenzen des deutschen Botschafters und der Familie Krupp, vielleicht hatte er deutsche Kriegsschiffe gesehen – und er könnte die Gerüchte gekannt haben, die in der Hauptstadt kursierten: dass die Deutschen längst die Macht übernommen hätten und der Sultan die Marionette eines Kaisers im fernen Berlin sei, der die Herrschaft über alle Muslime anstrebe.

Ordu lag im Osten des Omanischen Reichs, hier blickte man eher nach Russland, dessen glitzernde Städte nur wenige Tagesreisen mit dem Dampfschiff entfernt waren. Die orthodoxen Griechen sahen die ebenfalls orthodoxen Russen als ihre Schutzmacht an, vor vielen Jahren hatten sich die Russen diesen Status sogar vertraglich gesichert. Außerdem lebten in den russischen Küstenstädten ebenfalls viele Griechen. Die Handelsbeziehungen waren eng. Viele hofften insgeheim, die Russen würden endlich einmarschieren, die Herrschaft über die Schwarzmeerküste übernehmen oder sie an diejenigen zurückgeben, die sich seit alters her für die wahren Herren dieser Gegend hielten: die Griechen.

Im Sommer 1917 wurde diese Hoffnung riesengroß. Die russische Armee war auf dem Vormarsch, sie hielt bereits Trabzon besetzt, wo sie einen militärischen Stützpunkt errichtet hatte. Es schien nur noch eine Frage der Zeit, bis auch Ordu unter russische Besatzung geriet. Die Griechen beteten darum, ihre muslimischen Nachbarn zitterten davor.

Am 9. August 1917 schien dieser Tag endlich gekommen. Es war schon dunkel, der Vollmond stand über der Stadt. Plötzlich donnerte es. In einigen Gebäuden unten am Markt brach Feuer aus. Dichter Rauch wirbelte durch die engen Gassen des griechischen Viertels, dessen Häuser dicht am Hang standen. Wer

Aussicht auf das Meer hatte, sah im Mondlicht schemenhaft ein Dutzend Kriegsschiffe, die Flammen spuckten. Geschosse schlugen in der Unterstadt ein, eines auch in der griechischen Kirche. Auf den Straßen liefen Menschen zusammen, schrien und weinten. Die Schiffe hatten Boote ausgesetzt, die auf den Strand zuhielten.

Die Kriegsschiffe kamen aus Trabzon, und sie hatten die russische Fahne gehisst. Doch sie waren nicht gekommen, um zu bleiben. Es war ein Raid, ein militärischer Überfall. Die russischen Soldaten sprengten in Ordu ein Munitionsdepot und zerstörten ein Flugfeld. Als die Griechen begriffen, dass die Russen wieder verschwinden würden, brach Panik aus. Rufe erschallten: »Die Türken werden sich an uns rächen. Verlasst eure Häuser! Hinunter zum Hafen!«

Unter den Hunderten, die auf die russischen Schiffe zuströmten, war ein Mädchen, 15 Jahre alt. In ihr Gedächtnis hatte sich ein Bild fest eingebrannt, das sie ihr Leben lang verfolgen sollte: wie sie ihre Pantoffeln, die sie im Haus trug, neben die Haustür stellte. »Wir sind bald wieder zurück«, hatte die Mutter getröstet. Die beiden rannten durch die Gassen des griechischen Viertels hinunter zum Pier, wo sich die Menge versammelt hatte und auf die Kais strömte. Sie sahen, dass fremde Boote dort anlegten. Mitten im Getümmel entglitt der Mutter die Hand des Kindes.

Von irgendwoher erschallten Rufe: »Frauen und Kinder zuerst!« Die Menschen schoben das Mädchen weiter, bis es plötzlich ganz vorne auf dem Landungssteg stand. Ein russischer Matrose hob es ins Boot herunter. Starr vor Schreck ließ sie es geschehen. Erst als das Boot ablegte und die Männer es mit kräftigem Ruderschlag auf die Schiffe zusteuerten, kam sie zur Besinnung. Über ihr schaukelten die Sterne im Rhythmus der Riemenschläge, um sich herum hörte sie das Gewimmer von anderen Kindern und ihren Müttern. Hinter dem Rauch lugte der Mond hervor. Er warf sein fahles Licht auf eine unheimliche Szenerie: Das Ufer war schwarz vor Menschen, hinter ihnen brannten Häuser. Das Mädchen konnte nicht ahnen, dass dies ihr letzter Blick auf ihre Heimatstadt sein würde. Sie würde das Haus, in dem sie geboren und aufgewachsen war, niemals wiedersehen.

So erzählte meine Mutter die Geschichte, die sie wiederum von ihrer Mutter gehört hatte. Das 15-jährige Mädchen, das auf dem Weg zum Schiff von seiner Mutter getrennt wurde: Das war Alexandra, meine Großmutter.

***

Diese Geschichte gehörte für mich lange in den Kreis der Sagen des griechischen Altertums, die ich als Kind verschlang. Eine der vielen Legenden aus dem Reich meiner Großmutter, ähnlich wie ihre Geschichten von weinenden oder wundertätigen Ikonen. Sie tauchte aus den Tiefen meines Gedächtnisses wieder auf, als ich aus beruflichen Gründen über die Flucht der Deutschen nach dem Zweiten Weltkrieg recherchierte.

Damals fuhr ich auf einem Forschungsschiff gemeinsam mit dem US-amerikanischen Ozeanographen Robert Ballard auf der Ostsee zu der Stelle, an der ein deutsches Flüchtlingsschiff gesunken war: die »Wilhelm Gustloff«. Auf ihr versuchten im Januar 1945 viele Deutsche aus dem von der Roten Armee umzingelten Ostpreußen zu fliehen. Kurz nach dem Auslaufen wurde das völlig überfüllte Schiff vor der pommerschen Küste von einem sowjetischen U-Boot torpediert und sank. Von den 10 000 Menschen an Bord kamen etwa 9000 ums Leben, die meisten waren Zivilisten. Ballard erkundete das Wrack mit einem Tauchroboter, dessen Kameraaufnahmen wir auf einem Bildschirm verfolgen konnten. Im Lichtkegel der Scheinwerfer blickten wir mit Schaudern auf ein von zerfetzten Fischernetzen eingehülltes, rostiges Ungetüm. Ein Massengrab.

Meine Großmutter war ebenfalls auf ein Flüchtlingsschiff gestiegen. Wohin haben die russischen Kriegsschiffe die vielen Menschen gebracht? Und warum mussten die Griechen fliehen? Meine Onkel waren gestorben, meine einzige Tante litt bereits an

Demenz. Ich drängte meine Mutter, alles zu notieren, woran sie sich erinnern konnte. Und dann packte ich meine Sachen und fuhr in das Land, das einst die Heimat meiner Großmutter war und sich heute Türkei nennt.

Zwiespältiges Trabzon

Was von der byzantinischen Metropole übrig blieb

Am Abend des 2. August 2016, fast auf den Tag genau 99 Jahre, nachdem Alexandra ihre Heimatstadt zum letzten Mal sah, lande ich auf dem Flughafen Sabiha Gökçen in Istanbul. Zwei Wochen nach dem Putschversuch gegen Präsident Erdoğan herrscht hier der Ausnahmezustand: Vor den Passkontrollen warten die Ankommenden in langen Schlangen, überall stehen schwer bewaffnete Sicherheitskräfte. Es geht nur im Schneckentempo vorwärts. Lange habe ich überlegt, ob ich die Reise überhaupt antreten soll. Ich habe mit Freunden telefoniert, die in Istanbul leben. Mit Korrespondenten, die aus der Türkei berichten. Mit türkischen Journalisten, die in Deutschland leben. Am Ende habe ich mich für die Reise entschieden. Ich werde es später nicht bereuen. Ich erlebe ein Land im Rausch, Menschen, die mit allabendlichen Festen auf den großen Plätzen ihren Präsidenten feiern. Aber ich sehe auch viele, die abseitsstehen, sich zurückhalten und die euphorisierten Massen meiden.

Dieser Kontrast ist bereits bei meiner Einreise zu spüren. Kurz vor den Schaltern teilt sich die Schlange in eine für türkische Staatsbürger und eine für Ausländer. Die junge Frau vor mir wird immer nervöser. Sie tritt von einem Fuß auf den anderen, schaut sich hektisch um. Ich frage sie, ob ich irgendwie helfen könne. Sie verneint. Im Flieger habe ich neben ihr gesessen, wir kamen ins Gespräch. Sie sei in Istanbul geboren und studiere derzeit in Berlin, erzählte sie, und wie schön sie die vielen Bäume und Parks in Berlin finde und wie erholsam und still die deutsche Hauptstadt im Vergleich zu Istanbul sei.

Darüber kamen wir auf den Istanbuler Gezi-Park zu sprechen und auf die Proteste dort zwei Jahre zuvor. Studenten aus Istanbul hatten damals gegen die Pläne der Regierung demonstriert, den kleinen Park im Zentrum der Stadt mit einer Shopping-Mall zu bebauen. Bald weitete sich die Protestbewegung auf andere Teile der Bevölkerung aus. Tausende Menschen, viele davon jung, reisten aus der ganzen Türkei nach Istanbul und campierten aus Protest im Park und auf dem benachbarten Taksim-Platz. Im Juni 2013, nach mehreren Wochen Besetzung, wurde der Platz gewaltsam geräumt. Danach demonstrierten Hunderttausende im ganzen Land gegen den autoritären Regierungsstil des damaligen Ministerpräsidenten Recep Tayyip Erdoğan.

Die Augen meiner Sitznachbarin leuchteten, als sie von der Aufbruchsstimmung erzählte, die damals unter den jungen Leuten geherrscht habe: »Wir waren kurz davor, das Land zu verändern.« Nach der Niederschlagung der Proteste sei eine Zeit der Depression angebrochen. Viele ihrer Freunde seien ins Ausland gegangen, weil sie in der Türkei keine Zukunft mehr für sich sahen. Andere fürchteten, von Polizei oder Geheimdiensten überwacht zu werden. Sie selbst habe immer ein mulmiges Gefühl, wenn sie nach Hause komme, sagte sie.

Dieses Bekenntnis kommt mir in den Sinn, als ich bemerke, dass sie die Schlange für Ausländer nicht verlassen will, obwohl die für türkische Staatsbürger viel kürzer ist. Nach zwei Stunden Wartezeit wird sie bei der Kontrolle problemlos durchgelassen. Wir winken uns noch kurz zu, dann verschwindet sie in der Menge. Mein Anschlussflug nach Trabzon ist weg, aber ich erhalte ein neues Ticket für einen späteren Flug.

Unter den Reisenden nach Trabzon herrscht ein anderes Erscheinungsbild vor als im Flieger Berlin-Istanbul. Zwei Drittel aller Frauen tragen Kopftuch, viele sind vollständig verhüllt. Trabzon gilt als eine der konservativsten Städte der Türkei, eine Hochburg der islamischen Partei AKP. Die Familie von Präsident Erdoğan stammt aus der Nachbarstadt Rize.

Ich erreiche Trabzon um Mitternacht. Es herrschen milde Temperaturen, der Vollmond steht hoch über den Pontischen

Bergen, die wie monströse Schatten in die Höhe ragen. Von der Gangway aus sehe ich das Schwarze Meer im Mondschein liegen, still wie ein riesiger Bergsee. Von hier aus sind es nur zwei Stunden mit dem Bus Richtung Westen bis nach Ordu, die Heimatstadt meiner Großmutter. Ich nehme aber ein Taxi nach Trabzon, wo ich erst einmal bleiben möchte. In der alten griechischen Metropole, die über Jahrtausende die Hauptstadt der Region am östlichen Schwarzen Meer war, hoffe ich, auf Spuren der Menschen zu stoßen, die einst hier gelebt haben.

Mein Hotel liegt direkt neben dem Meydan, dem Hauptplatz im Zentrum der Stadt. Obwohl es inzwischen mitten in der Nacht ist, haben sich dort um die 500 Menschen versammelt. Sie lauschen andächtig einer Gruppe von Geistlichen, die im Halbkreis auf einer Bühne sitzen und offenbar Suren aus dem Koran vortragen. Der Platz ist von Scheinwerfern erhellt. Einer von ihnen strahlt einen Baum an, an dem in etwa fünf Metern Höhe eine lebensgroße Stoffpuppe wie an einem Galgen hängt. Sie trägt einen Turban, auch hat man sie grob mit einigen Gesichtszügen versehen. Auffällig sind die hängenden Augenlider und der Schnauzbart. Es ist klar, wen die Puppe darstellen soll: den Prediger Fethullah Gülen, den Erdoğan für den Putsch verantwortlich macht.

Ich habe den Eindruck, einer Voodoo-Zeremonie beizuwohnen. Obwohl alles friedlich wirkt, schaue ich, dass ich schnell ins Hotel komme. Als ich im Bett liege, höre ich vereinzelt kehlige Rufe in den Straßen: »Allahu Akbar«. Mal kommen sie von weither, dann wieder scheint jemand direkt vor meinem Fenster zu schreien. Es wird eine unruhige Nacht. Ich bin froh, als die Lautsprecher der Moschee knacken und der Muezzin mit dem ersten Gebet des Tages beginnt.

Am Morgen führt mich mein Weg direkt an der gehenkten Puppe vorbei. Ich bin irritiert, wie viele Menschen unter ihr umherspazieren, ohne sie eines Blickes zu würdigen. Ich muss immer wieder hinschauen. Einige Kinder sammeln Stöcke vom

Boden auf und werfen sie in den Baum, als wollten sie Kastanien herunterholen. Die Szenerie erinnert an eine Steinigung. Im antiken Griechenland wurden Landesverräter gesteinigt, oft ohne Prozess, es reichte, wenn der mutmaßliche Verräter bei einer verdächtigen Handlung ertappt worden war. Auch gegen den im Exil lebenden Fethullah Gülen gab es keinen Prozess; ob er wirklich an dem Putsch beteiligt war, ist noch Jahre später unklar. Ich frage mich, wer die Puppe ausstaffiert und im Baum angebracht hat.

Trabzon ist in ein Meer von Nationalflaggen getaucht. Von beinahe jedem Fenster hängt eine rote Fahne mit der Mondsichel und dem Stern darauf. An einer Brücke sind große Plakate vertäut, die Erdoğan zeigen und daneben Atatürk, den von vielen Türken abgöttisch verehrten Republikgründer. Der nördliche Teil des Meydan ist von hölzernen Aufstellern eingerahmt: eine Fotoausstellung mit Bildern aus der Nacht, als der Militärputsch scheiterte. Am Ausgang der Gasse, die auf einer Seite von Stellwänden und auf der anderen von Materialzelten gebildet wird, hängt ein überdimensionales Transparent zwischen zwei Häusern. Es zeigt ihn: Recep Tayyip Erdoğan, den Präsidenten, vor 16 kleinen gelben Sternen, die um eine gelbe Sonne kreisen. Die Sterne, so erfahre ich später auf einer Website über die nationalen Symbole der Türkei, repräsentieren alle jemals bestehenden türkischen Reichsgebilde in der Geschichte. Die Sonne im Zentrum symbolisiert die Republik Türkei.

Mein Spaziergang führt mich hinauf auf den Boztepe, den Hausberg von Trabzon. Ein findiger Unternehmer hat Terrassen in den steilen Hang schlagen lassen und ein Gartencafé eröffnet. In den versteckt angelegten Pavillons sitzen junge Paare und halten sich verschämt an den Händen. Treppen verbinden die einzelnen Inseln mit Tischgruppen, von denen aus man in die Tiefe blickt. Viele der Gäste sprechen arabisch. Ihr Kleidungsstil lässt vermuten, dass sie Touristen aus Saudi-Arabien sind: Die Männer tragen kurzärmelige, helle Hemden und lange Hosen, die Frauen die Abaya, ein schwarzes, bodenlanges Gewand, und um den Kopf einen vollständig geschlossenen, schwarzen Schleier. Bei manchen sind selbst die Augen von einer feinen Gaze bedeckt. Ansonsten ist die Vollverschleierung hier unüblich. Viele türkische Frauen sind gar nicht verschleiert, manche tragen ein eng um den Kopf geschlungenes Tuch. Ich komme mit zwei jungen Syrern ins Gespräch, die englisch sprechen. Sie erzählen, dass sie aus Homs stammen und in Trabzon einen Job gefunden haben.

Der Ausblick ist grandios: Entlang der Küste schlängelt sich die Autobahn, gesäumt von frisch erbauten Hochhäusern. Fern im Westen glitzert das neue Stadion für den örtlichen Fußballclub Trabzonspor. Man sieht der Stadt den Wirtschaftsaufschwung der letzten Jahre an. Von hier oben kann man gut erkennen, woher sie ihren Namen hat: Der griechische Begriff »Trapezous«, zu Deutsch »Tisch«, bezieht sich wahrscheinlich auf den annähernd rechteckigen Hügel neben der Altstadt. Da hier die letzten Ausläufer des pontischen Gebirges abbrechen, hat Trabzon einen guten Blick auf das Meer und ist von Süden her durch das Gebirge geschützt. Zwischen den Ausläufern der Stadt und dem Meer liegt ein mit Gestrüpp bewachsener Küstenstreifen. Der Hafen mit seinen Containerterminals liegt am östlichen Stadtrand, dort, wo die Ebene endet und die Berge an die Küste stoßen.

Die ersten Siedler waren Griechen. Sie sollen aus Sinop herübergekommen sein, dem wohl ältesten griechischen Handelsstützpunkt am Schwarzen Meer. Sinop liegt ebenfalls an der Nordküste der Türkei, ziemlich genau in der Mitte zwischen dem Bosporus am Westrand und Georgien am Ostrand. Seefahrer aus der Ägäisstadt Milet haben den Ort im 7. Jahrhundert vor Christus gegründet. Auf der Rückseite des Boztepe, im Landesinneren, erstreckt sich ein militärisches Übungsgelände mit Stahltor und Stacheldraht. Danach wird es ländlich. Durch verdorrtes Gehölz und Buschwerk zieht sich ein ausgetrocknetes Flusstal, in dem gelbes Schilf steht. Auf dem trockenen Talboden ducken sich ein paar ärmliche Bauernhäuschen. Sie sehen aus, als halte sie nur noch der Mörtel zusammen, mit dem die vielen Schadstellen an der Fassade verputzt sind. Ein angebundener Esel schaut traurig auf den Boden, während sein Schweif in zuckenden Bewegungen Fliegen verscheucht. Auf der anderen Seite des Tals, hinter dem nächsten Hügel, wächst eine Armada aus nagelneuen Hochhäusern aus der Erde.

Wie der Besucher eines fremden Planeten wandere ich über das Geröll auf die gigantomanische Satellitenstadt zu. Hunderte Wohntürme stehen verstreut in der hügeligen, kargen Landschaft, ohne erkennbares städtebauliches Konzept. Ein Ortsschild verrät, wie diese anatolische Vorstadtvision heißt: »Boztepe I«. Es gibt keinen Supermarkt, kein Geschäft, nicht einmal einen Kiosk. Nur betonierte Spielplätze mit bunt bemalten Geräten. Es fahren auch keine Busse. Stattdessen kurven Dutzende von Sammeltaxis auf Serpentinen zwischen den Häusern herum und bringen die Arbeiter aus Trabzon zurück nach Hause. Zählt man die knapp 300 000 Einwohner des modernen Trabzons mit denen von Boztepe I und den anderen Neubaugebieten in der Umgebung zusammen, entsteht eine Flächenstadt, deren Einwohnerzahl die türkischen Behörden mit knapp 800 000 angeben. Schon bald wird daraus eine weitere türkische Millionenstadt werden.

Über verschlungene Serpentinenstraßen wandere ich zurück in das Zentrum von Trabzon. Auch die Innenstadt wirkt an vielen Stellen, als sei sie erst in den letzten Jahrzehnten entstanden. Tatsächlich sind viele alte Gebäude aus ideologischen Gründen entfernt worden, lese ich in einem Stadtporträt der Journalistin Amalia van Gent. Demnach wurde die Kirche St. Gregor, einst ein Wahrzeichen der Stadt, in den 1940er-Jahren abgerissen. Die Oper musste im folgenden Jahrzehnt weichen. Auch den osmanischen Han, die Karawanserei, in der einst die Kamelkarawanen von der Seidenstraße einkehrten, gibt es nicht mehr. Trabzon sollte modern und türkisch werden. Dem Bauboom der 1980er-Jahre schließlich fielen die legendären Terrassengärten mit den Feigen- und Granatapfelbäumen sowie den Rebstöcken zum Opfer.

Nur im Basar ist noch etwas vom alten Orient zu spüren. Bunte Kleider wehen hoch über den engen Gassen, die Waren stapeln sich vor den Geschäften. Händler rufen mit lauter Stimme ihr Angebot hinaus. So muss es hier schon früher zugegangen sein, als die Stadt ein Umschlagplatz zwischen Asien und Europa war. Auf alten Schwarz-Weiß-Bildern wirkt Trabzon mit seiner Oper und vielen gut gekleideten Passanten großbürgerlich und städtisch, eine Kulturmetropole.

Die beinahe 3000-jährige Geschichte Trabzons ist nirgendwo anschaulich dargestellt; es wirkt fast, als schäme man sich ihrer. Das städtische Museum, das im ehemaligen Haus eines griechischen Bankiers untergebracht ist, zeigt zwar auch archäologische Funde, aber überwiegend wird die Geschichte seit der Republikgründung 1923 dargestellt. Das alte Trabzon scheint verschwunden unter dem Stahl und dem Beton der Neubauten.

Als wichtigste touristische Sehenswürdigkeit wird immerhin eine griechische Kirche angepriesen: die Hagia Sophia, türkisch Ayasofia. Die Basilika gehörte einst zu einem orthodoxen Kloster aus dem 13. Jahrhundert. Damals wurde in Trabzon bereits seit zwei Jahrtausenden griechisch gesprochen. Dass sich diese Epoche ihrem Ende zuneigte, hätten die Erbauer womöglich ahnen können. Trapezunt, wie es seinerzeit hieß, war mitsamt seines umgebenden Territoriums ein Relikt des Weltreichs, das einst den gesamten Mittelmeerraum beherrscht hatte: Byzanz.

Die Hagia Sophia thront auf einem Felsen hoch über dem Meer. Der würzige Duft von Pinien liegt in der Luft, gedämpft dringt der Verkehrslärm von der mehrspurigen Küstenstraße herauf. Im Schatten der Bäume verkaufen Bürgerkriegsflüchtlinge aus Syrien gekühltes Trinkwasser in Plastikflaschen. Auch die Bauherren der Hagia Sophia (»heilige Weisheit«), die Herrscherfamilie Komnenos, waren geflüchtet. Die Kirche sollte sie an ihre alte Heimat erinnern. Ihr Vorbild, die berühmte Hagia

Die Hagia Sophia von Trabzon, 2016

Sophia, stand in Konstantinopel. Sie war wesentlich größer und bis hinüber nach Asien sichtbar. Doch für die Komnenen war sie in unerreichbare Ferne gerückt. In den Überresten der einst blühenden Hauptstadt des byzantinischen Reichs hausten Kreuzritter. Sie waren im Jahr 1204 auf einem irrlichternden Raubzug in die Stadt eingefallen. Offiziell hatten die Kreuzfahrer Jerusalem einnehmen sollen, ein geheimes Abkommen der Anführer aus Frankreich und Flandern richtete sich stattdessen gegen Ägypten. Kurzfristig entschieden sie sich, gegen Konstantinopel zu ziehen. Sie nahmen die Stadt ein, plünderten sie und setzen sie in Brand.

Der Hagia Sophia galt ihre ganze Wut. Die katholischen Kreuzritter zerschlugen den Altar, die gut vier Meter lange Platte aus Gold und Edelsteinen, zerfetzten den Baldachin und rissen die Kronleuchter herunter. Niketas Choniates, ein byzantinischer Hofbeamter, beschrieb entsetzt, wie die Soldaten Maulesel in die Kirche führten, um die Beute abzutransportieren. »Sogar ein sündenbeladenes Weib, eine Dienerin der Erynnien und Magd der Teufel, setzte sich auf den Sitz der Priester, sang ein üppiges Lied und schwenkte sich im Tanze drehend die Beine.« Eine Dirne auf dem heiligen Stuhl – welche Blasphemie! Im Mai 2001, also fast genau 800 Jahre später, entschuldigte sich Papst Johannes Paul II. bei der griechisch-orthodoxen Kirche für den Vierten Kreuzzug mit den Worten, er erfülle Katholiken »mit tiefer Reue«.

Indem sie das byzantinische Reich schwächten, machten die Kreuzritter erst den Weg zu dessen Eroberung durch die Osmanen frei. Bis dahin aber rief sich in der Ruinenstadt einer ihrer Anführer, Balduin aus Flandern, zum »lateinischen Kaiser von Konstantinopel« aus. Die Ära des griechisch-byzantinischen Großreichs war zu Ende.

Begonnen hatte der Aufstieg von Byzanz mit dem Entschluss des römischen Kaisers Konstantin, seine Residenz am Tiber aufzugeben und die Reichsregierung in den wirtschaftlich aufstrebenden Osten des Reichs zu verlegen. Am 11. Mai 330 rief er die Stadt Byzantion am Goldenen Horn feierlich zur neuen Hauptstadt des Römischen Reichs aus und nannte sie Nea Romi, Neu-Rom. Das Zentrum des Reichs verlagerte sich also in den seit jeher hellenistisch-griechisch geprägten Orient. Bald zerfiel das Reich in zwei Teile, West-Rom und Ost-Rom. Während in West-Rom nach wie vor Latein gesprochen wurde, dominierte in der neuen Hauptstadt der griechische Einfluss. Für die Stadt selbst setzte sich der Name »Konstantinopel« durch. Die sprachliche Kluft verschärfte die Teilung des Reichs und führte später zum Entstehen zweier weltlicher Machtsphären und im 11. Jahrhundert zum »Morgenländischen Schisma«, der Teilung in die römisch-katholische Kirche des Westens und die orthodoxe Kirche des Ostens.

Formal aber waren West- und Ostrom bis zum Schluss eine Einheit. Für den aus Konstantinopel regierten Teil des Reichs prägten westliche Historiker erst in der Neuzeit den Begriff »Byzantinisches Reich«, während die Byzantiner selbst sich als Bürger Roms betrachteten.

Nachdem die Kreuzritter die griechischen, »byzantinischen«

Herrscher vertrieben hatten, zerfiel das Oströmische Reich in drei kleinere Einflusszonen. Ein byzantinischer Nachfolgestaat etablierte sich im Westen des heutigen Griechenlands, in Epirus. Ein weiterer zwischen der Küste Kleinasiens und dem Schwarzen Meer. Hauptstadt des Rumpfstaates von Kaiser Theodor I. Laskaris wurde das 80 Kilometer südöstlich von Konstantinopel liegende Nikaia, das heutige Iznik. Im Norden grenzte das Lateinische Kaiserreich an, im Süden das Sultanat der Rum-Seldschuken. Die Laskariden konnten in den folgenden Jahrzehnten sogar Konstantinopel zurückgewinnen – eine Großmacht wurde ihr Reich aber nicht mehr. Das Jahr 1453 besiegelte das Ende der christlichen, griechischen Herrschaft am Bosporus: Konstantinopel wurde vom muslimischen, türkischen Stamm der Osmanen unter Sultan Mehmet II. erobert.

Der dritte Nachfolgestaat des Oströmischen Reichs existierte zu diesem Zeitpunkt noch. In Trapezunt hatte der 22-jährige Alexios Komnenos nach seiner Flucht aus Konstantinopel im Jahr 1204 ein unabhängiges Kaiserreich ausgerufen. Dessen Territorium war überschaubar. Es zog sich rund 300 Kilometer die Schwarzmeerküste entlang und reichte maximal 100 Kilometer ins Hinterland, bis an den pontischen Gebirgszug. Im Osten endete es an der heutigen Grenze zu Georgien, im Westen in der Bucht von Samsun.

In der Neuzeit war über dieses am längsten überlebende byzantinische Kaiserreich kaum etwas bekannt – bis der Südtiroler Gelehrte Jakob Philipp Fallmerayer im Jahr 1827 seine wissenschaftliche Abhandlung »Geschichte des Kaiserthums von Trapezunt« veröffentlichte. Der vielgereiste Orientalist schwärmt darin von der einstigen Schönheit Trapezunts, einer Stadt, die »im Glanze der Morgensonne als Königin des Meeres und aller umliegenden Länder« erscheine.

Heute ist die Hagia Sophia auf dem Felsen von Trabzon eines der wenigen Relikte dieser Epoche. Auf dem Mosaikfußboden im Hauptraum sitzt ein muslimischer Geistlicher mit einem halben Dutzend Schülern im Kreis und hält einen Vortrag. Der Stil des Mosaiks erinnert mich an die Fußböden in den Villen von Pompeji, die seit dem 3. Jahrhundert unter der Asche des Vesuvs begraben lagen. Die reichen Römer dort hatten ihre Architekten angewiesen, hellenistische Elemente in die Innenrichtung ihrer Häuser zu integrieren – 1000 Jahre vor den Komnenen. Der Fußboden in der Trabzoner Hagia Sophia faszinierte Ende des 19. Jahrhunderts schon den französischen Architekten und Archäologen Charles Texier, der ihn als das »vielleicht schönste« aller erhalten gebliebenen byzantinischen Marmormosaike pries.

Wären die Osmanen bei der Eroberung Trapezunts 1461 so vorgegangen wie die Kreuzritter in Konstantinopel, wäre von der hiesigen Hagia Sophia wohl nicht mehr viel übriggeblieben. Doch Sultan Mehmet II., auch »Fatih«, der »Eroberer«, genannt, war nicht nur ein Bewunderer der byzantinischen Baukunst, sondern zeigte großes Interesse an der christlichen Religion. Überdies war er Pragmatiker: Er widmete die Hagia Sophia in Trapezunt, genau wie ihr Vorbild in Konstantinopel, in eine Moschee um. So machte er es mit den meisten Kirchen. 1880 befahl ein Imam, die Wandmalereien mit Putz zu überziehen, damit niemand die nach islamischer Vorschrift verbotenen bildlichen Darstellungen sehen könne. Um die Putzhaftung zu verbessern, wurden Löcher in die Wände geschlagen.

Alte Abbildungen der Fresken riefen in den 1950er-Jahren Archäologen der schottischen Universität Edinburgh auf den Plan. Sie restaurierten sie, so gut es ging. Anschließend wurde die Hagia Sophia offiziell zum Museum umgewidmet. Allerdings übte die türkische Religionsbehörde fortwährend Druck aus, hier wieder eine Moschee zuzulassen. 2012 kam ein Kompromiss zustande: Das Gebäude wurde wieder eine Moschee, blieb aber zugleich auch ein Museum. Seitdem verdecken im Gebetsbereich Zeltplanen den Blick auf die Bildnisse an den Wänden. Besucher gelangen auf einem mit Gittern abgesperrten Weg in das Seitenschiff, an dessen Wänden die restaurierten Fresken zu

Restauriertes Fresko in der Hagia Sophia von Trabzon, 2016

sehen sind. Sie sind nach wie vor schwer in Mitleidenschaft gezogen, alle Gesichter wurden weggemeißelt, die Farbe hat ihre Kraft verloren. An wenigen Stellen ist die alte Pracht zu erahnen. Die Fresken zeigen Szenen aus dem Leben Jesu Christi, der als Prophet »Issa bin Maryam«, Sohn von Maria, auch von den Muslimen verehrt wird.

Während der gesamten osmanischen Regierungszeit blieb Trabzon eine stark durch Christen geprägte Stadt. Neben Türkisch wurde Griechisch gesprochen, Armenisch, Georgisch und Russisch. Trabzon war Bischofssitz sowohl der griechisch-orthodoxen als auch der armenischen Kirche. Zahlreiche Kathedralen und die Villen unsagbar reicher griechischer und armenischer Händler prägten das Stadtbild. Anfang des 20. Jahrhunderts lebten laut osmanischer Statistik in der gesamten Provinz Trabzon etwa eine Million Türken, 300000 Griechen und 30000 Armenier. Als Türken wurden auch ethnische Minderheiten gezählt, sofern sie muslimischen Glaubens waren. Armenier und Griechen stellten das Bildungsbürgertum, auch Seefahrt, Handel und Handwerk waren fest in ihrer Hand. 1884 erstellten die osmanischen Behörden eine Liste von Händlern der Provinz Trabzon, die Auslandsgeschäfte pflegten. Von den etwa 80 Namen auf der Liste verweisen nur ein paar vereinzelte Namen auf eine türkische Herkunft. Die weitaus meisten Namen sind griechisch oder armenisch.

Auf der Suche nach griechischen Relikten übersehe ich das Naheliegende: die Moscheen. Man sieht ihnen nicht mehr an, dass sie einst als Kirchen erbaut wurden. Das liegt nicht daran, dass die osmanischen Eroberer ihre ursprüngliche Architektur verändert hätten. Vielmehr orientierten sich die Osmanen mit dem Baustil ihrer eigenen Moscheen an der Hagia Sophia in Konstantinopel, die im Jahr 537 nach Christus von Kaiser Justinian als christliche Kirche erbaut worden war. Sie wurde stilprägend für die Moscheen im gesamten Osmanischen Reich. Die berühmte Sultan-Ahmet-Moschee in Istanbul, auch Blaue Moschee genannt, nahm das Prinzip der Hagia Sophia auf: eine Hauptkuppel im Zentrum, die von mehreren Halbkuppeln eingerahmt wird. Der Baustil der klassischen osmanischen Moschee ist also byzantinisch.

* * *

Die erste Hauptrolle in seiner Geschichte übernahm Trabzon, das damals Trapezous hieß, ab dem dritten Jahrhundert vor Christus. Es war der größte Hafen des griechisch geprägten Königreichs Pontos, das die Dynastie der Mithridaten im Jahr 301 vor Christus begründet hatte. Die Herrscherfamilie stammte aus der griechischen Stadt Kios am Marmarameer. Über mehrere Jahrhunderte unterhielt sie im Osten des Schwarzen Meeres ein stabiles Großreich, das aufgrund seiner Lage an wichtigen Handelswegen wirtschaftlich prosperierte und sich ausdehnte. Bis zu dem Tag, als Mithridates VI., Beiname Eupator (»guter Vater«), mit seiner Expansion an die Ostgrenze des Römischen Reichs stieß.

Der pontische König stellte sich auf die Seite von Aufständischen in der römischen Provinz in Kleinasien, denen er versprach, sie von den römischen Steuereintreibern zu erlösen. In den von ihm besetzten Gebieten erklärte er alle Römer und alle aus Italien stammenden Zuzügler für vogelfrei. Mithridates soll höchstpersönlich ein Blutbad an 80 000 Römern und sogenannten Italikern angeordnet haben, das im Jahr 88 vor Christus an der Küste Kleinasiens stattfand und als »Vesper von Ephesos« in die Geschichte einging.

Die Römer schlugen zurück und eroberten das pontische Königreich in drei sogenannten Mithridatischen Kriegen, die sich über beinahe drei Jahrzehnte hinzogen. 64 vor Christus erklärten sie die Schwarzmeerküste zur römischen Provinz »Bithynia et Pontus«. Unter römischer Herrschaft erblühte Trapezunt, wie es nun hieß. In der Regierungszeit Hadrians im 2. Jahrhundert nach Christus wurden Hafen und Stadt vergrößert, Wohnhäuser, Tempel und öffentliche Gebäude errichtet. Der Kaiser machte Trapezunt zu einer selbstbewussten Metropole und zu einem der wichtigsten Umschlagplätze des Römischen Reichs für den Handel nach Asien. Eine breite Straße führte in die Provinz Ararat, in die armenische Hauptstadt Dvin. Von dort aus reisten Karawanen zum Kaspischen Meer, wo Handelsgüter aus dem Fernen Osten anlandeten. Der Begriff der Seidenstraße war noch nicht erfunden, aber der Ost-West-Handel blühte. Und er lief über Trapezunt.

Ein nicht unerheblicher Anteil an ihrem Aufstieg zur Hauptstadt der Provinz Kappadokien und zur römischen Metropole wird dem griechischsprachigen Statthalter Flavius Arrianus zugeschrieben. Er war nicht nur ein begeisterter Anhänger des griechischen Feldherrn Xenophon, sondern auch ein leidenschaftlicher Historiker und Biograf Alexanders des Großen. Außerdem verfasste er eine Reisebeschreibung über seine Seefahrten auf dem Schwarzen Meer. Solche Beschreibungen, »Periplus« genannt, ersetzten in der Antike die Seekarten und verschafften den Streitkräften einen Überblick über die Beschaffenheit von Küsten, Festungen, Häfen, Städten. Sie enthielten Angaben über Distanzen und über befreundete sowie verfeindete Stämme.

Trapezunt hatte es Flavius Arrianus besonders angetan. »Hier«, schrieb er Kaiser Hadrian nach Rom, »betrachteten wir den Pontus Euxinus mit Freude von demselben Ort, von welchem Xenophon und auch du ihn einst betrachtet haben.« Eine Statue Hadrians, die mit der rechten Hand aufs Meer wies, befand er als nicht gelungen und bat den Kaiser deshalb, eine neue nach Trapezunt zu schicken. Auch die Hermes-Statue im dortigen Tempel ließ er durch eine bessere ersetzen.

Im 3. Jahrhundert nach Christus verlor Trapezunt seine Vormachtstellung als Handelsknoten. Die Goten überrannten die Stadt auf ihrem Vormarsch gen Süden, plünderten, vertrieben oder ermordeten die Bewohner. Zurück blieben Ruinen und ein paar Unverzagte, die an diesem Vorposten des Römischen Reichs die Stellung hielten. In der Folge scheint es immer wieder Perioden des Aufschwungs gegeben zu haben, doch eine Bedeutung wie unter Kaiser Hadrian erlangte die Stadt bis zum Ende der byzantinischen Epoche nicht mehr. Trapezunt blieb Provinz.

Ab dem 13. Jahrhundert begann die türkische Dynastie der Osmanen, ihren Einflussbereich immer weiter auszudehnen. Sie löste die Rum-Seldschuken ab, die in Anatolien ein stabiles Sultanat errichtet hatten und durch Einfälle der Mongolen geschwächt waren. Das Fürstentum der Osmanen umfasste ursprünglich Ländereien südöstlich des Marmarameeres. Ihren Einflussbereich dehnten die muslimischen Herrscher zunächst in Richtung Westen aus, nach Kleinasien und Europa.

Mit der Eroberung von Trapezunt war auch das letzte byzantinische Nachfolgereich besiegt; dessen Herrscher David Megas Komnenos wurde hingerichtet. Anschließend wählte der Sultan aus: Die wohlhabenden Bewohner Trapezunts mussten mitsamt ihrem Vermögen nach Konstantinopel ziehen. Kräftige Angehörige des einfachen Volks wurden als Sklaven dem Heer zugeordnet. 800 nach ihren Fähigkeiten ausgewählte junge Männer wurden in die Elitetruppe der osmanischen Armee, die Janitscharen, aufgenommen. Diese Vorgehensweise, die Führer der örtlichen Stämme zu integrieren und die Fähigsten in ihre Armee aufzunehmen, war typisch für die Osmanen und festigte über die folgenden Jahrhunderte ihre Herrschaft.

In Trapezunt, der einst blühenden Handelsstadt, verblieb nur die im Hafengebiet lebende einfache Bevölkerung. In die obere Festung und die befestigte mittlere Stadt zog das Militär ein. So wurde aus dem Kaiserreich Trapezunt das Eyâlet Trabosan, wie der osmanische Verwaltungsbezirk hieß. Viele Kirchen wurden mit der Zeit zu Moscheen umgewidmet. Bis ins 19. Jahrhundert entstanden kaum neue Gebäude. Trapezunt wurde wieder Provinz.

***

Heute noch ist die Ebene, die sich von der Stadt Trapezunt bis ans Meer erstreckt, unbebaut. Dieses Schwemmland war früher sicherlich ideal, um die Landung von Piraten abzuwarten und sie in aller Ruhe abzufangen. Ich versuche, über Schrottplätze und Feldwege zum Strand zu gelangen. Auf dem Schwemmland wurde die neue Küstenautobahn verlegt. Ab und zu führt eine Fußgängerbrücke darüber an die Küste. Auf einer dieser Brücken überquere ich die Autobahn. Vom Geländer hängt ein Transparent mit dem Gesicht des Präsidenten: Recep Tayyip Erdoğan mit energischem, siegesgewissem Blick. Der Vater schaut auf seine Kinder hinunter, die auf der Autobahn unter ihm hinwegbrausen.

Die Sonne glüht. Der Strand ist eine Enttäuschung. Um das Ufer vor Abbruch zu schützen, haben die Behörden die gesamte Küste befestigt und entlang des Ufers dicke Betonblöcke im Meer versenkt. Dazwischen dümpelt Müll im faulig riechenden Wasser. Alle 50 Meter schlägt der unangenehme Geruch in den Gestank von Kloake um. Rohre führen direkt ins Schwarze Meer. Dort, wo sie ihre offenbar ungeklärten Abwässer darin ergießen, tummeln sich große Fischschwärme. Auf den Betonblöcken ringsherum sitzen Angler und halten stoisch ihre Rute ins Wasser. Der Gestank scheint sie nicht zu stören.

Auf einer kreisrunden Empore steht ein pechschwarzer Felsblock in der prallen Sonne. Er ist vielleicht vier Meter hoch, von türkischen Flaggen umringt und strahlt eine derartige Hitze aus, dass mir der Schweiß am ganzen Körper herunterläuft. In seine landeinwärts gelegene Seite ist ein Gesicht eingemeißelt, das in Richtung Trabzon schaut. Ein finster dreinblickender, bärtiger Mann mit monströsem Turban. Eine Tafel verrät, dass es sich um Sultan Süleyman »Kanuni« (der »Gesetzgebende«) handelt. Er wurde 30 Jahre nach der osmanischen Eroberung in Trabzon geboren.

Während seiner Regierungszeit erreichte das Osmanische Reich seine größte Ausdehnung. Süleyman, im Westen als »der Prächtige« bekannt, eroberte Bagdad und Belgrad und starb mit über 70 bei der Belagerung von Szigetvár in Ungarn. Er wird aber nicht nur als erfolgreicher Feldherr verehrt, sondern gilt auch als weiser Gesetzgeber und als feinsinniger Poet, der unter Pseudonym Gedichte in persischer Sprache verfasste. Nach meinem Empfinden betont die Büste von der offenbar vielfältigen Persönlichkeit des bedeutendsten aller osmanischen Herrscher allerdings vor allem die gewalttätige Seite.

Dort, wo das betonierte Ufer sich zu einem Schutzhafen für Fischerboote rundet und die Autobahn in einem Tunnel verschwindet, wende ich mich wieder in Richtung Innenstadt. Im Gassengewirr entdecke ich eine katholische Kirche. Fast alle Scheiben sind eingeschlagen, an den Türen tiefe Dellen, vielleicht von Tritten. Ich klingele an der Tür, doch niemand öffnet. Später lese ich in einem katholischen Online-Magazin, dass kurz nach dem Militärputsch eine Demonstration von türkischen Ultranationalisten vor der Kirche stattgefunden habe. Dabei hätten die Demonstranten Steine geworfen und versucht, die Türen der Kirche einzutreten.

Es war nicht der erste Gewaltausbruch gegen das Gebetshaus. 2006, als der Streit um die dänischen Mohammed-Karikaturen hochkochte, erschoss ein Fanatiker den Priester der Gemeinde. Der Täter war erst 15 Jahre alt. Die Reaktionen in den westlichen Medien auf den Mordanschlag waren harsch. Auch der Vandalismus gegen die Kirche, dessen Folgen ich beobachte, hat heftige Reaktionen nach sich gezogen. In Dortmund, so erfahre ich später, überlegte man sogar, die erst 2014 geschlossene Städtepartnerschaft mit Trabzon wieder zu kündigen. In Sachen Fanatismus hat sich die Stadt einen schlechten Ruf erworben: Auch der Mörder des armenisch-türkischen Journalisten Hrant Dink, der 2007 aus Hass auf seine Volkszugehörigkeit in Istanbul erschossen wurde, stammte aus Trabzon.

In der Fußgängerzone der Stadt herrscht normales Geschäftsleben. Mit ihren gesichtslosen Gebäuden und dem leicht heruntergekommenen Charme sieht sie aus wie in jeder beliebigen anderen mittelgroßen Stadt. Im ehemaligen Tabaklager von Trabzon, eines der wenigen alten Gebäude am Meydan, ist die Touristeninformation untergebracht. Ich bekunde mein Interesse an der griechischen Vergangenheit der Stadt. Das orthodoxe Patriarchat von Konstantinopel hatte mir auf meine E-Mail-Anfrage hin mitgeteilt, dass es außerhalb von Istanbul keine griechischen Gemeinden mehr gebe: »Es ist nichts mehr übrig. Nur Ruinen.«

Der Mitarbeiter hinter dem Tresen in der Touristeninformation ist sichtlich erfreut, dass er mit jemandem Englisch reden kann. Das spricht er perfekt, sogar einen Oxford-Akzent hat er sich angeeignet. Er bietet mir einen Platz an und lächelt über seinen dicken Schnauzbart wie Thomas Magnum, der TV-Detektiv mit den Hawaiihemden. Die Antwort auf meine Frage klingt bedauernd und zugleich endgültig: Nein, »very sorry«, es lebten keine Griechen mehr in Trabzon. Er verweist auf die Hagia Sophia und rattert dann noch die Daten zweier Moscheen herunter, die früher Kirchen waren:

»Die Yeni-Cuma-Moschee war früher eine dem Heiligen Eugenios, dem Schutzheiligen von Trabzon geweihte Kirche. Sie wurde im 14. Jahrhundert erbaut. Von der Panagia-Khrysokephalos-Kirche, die heute als Fatih-Moschee bekannt ist, glauben wir, dass sie einst ein römischer Tempel war. Den Erweiterungsbau als Kirche hat ein Neffe des römischen Kaisers Konstantin beauftragt.«

Ich lächele höflich.

»Es gibt vielleicht noch einige Einwohner Trabzons, die griechische Dialekte verstehen können«, setzt er neu an. »Aber das sind keine Griechen in dem Sinn. Sie sind Türken. Sie leben hier und haben sich integriert. Sie pflegen auch ihre Sprache nicht mehr.«

Er zögert, greift unter den Tresen und breitet eine Landkarte aus.

»In den Pontischen Bergen rund um Maçka und Usignol findet man manchmal noch Menschen, die einen griechischen Dialekt sprechen.«

Er greift nach einem Kugelschreiber und umkringelt damit einige Dorfnamen auf der Landkarte. Das seien aber auch keine Griechen, beteuert er, sondern Türken. Griechisch sprechende Türken? Hier, in Ostanatolien? In meinen Ohren klingt das absolut unglaubwürdig.

Am selben Abend erreicht mich im Hotel eine Mail des Historikers Theodosios Kyriakidis von der Universität Thessaloniki. Ich bin auf seine Forschungen über byzantinische Felsenklöster aufmerksam geworden, die im Hinterland von Trabzon in den Bergen liegen, und habe ihn um Kontakte in der Region gebeten. Er mailt mir eine Telefonnummer und einen Namen: Fahrettin Erdoğan. Ich rufe ihn sofort an. Der Mann am anderen Ende begrüßt mich enthusiastisch. Er spricht weder Deutsch noch Englisch. Aber Griechisch! Er will mich treffen. Wir verabreden uns auf dem Meydan in Trabzon, morgen Abend.

Das verlassene Kloster

Am Ursprung der pontos-griechischen Kultur

Ich will den Tag zu einem Besuch in einem der verlassenen Felsenklöster im Hinterland vom Trabzon nutzen. Das wohl bekannteste Relikt griechischer Vergangenheit in dieser Region ist das Kloster Soumelá. Über viele Jahrhunderte war das in einen Steilhang geschlagene Gebäude für orthodoxe Griechen der bedeutendste Wallfahrtsort am Schwarzen Meer. Um dort hinzugelangen, buche ich eine Tagestour bei einem örtlichen Reiseveranstalter. Mit mir im japanischen Kleinbus sitzen drei Paare aus Saudi-Arabien und ein junges Paar, dessen Nationalität ich nicht einschätzen kann. Es geht hinauf in das Pontische Gebirge, zunächst sanft, dann immer steiler bergan. Zwischen den Hügeln liegen pittoreske Dörfer, aus deren Mitte schneeweiße Minarette herausragen. Je höher wir kommen, desto urwüchsiger wird die Landschaft, desto dichter der Wald. Den Straßenrand säumen windschiefe, altersschwarze Schuppen. Die letzten Kilometer geht es über Serpentinen steil die Berge hinauf.

Der Kleinbus hält an einer Brücke, unter der ein tosender Wildbach fließt. Wie sich herausstellt, ist das Kloster wegen Renovierungsarbeiten unzugänglich. So bleibt uns nur der Blick aus der Ferne. Der aber ist atemberaubend: Wie bei einem Schwalbennest kleben die mächtigen Mauern mehrere Hundert Meter oberhalb des Flusses am steilen Felshang. Man fragt sich, wie es möglich war, dort ein stabiles Bauwerk zu errichten.

Das Kloster ist nach einer Ikone benannt, der Panagía Soumelá. Ich erinnere mich gut daran, wie meine Mutter mir als Kind die Geschichte der Ikone erzählte. In ihrer Version waren es zwei Engel, die die Ikone zu den Mönchen gebracht hätten. Solchen Geschichten von göttlichen Wundern, von wirkmächtigen

Heiligen und rätselhafter Gesundung durch die Kraft von Ikonen lauschte ich in stiller Erregung. Sie entführten mich in eine fremde Welt, die mich ebenso faszinierte wie einschüchterte. Im Mittelpunkt stand stets eine unberechenbare, göttliche Macht, der wir Menschen vollständig ausgeliefert sind. Nur durch hohen persönlichen Einsatz ließ sie sich manchmal in ihren Entscheidungen umstimmen – durch nächtelanges Beten, durch Fürbitten des Priesters oder wertvolle Opfergaben.

Die griechisch-orthodoxe Kirche erzählt die Entstehung des Klosters so: Die Ikone sei von dem Evangelisten Lukas persönlich gemalt worden, der laut Überlieferung um das Jahr 63 in Theben starb, eine der größten Städte des antiken Griechenlands. Er gilt als der erste Ikonenmaler der Geschichte. Sein Schüler Ananias brachte die Ikone ins nahegelegene Athen, wo die Ikone als »Panagía Athiniotissa«, als athenische Muttergottes, verehrt wurde. Im 4. Jahrhundert soll die Ikone plötzlich verschwunden sein. Daraufhin brachen zwei Mönche, Barnabas und sein Neffe Sophronios, auf, um sie zu suchen. Spuren führten sie an die kleinasiatische Küste, weiter bis nach Anatolien und letztlich in das östliche Pontos-Gebiet. In einer Höhle am Schwarzen Berg, in der frühchristliche Eremiten hausten, fanden sie die Ikone wieder – und verstanden den Fund als Aufforderung der Muttergottes, hier ein Kloster zu gründen. Die Ikone hieß fortan »Panagía tou Mela«, was man mit »Die allerheiligste Mutter Gottes vom schwarzen Berg« übersetzen könnte. Der Volksmund machte daraus »Soumelá«. Es gibt noch eine andere Namensdeutung: Danach soll der Name aus der regionalen lazischen Sprache stammen. Mit dem Wort »Sumela« werde auf Lazisch die Dreifaltigkeit bezeichnet.

Das Kloster ist jedenfalls weit älter als das Osmanische Reich. Im Jahr 386 weihte der Bischof von Trapezunt die erste Klosterkirche, sie stammt also aus der Epoche, als Konstantinopel die neue Hauptstadt des Römischen Reichs wurde. Die Anlage wurde im Laufe der Jahrhunderte viele Male geplündert, doch die wertvolle Ikone konnte immer wieder gerettet werden. Einmal

Kloster Soumelá, nahe Trabzon, 2016

soll sie sogar unversehrt aus dem reißenden Wildbach geborgen worden sein, der das Tal unter dem Schwarzen Berg durchfließt. Im 14. Jahrhundert ließen sich die Komnenen Alexios und Manuel im Kloster Soumelá zu Kaisern von Trapezunt krönen.

Während der osmanischen Herrschaft konnten die Mönche ihrer Religion weitgehend ungestört nachgehen. Das Kloster behielt seine Rechte und entwickelte sich zum christlich-religiösen Zentrum der Region. Zusammen mit den anderen Klöstern im Hinterland von Trapezunt – etwa dem einstmals kaum weniger mächtigen Vazelon-Kloster – war es ein wichtiges Pilgerzentrum für die orthodoxen Gläubigen und ein Kulturzentrum der Hellenen. Die Klöster waren damit die eigentlichen Bewahrer der eigenständigen, pontos-griechischen Kultur. Im 17. Jahrhundert entstand in Soumelá eine wichtige Bildungseinrichtung für die Griechen der Region.

Mit der Gründung der Republik Türkei im Jahr 1923 mussten die Mönche mit allen anderen Griechen das Land verlassen.

Die Reliquien vergruben sie in der Nähe des Klosters. 1930 zerstörte ein Brand die gesamte Inneneinrichtung.

1931 handelte der griechische Ministerpräsident Eleftherios Venizelos mit dem türkischen Premier İsmet Inönü die Übergabe der Reliquien an Griechenland aus. Nach 20 Jahren im Benaki-Museum in Athen kamen sie 1951 in ein neu gegründetes Kloster in Griechenland, das ebenfalls Panagia Soumelá heißt. Seitdem wird die wertvolle Ikone dort ausgestellt, nicht weit entfernt vom Olymp, dem mythischen Sitz der antiken Götter.

Die anderen Schätze des Klosters sind in der Welt verteilt. 66 Manuskripte aus seiner Bibliothek – die meisten aus dem 17. und 18. Jahrhundert – wurden katalogisiert und liegen im Ethnografischen Museum Ankara. Rund 1000 mit Miniaturen verzierte Evangelien aus byzantinischer Zeit befinden sich im Museum der Hagia Sophia in Istanbul. Eine silberne Kreuzreliquie, ein weiteres Manuskript und eine große Zahl an Dokumenten sind im Besitz des Museums für Byzantinische Kunst in Athen. Eine Klosterikone gelangte in die Sammlung des britischen Historikers William Edward David Allen und ist heute als »Lady of the Roses« in der National Gallery im irischen Dublin zu besichtigen.

Immer wieder kam es wegen des Klosters zu diplomatischen Spannungen zwischen Griechenland und der Türkei. Die Griechen warfen den Türken unter anderem vor, sie ließen das Bauwerk verrotten; Schmierereien und zerkratzte Fresken sorgten für Entrüstung in der christlichen Welt. Doch die Restaurierungsarbeiten schreiten voran. Seit 2019 ist ein Teil des Klosters für Besucher wieder geöffnet.

Aufsehen erregte, als ausgerechnet der Ministerpräsident der islamischen AKP, Recep Tayyip Erdoğan, dem griechisch-orthodoxen Patriarchen erlaubte, erstmals seit Gründung der Türkei einen Gottesdienst im Kloster Soumelá abzuhalten. Am 15. August 2010 beging dort der ökumenische Patriarch aller orthodoxen Christen, Bartholomäus I., das Fest zu Ehren von Mariä

Entschlafung. Der Gottesdienst fand nicht nur unter den orthodoxen Christen in aller Welt große Beachtung, sondern auch in der Türkei. Das Kloster war zu früheren Zeiten auch für Muslime ein wichtiger Wallfahrtsort. Da Jesus im Islam als wundertätiger Prophet Isa verehrt wird, gilt auch seine Mutter Maria als heilig. Muslime nennen das Kloster Soumelá das »Meryem Ana Manastiri«, das Mutter-Maria-Kloster. Sechsmal verlängerte Erdoğan die Erlaubnis, bis das Kloster für die Renovierungsarbeiten geschlossen wurde. Und das, obwohl der Patriarch sich nicht davor scheute, politische Themen anzusprechen. So rief er 2015 sowohl die kurdische Terrororganisation PKK als auch die türkische Regierung dazu auf, das Blutvergießen zu beenden.

Meine Mitreisenden aus Saudi-Arabien schießen ein paar Selfies mit dem Kloster im Hintergrund, wofür eine der Frauen sogar kurz ihren Augenschleier anhebt. Dann wendet sich die Gruppe dem Wildbach zu, der über große Felsblöcke und durch üppiges Grün fließt. Zwei junge Männer aus einer anderen Reisegruppe, vielleicht 17 Jahre alt, juchzen laut. Sie können gar nicht genug davon bekommen, über die Felsen zu klettern und ihre Hände und Füße in das Wasser zu tauchen. Sie stammen aus Riad und sprechen mit mir Englisch. Zum ersten Mal in ihrem Leben sehen sie einen echten Wald. Von den griechischen Klöstern in der Türkei haben sie vorher noch nie gehört.

***

Die Tagesreise geht in ihren zweiten Abschnitt. Wir fahren noch höher das Pontische Gebirge hinauf. Es zieht sich wie ein Riegel von Georgien bis in den Westen der Türkei und schneidet die Küste vom anatolischen Hinterland ab. Für alle pontischen Staatsgebilde, von Mithridates bis zum Kaiserreich von Trapezunt, bildete der Gebirgszug einen natürlichen Schutzwall. Das Land davor gehörte drei Jahrtausende lang zum griechischen Kulturraum. Hinter den Bergen lag das Gebiet der Stämme der Phrygier, Armenier, Kurden und anderer »Barbaren«, wie die

Griechen der Antike all jene schimpften, die des Griechischen nicht mächtig waren.

Wir fahren über den 2000 Meter hohen Zigana-Pass. Die Gegend ist durchtränkt mit Geschichte. Der Geschichtsschreiber und Feldherr Xenophon beschreibt in seiner *Anabasis* den sogenannten »Zug der Zehntausend«, den Rückzug eines griechischen Söldnerheeres im 4. Jahrhundert vor Christus. Mir ist die quälende Lektüre des altgriechischen Textes auf dem Gymnasium bis heute unvergessen. Die Söldner waren von dem persischen Prinzen Kyros angeworben worden, der seinen älteren Bruder Artaxerxes I. als Großkönig stürzen wollte. Der Putsch scheiterte, und die Griechen versuchten, auf schnellstem Weg in die nächste heimische Stadt zu gelangen – das war Trapezunt. Kaum vorstellbar, welche Anstrengungen die Soldaten auf ihrem 1500 Kilometer langen Marsch von Babylon bis an die Schwarzmeerküste bewältigen mussten. Vor allem, weil sie als Griechen doch Küstenbewohner und Seefahrer waren.

Wie sehr dies ihr Selbstverständnis prägte, beschreibt eine Szene in der *Anabasis* besonders anschaulich: Als die Söldner, aus Anatolien kommend, den Zigana-Pass überwunden haben und nach dem Abstieg hinter der letzten Hügelkette die Küste erkennen können, rufen sie euphorisch »Thalatta, Thalatta! – das Meer, das Meer!« Mit neuer Kraft überwinden sie im Laufschritt die letzten Anhöhen und rennen hinunter in die Ebene von Trapezunt, »einer griechischen Stadt am Pontos Euxinos, im kolchischen Gebiete, einer Kolonie von Sinope«, wie Xenophon schwärmt. Ihr Jubelschrei ist sogar in den bildungsbürgerlichen Diskurs Europas eingegangen. Beim Anblick der Nordsee rezitierte einst Heinrich Heine: »Thalatta! Thalatta! Sei mir gegrüßt, du ewiges Meer! Sei mir gegrüßt zehntausendmal, aus jauchzendem Herzen ...«

Auch für unsere Familie war das Meer ein Sehnsuchtsort. Jedes Jahr in den Sommerferien nahmen wir dafür die endlose Fahrt auf dem jugoslawischen »Autoput« von Ljubljana nach

Skopje in Kauf, im Konvoi der türkischen und griechischen Gastarbeiterfamilien. Die Nächte verbrachten wir auf vermüllten Rastplätzen. Mein Vater, der Fahrer, gönnte sich kurze Schlafpausen im Wagen, während die Mutter und wir zwei Kinder draußen auf einer Decke saßen und wachten. Am Ende des dritten Tages unserer Reise erklomm unser weißer Mercedes die letzte Hügelkette vor der Ägäis, und mein Vater hielt zum obligatorischen Stopp an einem bestimmten Parkplatz am Außenrand einer Serpentine. Es war ein magischer Moment. Unten lag hell und strahlend unter der südlichen Sonne die Geburtsstadt meiner Mutter: Kavala. Es roch würzig nach Pinienharz und nach Meer, und draußen, auf dem unwirklich blauen Ozean, sahen wir die Umrisse einer Insel. Und natürlich musste auch meine Mutter, die Griechin, den Ruf aufnehmen, natürlich nicht im altgriechisch-attischen Dialekt, sondern auf Neugriechisch und mit pathetischem Ausdruck in der Stimme: »Thalassa!« – »Das Meer!« Wir Kinder ahnten, dass wir auf irgendeine rätselhafte Weise zu Hause angekommen waren.

Heute fahre ich bequem dieselben Hügel hinauf, die vor 2500 Jahren griechische Söldner aus Babylon hinunterrannten. Unser Fahrer ist ein lustiger Kerl und reißt ständig Witze, über die niemand lacht. Er spricht neben Türkisch offenbar auch Arabisch, Englisch eher gebrochen. »Europäische Touristen kommen selten hierher«, erzählt er mir. Früher seien es meistens Griechen oder Russen gewesen, die ihre eigenen Reisegruppen bildeten. Aber seit einigen Jahren kämen nur noch Saudis. Er hält mich am Arm fest, zwinkert mir zu und beugt sich herüber. »Hier können sie ihre Frauen zum Shopping schicken und in die Bar gehen«, flüstert er und macht eine Bewegung, als schütte er einen Schnaps in sich hinein. Er schüttelt sich vor Lachen.

Hat der Mann, der vor mir sitzt, vielleicht eine solche Eskapade zu beichten? Die gesamte Fahrt über schaut er auf sein Smartphone, wo ein Mann zugeschaltet ist. Er trägt ein traditionelles weißes Gewand und um den Kopf eine Kefije, das rotweiße Tuch der Beduinen. Vielleicht ist er ein Mullah, vielleicht auch nur ein Freund meines Mitreisenden. Jedenfalls redet er mit erhobenem Zeigefinger auf ihn ein. Immer wieder erhasche ich zwischen den Sitzlehnen seinen mahnenden Blick auf dem kleinen Bildschirm. Die Ehefrau, die auf dem Fensterplatz sitzt, hat sich abgewandt und schaut durch ihre Sichtschlitze nach draußen. Serpentine um Serpentine schraubt sich der Bus an Gebirgsbächen entlang und durch dichte Wälder immer weiter die Berge hinauf.

Dieselbe Route hat gegen Ende des Ersten Weltkriegs der deutsche Journalist Paul Weitz befahren. Trabzon war nach zweijähriger russischer Besatzung soeben von osmanischen Truppen zurückerobert worden. Auf offizielle Einladung durfte der Korrespondent der *Frankfurter Zeitung* das Hinterland in Augenschein nehmen – in Begleitung von Militärs allerdings. Seine ausländischen Kollegen hatten die Einladung, als »embedded journalist« zu reisen, abgelehnt, weil sie befürchteten, nicht objektiv berichten zu können.

»Trapezunt mit seinem Hinterland, das sich bis tief in die Hochebenen des Pontischen Randgebirges erstreckt, hat ethnographisch einen ausgesprochen griechischen Charakter«, schreibt Weitz. Davon ist in den Dörfern, die wir heute mit dem Bus durchfahren, nichts mehr zu sehen. Minarette und Moscheen sind die dominierenden Bauwerke. Die Häuser sind in der typischen Betonbauweise errichtet, wie sie auch im Mittelmeerraum vorherrscht.

»Sechs größere Ortschaften, die ausschließlich von griechischem Element bewohnt waren, sind total niedergelegt. Auch die griechischen Kirchen«, schreibt Weitz weiter. »Die Niederlegung erfolgte vor der russischen Okkupation durch die Türken aus strategischen Rücksichten. Der Bevölkerung war Zeit gelassen, die Ortschaften zu räumen. Die höher gelegenen griechischen Klöster blieben verschont.« Offenbar waren zu jener Zeit alle Griechen aus der Gegend deportiert worden. Woher der Reporter weiß, dass ihnen vor der Räumung »Zeit gelassen« wurde, schreibt er nicht. Er bleibt sachlich, nur gelegentlich blitzen Emotionen hinter seinen im Telegrammstil verfassten Sätzen auf: »Überall die traurigsten Spuren der Verwüstung. Im Tale niedergebrannte menschenleere Griechen-Dörfer.« Wer den Bericht zu Ende liest, ahnt, dass der Verfasser ständig um Fassung ringt. Auf seiner Reise, die ihn bis ins Innere Anatoliens führen wird, stößt Weitz immer wieder auf die Zeugnisse furchtbarer Gräueltaten.

Wir machen Rast auf einer der typischen Hochalmen des Pontischen Gebirges, auf Türkisch heißen sie »Yaila«. Sie erinnert an die Alpen, wirkt jedoch wilder, urtümlicher. Die schwarzen Tupfen an den Hängen gegenüber erweisen sich als Schafställe, die aus dunklem Holz zusammengezimmert sind. Rund wie der Gipfel des Brockens im Harz sind alle Kuppen ringsherum und hüfthoch bewachsen mit üppigen Gräsern. Von fern weht das Klingeln der Glöckchen von Schafsherden herüber. Selbst Paul Weitz, der die Straßenwalzen am Straßenrand zählte und die von den Russen errichtete Infrastruktur beschrieb, würdigte die grandiose Landschaft: »Die Fahrt geht über den landschaftlich ungemein pittoresken Sigana-Pass. Prachtvolle Gegenden mit heute noch dichten Tannen, Fichten und Erlenwäldern.«

Mittlerweile unterquert man den Pass in einem Tunnel auf 1800 Metern Höhe. Es herrscht dichter Nebel. Auf der anderen Seite windet sich die gut ausgebaute Straße in ausladenden Serpentinen abwärts. Als der Nebel aufreißt, traue ich meinen Augen kaum: Farbe und Anmutung der Landschaft haben sich gegenüber der Nordseite der Berge völlig verändert. Vor mir erstreckt sich eine wüstengelbe, felsige und karge Tiefebene. Bis zum Horizont sind scharfzackige Berge zu sehen, ganz unten mäandert ein von Bäumen und Sträuchern gesäumter Fluss wie eine grüne Schlange.

Unser Ziel ist eine Tropfsteinhöhle in der Nähe der Stadt Gümüşhane. Der Eingang ist mit Fotos von Tropfsteinen übersät, davor verkaufen Händler in großen Zelten alle möglichen Arten von Steinen und Kristallen. Ich verzichte auf den Besuch der Höhle. Stattdessen setze ich mich in das Ausflugscafé und lasse meinen Blick über die zerklüftete Berglandschaft wandern. Man sitzt auf Kissen wie bei den Beduinen und begegnet der flirrenden Hitze mit kühlem Ayran und Gözleme, dünnen Teigfladen, die eine traditionell gekleidete Frau mit buntem Kopftuch auf einer heißen Platte zubereitet.

Ich komme mit dem mitreisenden Paar ins Gespräch, dessen Nationalität ich nicht zuordnen konnte. Die Unterhaltung in gebrochenem Englisch ist schwierig. Die Frau erklärt, sie sei Ärztin, komme aus Aserbaidschan und arbeite in einem Krankenhaus in Izmir an der türkischen Ägäisküste. Gerade verbringe sie ihre Ferien bei der Familie ihres Freundes in Erzurum. Er wiederum berichtet, er studiere Ingenieurwissenschaften in Trabzon. Dann fragt er mich, in welcher Sprache ich vorhin im Bus telefoniert hätte. Griechisch, antworte ich. Da fasst er mich am Arm.

»I am Armenian« – »Ich bin Armenier.«

Prüfend blickt er zu seiner Freundin hinüber. Und was tut sie? Sie springt auf, zieht ihn weg und redet gestikulierend auf ihn ein. Was war das? Eine Provokation? Als die beiden wiederkommen, entschuldigt sich der junge Mann. Er habe einen Scherz gemacht, er sei kein Armenier, sondern Türke. Aber in Erzurum hätten früher viele Armenier gelebt. Ob ich das wisse? Und wieder dieser prüfende Blick zu seiner Freundin. Ich will nicht nachbohren. Das Gespräch wechselt ins Geplänkel, auf dem Rückweg nach Trabzon steigen die beiden unterwegs aus.

Ich grüble lange, was der Mann mit seiner Aussage bezwecken wollte. In Erzurum, das habe ich nach meiner Reise erst erfahren, fand am 30. Oktober 1895 ein schreckliches Massaker statt. Wahrscheinlich auf direkte Anordnung des Sultans Abdülhamid II. drangen osmanische Soldaten in die Häuser der dort lebenden Armenier ein und töteten zahlreiche Menschen. Über den britischen Konsul wurde später der Brief eines der beteiligten Soldaten veröffentlicht. Er habe mit seinen Leuten

1200 Armenier getötet, schreibt er, während in den eigenen Reihen niemand auch nur »Nasenbluten« erlitten habe – eine türkische Redewendung, die auch im Krieg um die syrische Enklave Afrin 2018 verwendet wurde.

Im Nachhinein lässt sich das Massaker von Erzurum als Vorzeichen des späteren Völkermords an den Armeniern interpretieren. Es war nur eines von vielen fürchterlichen Gemetzeln in jener Zeit. Schlimmer noch traf es die Armenier in der kurdisch geprägten Provinz Diyarbakır. Der französische Konsul berichtete in einem Brief an seinen Botschafter von 30 000 Toten und Vermissten. Die Massaker waren zum einen die Revanche für Guerilla-Aktionen nationalistisch gesinnter Kämpfer. Zum anderen sollten sie die Christen in der Bevölkerung unter Druck setzen, damit sie zum Islam konvertieren – die Region sollte »türkisiert« werden. Hier zeigte sich bereits die kompromisslose Haltung des »blutigen Sultans« Abdülhamid, den später eine enge Freundschaft mit dem letzten deutschen Kaiser, Wilhelm II., verband.

Es sind nicht gerade schöne Gedanken, die mich auf der langen Fahrt zurück nach Trabzon beschäftigen. Der Streit zwischen dem Paar auf dem Ausflug zeigt, dass viele Ereignisse aus der Vergangenheit noch längst nicht aufgearbeitet sind. »Armenier« ist in der Türkei noch heute ein Schimpfwort. Der türkische Staatspräsident Recep Tayyip Erdoğan sagte am 5. August 2014 in einem Live-Interview im türkischen Fernsehen auf die Frage, warum er in seinen Wahlkampfreden die alevitische Herkunft des Oppositionsführers thematisiert habe: »Was hat man über mich schon alles gesagt! Man hat mich Georgier genannt. Viel schlimmer noch, man hat mich, verzeihen Sie mir den Ausdruck, Armenier genannt.«

Blut, das nicht zu Wasser wird

Von Rhomäern und anderen Völkern

Am Abend herrscht auf dem Meydan von Trabzon reges Treiben. Die ganze Stadt ist auf den Beinen, um die abendliche Kühle zu genießen. Ich stehe an der Stelle, wo die drei großen Geschäftsstraßen auf den Platz münden; die am Baum hängende Gülen-Puppe ist von hier aus nicht zu sehen. Südländische Leichtigkeit liegt über der Szenerie. Der Duft von gegrillten Maiskolben vermischt sich mit orientalischer Musik, hupenden Autos und dem Stimmengewirr aus 1000 Kehlen zu einem Konzert für die Sinne.

Das Handy am Ohr, laufe ich im Zickzackkurs über den Platz. Es dauert eine Weile, bis wir uns gefunden haben. Und dann steht er da: Fahrettin Erdoğan, ein untersetzter Mann Mitte 30 mit schütterem Haar und breitem Lachen. Er umarmt mich sofort und stellt mir seinen Freund Mehmet vor. Mehmet, Mitte 50, silbergraues Haar, ist ein wenig zurückhaltender. Er versteht kein Neugriechisch. Plötzlich realisiere ich, dass er mit Fahrettin eine Sprache spricht, die ich kenne. Es ist der griechische Dialekt, den auch meine Großmutter benutzte, wenn sie sich mit Freundinnen traf: das Pontiaka.

Fahrettin trinkt gern Bier, das unterscheidet ihn von seinem Namensvetter, dem türkischen Präsidenten. Erdoğan sei ein weit verbreiteter Name, sagt er und zwinkert mir zu, er bedeute so viel wie »geborener Held«. Mehmet zögert. Er möchte lieber keinen Alkohol trinken, lässt sich aber überreden, in ein Café zu gehen, das auch Bier ausschenkt. Diese Art von Lokalität ist im konservativen Trabzon ein bisschen versteckt gelegen. Eine unauffällige Tür, dahinter führt ein schmaler, langer Gang in den hinteren Teil des Etablissements. Über eine enge Wendeltreppe geht es hinauf in den ersten Stock, wo sich die Schankstube befindet. Auf der Dachterrasse sitzen ein Dutzend Gäste, ausschließlich Männer, trinken Bier und genießen die Aussicht über den Meydan.

Fahrettin lässt seine Zähne blitzen und redet in einem fort. Er wechselt die Sprachen im Sekundentakt, übersetzt für Mehmet, dann wieder für mich. Wenn ich mich direkt an Mehmet wende, rede ich in einer Mischung aus rheinischem Dialekt und halbgarem Niederländisch, das er versteht, weil er die meiste Zeit des Jahres in Holland arbeitet. Allerdings ist Mehmet eher schweigsam, er antwortet in kurzen Sätzen und nippt an seinem Tee. Fahrettins Neugriechisch ist gut, nur einen leichten Akzent vermeine ich herauszuhören. Fahrettin erzählt, dass Mehmet und er aus dem Bergdorf Hamsiköy stammen, das etwa 40 Kilometer entfernt im Hinterland von Trabzon liegt. Einstmals hieß das Dorf Paleomatzouka, »Alt-Matsuka«. Die Einwohner sprachen pontisches Griechisch und gehörten der griechisch-orthodoxen Religion an. Doch sie sind schon vor langer Zeit zum Islam konvertiert und galten deshalb bei der Vereinbarung über den Bevölkerungsaustausch als Türken. Trotzdem hätten sie viele ihrer Traditionen bewahrt, erklärt Fahrettin. So feierten viele das christliche Osterfest mit rot gefärbten Eiern, wie in Griechenland.

Dass ganze Dörfer ihre Religionszugehörigkeit wechselten, hatte vor allem wirtschaftliche Gründe. Nachdem die Osmanen das Byzantinische Reich erobert hatten, mussten Nichtmuslime hohe Kopfsteuern zahlen. Um diese zu umgehen, traten viele zum Islam über. Meist waren es Bauern, die unter ärmlichen Bedingungen lebten. Griechen, Armenier und Juden, die in der Stadt wohnten, konnten sich die Steuern eher leisten. Sie waren Händler, Handwerker und Seefahrer und zählten zur Wirtschaftselite des Osmanischen Reichs.

Fahrettin besitzt eine kleine Reiseagentur. Er organisiert Ausflüge in die Umgebung, etwa ins alte Kloster Soumelá, das ich besucht habe.

»Irgendwann kamen die Rentner aus Griechenland«, erzählt er. »Sie sprachen den Dialekt, den ich zu Hause von meinen Eltern gelernt hatte.«

Da erst will er, Fahrettin, erfahren haben, dass sie keine eigene Sprache sprechen, sondern einen griechischen Dialekt. Fahrettin nennt ihn »Romeyika«, also »Römisch«. Davon verstehe ich nur einzelne Wörter. Vieles klingt gestelzt, altertümlich. Die neugriechische Begrüßungsformel »Ti kanis«, »Was machst du?« im Sinne von »Wie geht es dir?«, wird beispielsweise zu »To eftas«, das ich mit »Wie bist du verblieben?« übersetzen würde. Zum Teil werden in dem Dialekt völlig andere Begriffe verwendet. Fahrettin versucht, mir einige davon zu erklären, aber es ist schwierig. Zu fremd ist der Dialekt, dazu durchsetzt mit türkischen Wörtern und Anleihen. So gibt es im Romeyika einen Laut, den es im Neugriechischen nicht gibt, Fahrettin betont ihn wie ein deutsches »dsch«. Im Türkischen wird der Laut mit einem C plus Kringel darunter geschrieben, der Cedille. Die Griechen machen daraus ein »ts«. Jetzt erst stelle ich die Verbindungen her: Fahrettins Dorf Hamsiköy liegt in der Region Maçka, pontisch Matschuka, griechisch Matsuka. Die Einwohner im Hinterland sprechen »Matschuka-Griechisch« – das hatte in der Tat schon der Orientalist Jakob Philipp Fallmerayer in seinem Buch über das Kaiserreich von Trapezunt erwähnt.

Linguisten sind davon überzeugt, dass Romeyika dem Altgriechischen von allen griechischen Dialekten am nächsten kommt. Die griechische Sprachwissenschaftlerin Ioanna Sitaridou hat die Region um Maçka besucht und die Strukturen des dort gesprochenen Dialekts aufgezeichnet. Sie kam zu dem Schluss, dass er eine hohe Anzahl von grammatikalischen Besonderheiten aufweist, die so nur im antiken Griechisch vorkommen und die im Neugriechischen – sowohl in der Volkssprache Dimotiki als auch in der Hochsprache Katharevoussa – verloren gegangen sind. Sitaridou beziffert die noch vorhandenen Sprecher des pontischen Griechisch auf etwa 5000, die meisten seien schon gesetzten Alters.

Fahrettin bedauert, dass seine beiden Kinder sich nicht für die pontische Sprache interessierten. »Ich kann sie verstehen. Sie wollen türkisch sprechen, wie alle anderen auch.« Dann erzählen Mehmet und er von ihren Festen und dem »Horon«, dem Tanz zur Musik der traditionellen Instrumente Lyra und Daouli. Die Lyra ist eine einfache Violine, Daouli wird die Trommel genannt. Beide Männer kennen ein Lied, das mich seit meiner Kindheit begleitet: »Ekain kai to Tsambasin«, wörtlich übersetzt: »Auch Tsambasin ist abgebrannt«. Der Text ist im Dialekt der Schwarzmeer-Griechen abgefasst, die Musik im Takt des lokalen Horon-Tanzes. Fahrettin singt und klatscht den Rhythmus dazu, Mehmet stimmt ein, und dann bin auch ich dabei. Das Lied stammt aus der Heimatstadt meiner Großmutter: aus Ordu.

Tsambasin ist abgebrannt
Es blieben nur die Mauern stehen
Es eilten zu Hilfe
Die Söhne aus Ordu, dem geliebten.

Verbrannt sind die Wiesen der Hochalm von Ordu
Und es blieb nichts als Asche übrig.
Kein Haus blieb stehen.

Die Armen und die Reichen
saßen zusammen und beweinten den Verlust.
Es weinten die Vögel und die Quellen
Und es weinten die wohlgeformten Tannen.

Tsambasin, so erzählen sie, war eine nahe gelegene Hochalm in den Pontischen Bergen. Dort verbrachten die Städter aus Ordu die heißen Sommermonate. Auch wenn das Lied wohl die mündliche Überlieferung einer realen Brandkatastrophe darstellt, ist es unter den Schwarzmeer-Griechen zum Symbol für den Verlust der Heimat geworden, ähnlich wie das deutsche »Maikäfer flieg«.

Plötzlich gibt es immer mehr, was uns verbindet: Wir sind Landsleute, weil wir vom Schwarzen Meer stammen.

»Mag sein, dass du Deutsch sprichst. Ich spreche Türkisch. Warum nicht? Sprechen wir Türkisch! Das ändert nichts an deiner Herkunft. Es ist wie im alten Lied, das sagt: Blut kann nicht zu Wasser werden«, ruft Fahrettin.

Als gäbe es keine Grenzen, keine Meinungsverschiedenheiten, keine kulturellen Unterschiede. Als seien bestimmte Entwicklungen nur Äußerlichkeiten, wie zum Beispiel, dass Fahrettins Frau seit einigen Jahren plötzlich Kopftuch trägt, was er nicht versteht.

»Das war bei uns nicht üblich. Sie fing plötzlich damit an, erzählte, sie fühle sich ohne Kopftuch draußen nicht mehr wohl. Keine Ahnung, warum.« Er hebt fragend seine Hände. »Vielleicht, weil es alle machen.«

So, wie er seinen Dialekt nicht Pontiaka, sondern Romeyika nennt, so bezeichnet er sich selbst nicht als Türke oder Grieche, sondern als »Rhomaios«, also Römer. Mir brummt der Kopf: ein Türke, Rhomäer, der altgriechisch spricht, Pontiaka oder Romeyika? Wo bleiben die Griechen?

Ethnografisch gesehen, haben sie sich offenbar in Luft aufgelöst. Diejenigen Griechen, die sich als Hellenen verstanden und im 7. Jahrhundert vor Christus die Kolonien an der Schwarzmeerküste gegründet haben, gibt es nicht mehr. Sie haben sich über die Jahrtausende mit den Bevölkerungen vor Ort vermischt und sind in ihnen aufgegangen.

Unter römischer Herrschaft gab es keine Hellenen in diesem Sinne mehr. Sie wurden zu Römern und nannten sich auch nach der Aufspaltung in West- und Ostrom selbst so, obwohl sie Griechisch sprachen. Denn weil das Imperium Romanum unteilbar war, blieben die Bürger beider Reichshälften Bürger Roms, also Römer. Deshalb ist in der griechischen Geschichtsschreibung der Begriff »Byzantinisches Reich« nicht üblich. Dort spricht man nach wie vor von »Rom« oder »Ost-Rom«.

So kommt es, dass sich Fahrettin Erdoğan nicht als Hellene oder Grieche, sondern Römer oder Rhomäer bezeichnet. Auch auf Türkisch heißen die Griechen »Rum« – Römer. Da »Rhomäer« aber keine ethnische Zuschreibung ist, sondern eine historisch-politische, bleibt die Frage nach Fahrettins Volkszugehörigkeit offen. Und, richtig, auf Nachfrage präzisiert er, er sei »Laze«.

***

Die Volksgruppe der Lazen siedelt bereits seit Jahrtausenden zwischen Kaukasus und dem Schwarzen Meer. Da es in den Pontischen Bergen weder größere Migrationsbewegungen gab noch die Verheiratung mit anderen Ethnien, sind sie sich noch heute ihrer ethnischen Zugehörigkeit bewusst. Es wird angenommen, dass zu den Lazen auch der Volksstamm der Kolcher gehörte, dem der antike Abenteurer Iason auf seiner legendären Fahrt mit den Argonauten das Goldene Vlies geraubt hat. Der Orientalist Julius von Klaproth kommt jedenfalls in dem Bericht über seine in den Jahren 1807 und 1808 unternommene Reise in den Kaukasus zu dem Schluss, die lazische Sprache sei ein Relikt aus dem antiken Kolchis.

Der vielleicht bekannteste Vertreter dieser Ethnie ist der griechische Geschichtsschreiber Strabon; zumindest wird er ihr zugeordnet. Er lebte um die Zeit von Christi Geburt und stammte aus Amasya, der einstigen Hauptstadt des Königreichs Pontos. In seinem nur in Fragmenten überlieferten Geschichtswerk beschrieb er die Geschichte Roms von der Zerstörung Karthagos bis zur Zeit von Kaiser Augustus. Seine 17-bändige *Geographika* hingegen ist weitgehend erhalten und bildete lange Zeit die Grundlage für die Kenntnis der antiken Welt. Von ihm stammen Beschreibungen der klassischen sieben Weltwunder und ein Stadtporträt des alten Babylon.

Die Lazen selbst nennen sich »Lazepe«, ihr ursprüngliches Siedlungsgebiet nennen sie »Lazistan«. Dessen geografische

Ausdehnung entspricht etwa dem gleichnamigen früheren osmanischen Verwaltungsbezirk: Er reichte von Trabzon bis hinter die georgische Grenze und umfasste das Hinterland bis tief ins Pontische Gebirge.

Die in der Türkei lebenden Lazen sind zumeist sunnitische Muslime; nach der Gründung der Republik Türkei galten sie als Türken, obwohl noch heute im türkischen Volksmund alle möglichen Menschen, die aus der östlichen Schwarzmeerregion stammen, als »Lazen« bezeichnet werden. Lazen genießen aber keinen Status als ethnische Minderheit, weshalb über sie wenig bekannt ist. Schätzungen der UNHCR gehen von 750 000 bis 1,5 Millionen Angehörigen aus.

Die Ethnologen Peter Alford Andrews und Rüdiger Benninghaus haben geschätzt, dass noch etwa 250 000 Menschen in der Türkei die lazische Sprache beherrschen. Sie ähnelt dem Georgischen. Anfang des 20. Jahrhunderts gab es in der lazischen Bevölkerung Versuche, eine eigene Schriftsprache zu entwickeln. Die Hohe Pforte, wie die Regierung des Osmanischen Reichs genannt wurde, fasste das offenbar als Bedrohung auf. Auf Befehl des Sultans wurde 1910 ein gewisser Faïk Efendi ins Gefängnis geworfen, weil er versucht hatte, ein lazisches Alphabet einzuführen. Seine Bücher und Schriften wurden verbrannt. Zeitgleich versuchten einige Studenten, ein lazisches Alphabet zu erarbeiten. Sie nutzten dabei die georgische Schrift.

Auch unter den einstmals christlich-orthodoxen und griechisch sprechenden Volksgruppen ist offenbar das Bewusstsein, lazisch zu sein, nicht verloren gegangen. Wenn Fahrettin berichtet, er sei zugleich Rhomäer und Laze, mag diese Selbstzuschreibung auf viele ehemalige Pontos-Griechen zutreffen – vielleicht auch auf meine Familie? Über Spekulationen werde ich allerdings nicht hinauskommen, wird es doch abseits der geschlossenen Gemeinschaften in den Dörfern des Pontischen Gebirges kaum mehr möglich sein, ethnische Zugehörigkeit zu deklarieren. Schon der Geograf Skymnos von Chios wies im ersten Jahrhundert vor Christus darauf hin, dass die kolchische Stadt Phasis zwar von Griechen aus Milet gegründet worden sei, dort aber 60 Stämme mit verschiedenen Sprachen lebten, unter ihnen aus Indien stammende Volksgruppen und Angehörige der Baktrier, einem persischen Volksstamm. Und Strabon erwähnt in seiner *Geographica,* dass in der griechischen Kolonie Dioscurias, wo heute die georgische Stadt Sochumi liegt, Angehörige von 70 verschiedenen Völkern lebten. Plinius der Ältere, der beim Vesuvausbruch in Pompeji starb, ergänzt in seinem mehrbändigen Werk über die Naturgeschichte, der *Naturalis Historia,* in Dioscurias könnten Handelsgeschäfte nur mithilfe von 150 Dolmetschern durchgeführt werden.

Prokop wiederum, Chronist des byzantinischen Reichs, setzt einige Jahrhunderte später die Lazen mit den antiken Kolchern gleich. Er weist den Lazen in der Region eine herausragende Rolle zu, denn ihre Nachbarn benennt er häufig nach ihrem Verhältnis den Lazen gegenüber. So erzählt er von den Abasgern, die neben den Apsiliern wohnten und von alters her Untertanen der Lazen gewesen seien, aber eigene Könige gehabt hätten, sogar jeweils zwei gleichzeitig. In Kaiser Justinians Zeit seien sie Christen geworden und hätten ihre habgierigen Könige verjagt.

Wer noch tiefer in die komplexen ethnischen Strukturen am östlichen Schwarzen Meer einsteigt, stößt auf die Amazonen, die bereits in der Argonautensage erwähnt werden. Die kriegerischen Frauen sollen Apollonios von Rhodos zufolge an der Mündung des Stromes Thermodon gelebt haben, also im westlichen Pontos-Gebiet, in der fruchtbaren Ebene westlich von Ünye. Allerdings ist nicht belegt, dass es dieses Volk überhaupt am Schwarzen Meer gegeben hat. Vielleicht fanden die Griechen die Vorbilder für ihre Darstellung der Amazonen bei den Stämmen der Skythen und Sarmaten, die an der unteren Wolga und am unteren Don lebten. Laut dem Anthropologen David W. Anthony enthält dort jedes fünfte Kriegergrab weibliche Skelette, deren Kleidung der männlicher Krieger entsprach.

Die Unübersichtlichkeit und die Vielzahl der Ethnien hat immer wieder auch für Gerüchte und Spekulationen gesorgt, die in der Türkei, wo das Ideal ein ethnisch homogener Nationalstaat ist, gern auch eingesetzt werden, um jemandem zu schaden. Als besonders ehrenrührig gilt wie gesagt der Vorwurf, man sei Armenier. Aber auch andere nichttürkische Volksgruppen werden von vielen Nationalisten mit Misstrauen bedacht, stellt für diese doch schon die Anerkennung ihrer Existenz die Einheit der türkischen Nation in Frage.

So wird in Internetforen gern behauptet, auch Recep Tayyip Erdoğan sei ein Laze. Dessen Familie stammt nach seiner eigenen Aussage ursprünglich aus Batumi in Georgien. Nach dem russisch-türkischen Krieg 1878 seien seine Vorfahren aus dem von den Russen annektierten Gebiet in das Osmanische Reich geflohen. Nicht von ihm bestätigt wurde, dass eine Großmutter Erdoğans Jüdin und ein Großvater griechisch-orthodox gewesen sein sollen. Sollte das aber stimmen, könnte sich der Präsident der Türkei mit Fug und Recht als »Rhomäer« bezeichnen – und damit als einen der letzten Byzantiner.

Leben unter dem Sultan

Das osmanische Vielvölkerreich zwischen Asien und Europa

Nach der Gründung der Republik Türkei warteten nach einem Sprichwort »zweiundsiebzigeinhalb Nationalitäten« auf ihre Verschmelzung. Die Ethnologen Andrews und Benninghaus listen in ihrem Übersichtswerk 51 Gruppen auf, darunter neben den großen turksprachigen Gruppen die Kurden, muslimische und christliche Araber, Lazen, Armenier, Griechen, Albaner, Bosniaken, Georgier, Tscherkessen, Osseten und zahlreiche andere. Wahrscheinlich waren es viel mehr – und sind es heute noch. Spricht man mit Türken über ihre Familie, haben die meisten eine gleichermaßen schillernde wie exotische Herkunftsgeschichte zu erzählen. Ethnische Vielfalt gehörte im Osmanischen Reich zum Konzept. Die moderne Türkei hat dessen Erbe angetreten.

Um über die reiche kulturelle Vergangenheit der Türkei und ihre gespaltene Gegenwart zu reden, ist Trabzon nicht der richtige Ort. Viel besser geeignet ist Istanbul, die jahrtausendealte Metropole und heimliche Hauptstadt der Türkei, in der sich all die zweiundsiebzigeinhalb Nationalitäten an einem Ort vereinen. Hier bin ich mit meinem belesenen Freund Ismail verabredet, den ich vor vielen Jahren in Berlin kennengelernt habe und heute viel zu selten sehe. Ismail ist im Ruhrgebiet aufgewachsen, hat Architektur studiert und vor zehn Jahren seinen Traum wahr gemacht: Er ist nach Istanbul gezogen, wo er einen kleinen Verlag gegründet hat und mit seiner Familie lebt.

Wir treffen uns in einem der traditionellen Fischrestaurants in Kadıköy, im asiatischen Teil von Istanbul. Von hier aus erscheint die Welt ein wenig anders als von Duisburg oder Berlin aus. Europa liegt dort drüben auf der anderen Seite des Bosporus. Bei einer Mezes-Platte mit Hamsi, kleinen Schwarzmeer-Sardinen, und einer kleinen Flasche Raki diskutieren wir über die Selbstgefälligkeit des Westens, dessen Stolz auf seine demokratischen Werte auch schon mal in Arroganz umschlägt. Hinter uns im Osten bäumt sich Asien dagegen auf und setzt der moralischen Dominanz des Westens die Kraft des Faktischen entgegen. Ismail glaubt, dass es hinter seiner zur Schau getragenen Bescheidenheit längst dabei ist, die Kontrolle über das Schicksal der Weltgemeinschaft zu übernehmen.

Die Türkei steht dazwischen und in beiden Kontinenten zugleich, sie ist hin- und hergerissen zwischen der Faszination für die kollektive Stärke des Ostens und der Bewunderung für die demokratischen Errungenschaften des Westens. Ismail ist Europäer, aber ein bisschen Asiat ist er auch. Ein demokratisch gesinnter, laizistischer Deutsch-Türke, der Islamisten, Extremisten und Terroristen entgegentritt, ob sie nun Kurden sind, Araber oder Türken. Er sieht sich selbst am ehesten als Kemalisten, zumindest genießt Republikgründer Mustafa Kemal Atatürk seinen höchsten Respekt. Dessen politische Erben eher nicht: Ismail kritisiert die verkrusteten Strukturen in der überalterten Republikanischen Volkspartei CHP, die Atatürk, der »Vater der Türken«, einst ins Leben gerufen hat.

Er mag die Art und Weise nicht, wie der Westen auf die Türkei schaut, sie erscheint ihm arrogant und belehrend. Ismail ist zwar Gegner von Erdoğans Politik, aber dass der Westen nach dem fehlgeschlagenen Putsch gegen die türkische Regierung 2016 nicht mehr Solidarität gezeigt hat, empfand er als verletzend. Respekt hat er vor den ökonomischen Leistungen des Präsidenten. Er schwärmt von den Brücken, die im Zeitraffer über den Bosporus wachsen, den neuen Tunneln, U-Bahn-Strecken und Hochhäusern. Der neue Flughafen ist jetzt bereits einer der größten Europas und soll, wenn er endgültig fertiggestellt ist, mit jährlich 150 Millionen Passagieren den derzeit größten Flughafen der Welt, Atlanta, überflügeln.

Dazu kommt ein Wirtschaftswachstum, das in manchen Jahren selbst das dynamische China überflügelt hat. Istanbul mit seinen vielleicht 20 Millionen Einwohnern ist längst eine der größten Städte der Welt, ein eigener Kosmos. Und spätestens nach ein paar Gläsern Raki schwillt der Stolz auf diese Metropole an geografisch exponiertem Ort. Sollte dereinst eine Welthauptstadt gesucht werden unter einer globalen Regierung der Vereinten Nationen, dann, davon ist Ismail überzeugt, gäbe es dafür keinen besseren Ort als diesen hier, die Schnittstelle zwischen den großen Kulturkreisen, zwischen Europa und Asien.

Istanbul verfügt ja bereits über eineinhalb Jahrtausende Erfahrung als Welthauptstadt. Erst mächtige Kapitale des Oströmischen Reichs, leuchtendes Byzanz, dann Hauptstadt des Orients. Konstantinopel hat zahllose Kaiser, Sultane und Wesire in seinen Mauern beherbergt, es wurde von Römern und Griechen regiert, von katholischen Kreuzrittern, von Muslimen und Säkularen. Der Sultan des Osmanischen Reichs beherrschte von hier aus ein Gebiet, das sich zeitweise von Budapest bis Bagdad, von der Krim bis Kairo und Tunis erstreckte. Zeitgleich mit dem Aufstieg Europas zur industriellen und politischen Großmacht folgte der Niedergang. Das Osmanische Reich wurde zum »kranken Mann vom Bosporus«, um dessen Erbe die Europäer stritten.

Unmittelbarer Erbe war die Republik Türkei, ein unruhiges Staatsgebilde. Mit einem starken Militär, das die zivilen Regierungen in Schach hielt und seine Macht immer wieder durch Staatsstreiche absicherte. Im Osten zehrt der ewige Bürgerkrieg mit den Kurden, im Westen die Auseinandersetzungen mit dem Nachbarn Griechenland und im Süden die Konflikte der Bevölkerungsgruppen auf der Insel Zypern. Lange lebten die Menschen in vielen Provinzen in bitterer Armut, bis vor nicht allzu langer Zeit ließen sie sich deshalb scharenweise für die Arbeit in Europa und vor allem Westdeutschland anwerben.

Wie die Bundesrepublik mit ihren Gastarbeitern ab den 1960er-Jahren umgegangen ist, ist verstörend und wirkt noch heute nach. Hunderttausende Menschen arbeiteten in Deutschland, vorübergehend und nach einem Rotationsprinzip. Dabei haben sie die westdeutsche Wirtschaft so stark gemacht, dass sie unverzichtbar wurden. Bürger durften sie aber nicht werden. Verträge wurden verlängert, ohne Perspektive. Keine Sprachkurse, keine angepasste Schulbildung, nur dieses ständige Warten, Hoffen, sich fürchten davor, dass man nächstes Jahr entlassen wird. Obwohl allen klar war, dass hier eine ganze Generation in einer Art Wartehalle festgesetzt wurde, unternahm niemand etwas.

Ismail gehört zur zweiten Generation, und er hat seine Konsequenzen gezogen. Hoch talentiert, wurde er von manchen Lehrern abqualifiziert und gemobbt. Statt die typische Karriere der Gastarbeiterkinder als Werker in der Fabrik einzuschlagen, machte er gegen Widerstände sein Abitur und führte danach ein Studentenleben zwischen zwei Polen: ausgelassener Lebensfreude und ernsthafter Analyse politischer Zusammenhänge. Sein Freundeskreis bestand aus Deutschen ebenso wie aus Menschen, die aus allen möglichen Ländern stammten. Doch eine Heimat wurde Deutschland nicht mehr. Irgendwann gab er seiner Sehnsucht nach und zog mit seiner Familie in die Stadt seiner Träume. Für die Türken sei er ein »Deutschländer«, sagt er, aber das sei viel besser, als »der ewige Türke in Deutschland« zu sein.

Das Gefühl eines immerwährenden Exils eint viele Auswanderer- und Gastarbeiterkinder. Dabei personifizieren sie die eurasische Kulturgeschichte, die aus Aufbruch und Neuanfang besteht, aus Völkerwanderungen, Eroberungskriegen, Flucht, Vertreibung, Assimilation und Integration. Wie die europäischen Herrscher warben auch die Osmanen neue Untertanen aus dem Ausland an, indem sie ihnen Land und Religionsfreiheit versprachen. Im Inneren verlegten sie nach Bedarf ganze Dörfer in andere Regionen des Reichs. Durch diese Ansiedelung fremder Bevölkerungsgruppen, »Sürgün« genannt, wollten sie verhindern, dass sich lokale Herrschaftsstrukturen bildeten, die zur Bedrohung für die Zentralgewalt heranwachsen konnten.

Auch zwangsrekrutierten die Osmanen junge Männer aus vielen Regionen des Reichs für den Kriegs- und Regierungsdienst. Diese erlangten im Laufe der Zeit so viel Macht, dass aus ihrer Mitte sogar Großwesire hervorgingen, die »Kanzler« des Osmanischen Reichs. Schon die Rum-Seldschuken als Vorgänger der Osmanen hatten junge Kriegssklaven ausgebildet, sie ausgerüstet und dem Befehl des Sultans unterstellt. Die osmanischen Herrscher beriefen sich nach erfolgreichen Feldzügen als Siegermacht auf das islamische Recht, Kriegsgefangene aus nichtmuslimischen Gebieten zu behalten und in ihre Gesellschaft zu integrieren.

Dieses System scheint jedoch nicht den erwünschten Erfolg gehabt zu haben. Die »Devşirme«, zu Deutsch »Knabenlese«, entstand aus dem Bedürfnis, die osmanische Armee mit frischem Blut zu versorgen. Hierzu schickte man gezielt Offiziere mit Feldjägern in die christlichen Regionen des Osmanischen Reichs, auf den Balkan, nach Georgien, Polen, Rumänien und Ungarn. Dort begannen sie unter Aufsicht des zuständigen Feudalherrn, anhand der Taufregister zu rekrutieren, wie der Historiker Bodo Hechelhammer beschreibt: »Sämtliche männliche Kinder und Jugendliche mussten sich in Begleitung ihrer Väter und des Priesters im Dorfzentrum versammeln. Hier wurden die am besten geeigneten Knaben ausgewählt, wobei ungefähr jeder vierzigste Haushalt betroffen war.« Damit sollte die Loyalität dieser Bevölkerungsgruppe zum Sultan gestärkt werden. Die Geeignetsten dieser jungen Männer wurden zu sogenannten Janitscharen ausgebildet, ein Begriff, der von »Yeniçeri« abgeleitet wurde, »neue Truppe«.

Etwa zehn Prozent der zwangsrekrutierten Knaben wurden sofort in den Palastdienst übernommen, der überwiegende Teil wurde für einen Kopfpreis für einige Jahre an anatolische Bauernfamilien verkauft. Dort wurden sie systematisch islamisiert und erlernten die türkische Mentalität und Sprache. Nach fünf bis sieben Jahren »Türkisierung« wurden sie nach Konstantinopel gebracht und dort kaserniert. Es folgten eine streng islamische Schule, Disziplin und harte Arbeit.

Janitscharen waren dem Zölibat unterworfen und durften, im Gegensatz zu freien Muslimen, nur einen Schnurrbart und keinen Vollbart tragen. Ihre Heimat war das Korps, ihr Vater der Sultan und die anderen Soldaten ihre Familie. So wurden die Janitscharen zum ersten stehenden Heer des Osmanischen Reichs. Sie waren die Eliteeinheit des Sultans, stellten seine Leibwache und ersetzten im Feld die aus Stammeskriegern zusammengesetzten Truppen, auf deren Loyalität und Moral man nicht vertraute.

Anfang des 19. Jahrhunderts wurde das Janitscharenkorps aufgelöst. Gegen Ende des Jahrhunderts stellte Sultan Abdülhamid II. die Hamidiye auf, eine Reitertruppe, die Aufstände in Ostanatolien niederschlagen sollte. Sie rekrutierte sich aus kurdischen Halbnomaden und ostanatolischen Turkvölkern. Wie bei den Janitscharen hoffte der Sultan, auf diese Weise Bevölkerungsgruppen zu integrieren, die traditionell schwer zu kontrollieren waren. Sie sollten vor allem die Armenier in Schach halten, deren Unabhängigkeitsbestrebungen die Stabilität des Reichs gefährdeten. Die Hamidiye wurden nach ihrem Sultan benannt, dessen erster Vorname Abdül »Diener Allahs« bedeutet, Hamid wird mit »Der Lobende« übersetzt. Die Reiter erwarben sich einen Ruf als grausame Schlächter, die in Erzurum und anderen Orten Anatoliens die armenische Zivilbevölkerung massakrierten und plünderten. Im Gegensatz zu den meist durch die Knabenlese rekrutierten Janitscharen setzte sich die Hamidiye aus Freiwilligen zusammen.

Die Bewertung der im 17. Jahrhundert abgeschafften Knabenlese ist in der Orientalistik umstritten. Während sie in Westeuropa früher gern als Beleg für die barbarischen Sitten angeführt wurde, die im Osmanenreich geherrscht hätten, sehen neuere Historiker sie als Beleg für die soziale wie ethnische Durchlässigkeit der Reichsstrukturen. Dass die Knabenlese lange einen derart schlechten Ruf im Westen gehabt habe, führt der Orientalist Christoph K. Neumann auf die nationalistische Geschichtsschreibung in vielen Balkanländern zurück. Sie sei dort vielerorts als »Blutzoll« beschrieben worden, der ganze Dörfer und Landstriche entvölkert habe. Die Wahrheit sei differenzierter zu sehen: »Während es einerseits natürlich Versuche gab, Kinder vor dem Einzug in den Dienst des Sultans zu bewahren, bemühten sich andere, ihren Söhnen die einmalige Karrierechance, die in der Knabenlese lag, zu verschaffen.«

Da die Knabenlese vor allem in den westlichen Provinzen unter Christen durchgeführt wurde, nahmen europäische Einflüsse in der Reichsführung und im Militär stetig zu. So wurden Griechisch oder Slawisch an der Hohen Pforte zeitweise zu Umgangssprachen. Oftmals heißt es in der Literatur über das Thema, die entrissenen Kinder seien sich ihrer Herkunft nicht bewusst gewesen. Das mag für die einfachen Soldaten stimmen. Bei denjenigen, die den Aufstieg in der Reichshierarchie schafften, gibt es aber Beispiele dafür, dass man die eigenen Wurzeln kannte. So stiftete der Großwesir Mehmed Pascha Sokolović im 16. Jahrhundert seiner Heimat die »Brücke über die Drina«, die durch das gleichnamige Buch des Nobelpreisträgers Ivo Andrić bekannt geworden ist.

Sokollu Mehmed Pascha, so die heute allgemein übliche Schreibweise seines Namens, stammte aus der bedeutenden Familie der Sokolović aus dem Dorf Sokol, die am linken Ufer der Drina in der Region um Višegrad ansässig war. Er wurde durch einen serbisch-orthodoxen Geistlichen auf den Namen Bajica getauft. Durch die Knabenlese kam er nach Konstantinopel, wo er zum Islam übertreten musste. Als kluger Kopf blieb ihm der Militärdienst bei den Janitscharen erspart, stattdessen kam er auf die Palastschule, die sogenannte Enderun. Dort erhielt er eine umfassende Bildung und stieg schließlich zum Großwesir des Osmanischen Reichs auf. Unter seinem Schwiegervater Selim II., der nach den Einschätzungen von Historikern alkoholkrank und deshalb nicht regierungsfähig war, herrschte Sokollu Mehmed Pascha uneingeschränkt über das Osmanische Reich. Er protegierte außerdem seine Verwandten und Bekannten, wie den Chronisten Aşık Çelebi, und verschaffte ihnen Posten in der Reichsverwaltung. Zu seiner Zeit zählte die südslawische Sprache zu den Hofsprachen der Hohen Pforte.

***

Die Osmanen waren jedoch auch offen für Talente von außerhalb. Als die katholischen Könige auf der iberischen Halbinsel die sephardischen Juden im Jahr 1492 per Erlass vor die Wahl zwischen Konversion zum Christentum oder Emigration stellten, breiteten die Osmanen ihre Arme aus – wussten sie doch um deren hoch entwickelte Fertigkeiten in den verschiedenen Handwerkskünsten. Die Juden wurden in den osmanischen Gebieten auf der Balkanhalbinsel angesiedelt und reicherten die Sprachen des Reichs mit neuen Begriffen an – wie »Pantalon« für Beinkleid oder »Capelo« für Kopfbedeckung. Selbst die geliebte »Wollta« der Griechen, der allabendliche Rundgang durch die Stadt mit der ganzen Familie, hat ihren Ursprung in der spanischen »Vuelta«. Wer im 18. oder 19. Jahrhundert per Schiff in Saloniki ankam, musste sich im alten Spanien wähnen: Der Hafen war fest in jüdischer Hand. Das Ladino, das alte Spanisch der Juden, war Alltagssprache.

Aber wie war so etwas in einem »Türkenreich« möglich? Indem die Osmanen keinerlei Anstalten machten, die ethnische Vielfalt im Reich zu bekämpfen. Im Gegensatz zu der damals üblichen Vorgehensweise, der Bevölkerung eroberter Gebiete die eigene Religion zu oktroyieren, herrschte im Osmanischen Reich Glaubensfreiheit. Nichtmuslimen blieb die Entscheidung überlassen, entweder den islamischen Glauben anzunehmen oder unter islamischer Herrschaft mit zum Teil eingeschränkten Freiheiten zu leben. »Dabei zwingen die Türken überhaupt keinen, seinen Glauben zu leugnen; sie bemühen sich auch nicht sonderlich, jemanden dazu zu bringen, und haben auch keine große Hochachtung vor denen, die leugnen«, schrieb der Dominikanermönch Georgius de Hungaria in seinem autobiografischen *Traktat über die Sitten, die Lebensverhältnisse und die Arglist der Türken.* Mitte des 15. Jahrhunderts war Georgius als Jugendlicher bei einem Angriff osmanischer Truppen in Ungarn gefangengenommen und ins Osmanische Reich verschleppt worden. Erst als Erwachsener konnte er zurückkehren.

Zwangsislamisierungen waren in der frühen Geschichte des Reichs also unüblich. Vielmehr genossen die nichtmuslimischen Glaubensgemeinschaften ein hohes Maß an Eigenständigkeit. Alle Untertanen des Reichs waren in Konfessionen eingeteilt, so genannte Millets. Dieses System bildete die Grundlage der multiethnischen Verfasstheit des Osmanischen Reichs, die sich aber nicht an den Volksstämmen, sondern an den Religionszugehörigkeiten orientierte. Der Islam besaß dabei eindeutig eine Vormachtstellung, die Angehörigen anderer Religionen wurden als »Dhimmis« gesehen, »Schutzbefohlene«. Die Millets, also der jeweilige Patriarch und seine Kirchengemeinde unter dem Patriarchen, waren für die Verwaltung zuständig, sie trieben die Sondersteuern von ihren Mitgliedern ein, die Nichtmuslime zahlen mussten, und übernahmen die Verantwortung für deren Wohlverhalten.

Die Millets unterhielten ihre eigenen Schulen, Krankenhäuser, Gerichtshöfe und Wohlfahrtseinrichtungen. Gesundheit, Erziehung, öffentliche Ordnung, Rechtspflege, Heirat und Scheidung, Geburts- und Todesfälle galten als innere Angelegenheiten der jeweiligen Millets. Die Nichtmuslime konnten ihre kulturellen und sprachlichen Besonderheiten bewahren und ihre Religion ausüben. Das galt für die jüdische Minderheit ebenso wie für jede christliche. Außerhalb ihrer Millets genossen Nichtmuslime jedoch weniger Rechte als ihre muslimischen Nachbarn. Die Aussage eines Christen galt vor einem osmanischen Gericht als weniger glaubwürdig als die eines Muslims. Konvertierten

Nichtmuslime zum Islam, erhielten sie die Privilegien der muslimischen Bevölkerung. Muslime hingegen, die zum Christentum übertraten, wurden mit dem Tod bestraft.

Eine besondere Stellung genoss die griechisch-orthodoxe Kirche, die von der Sondersteuer befreit war. Sie wurde zwar streng kontrolliert, blieb aber weitgehend selbstständig. Unter osmanischer Herrschaft wurde der orthodoxe Patriarch in Konstantinopel zum »Ethnarchen«, dem Oberhaupt der orthodoxen Christen im Reich. Mehmet Fatih, der Eroberer von Konstantinopel, ließ sich von Gennadios II. Scholarios, den er als ersten Patriarchen unter osmanischer Herrschaft in Konstantinopel eingesetzt hatte, über die Glaubensgrundlagen der orthodoxen Kirche unterrichten. Das christliche Glaubensbekenntnis wurde in seinem Auftrag ins Türkische übersetzt. Mehmet verlegte die Residenz der Patriarchen von der Hagia Sophia in die Georgioskirche im Stadtteil Phanar, türkisch »Fener«, wo sie sich noch heute befindet. Das Amt bedeutete im Osmanischen Reich eine große Verantwortung und harte Konsequenzen, falls es zu Verrat oder Aufständen gegen die Zentralregierung kam.

Im Jahr 1821 erfuhr dies der orthodoxe Patriarch Gregorios V. am eigenen Leib. Drei Amtszeiten hatte er bereits hinter sich, er galt als treuer und dem Sultan ergebener Religionsführer, der die Griechen öffentlich zum Gehorsam gegenüber dem Staat ermahnte. Doch offenbar pflegte er heimlich Verbindungen zu den Rebellen der nationalistischen griechischen Widerstandsbewegung. Nachdem am 25. März 1821 die griechischen Aufstände im europäischen Teil des Reichs ausgebrochen waren, wurde Gregorios verhaftet, gefoltert und am 22. April am Haupttor des Patriarchates erhängt. Anschließend wurde seine Leiche durch die Straßen Konstantinopels geschleift und in den Bosporus geworfen. An sein Priestergewand war der Schuldzettel, der Yafta, geheftet. Darauf stand: »Anstatt die Rebellen zu beschwichtigen und beispielhaft als Erster zurückzukehren, war dieser Ungläubige die eigentliche Ursache aller Unordnung.« Zwei Metropoliten, zwölf Erzbischöfe und zahlreiche Laienpriester wurden ebenfalls hingerichtet. Zum Gedenken an die Hinrichtungen wurde das Haupttor des Patriarchates in Fener verschweißt. Das ist es bis heute geblieben. Wer in den Komplex hinein möchte, muss eines der kleineren Nebentore benutzen.

In der Zeit der »Tanzimat«, der Reformen im 19. Jahrhundert, veränderte sich die osmanische Gesellschaft. Das Reich sollte nach französischem Vorbild modernisiert, die Zentralmacht gestärkt werden. Kurzzeitig gab es sogar ein Parlament. Die Religionsgemeinschaften, die den verschiedenen Bevölkerungsgruppen vorstanden, sollten hinter die staatlichen Institutionen zurücktreten. Dafür wurde auf Druck der europäischen Westmächte eine weitgehende rechtliche Gleichstellung von Muslimen und Nichtmuslimen erreicht, womit Privatleuten und Religionsgemeinschaften erlaubt wurde, eigene allgemeinbildende Schulen zu eröffnen und neue Kirchen zu bauen.

Damit stärkte der Sultan indirekt aber auch Nationalismus und Separatismus der ethnischen Minderheiten in seinem Reich. Denn mit der Entstehung der Nationalstaaten in Europa erwuchs bei vielen von ihnen, allen voran den Griechen, ein Bedürfnis nach nationaler Selbstbestimmung. Nichtmuslime wurden es zunehmend leid, als Untertanen zweiter Klasse behandelt zu werden. Diese Einstellung wurde von europäischer Seite geteilt und geschürt. Wie viele Westler über die Türken denken mochten, lässt ein Zitat von Henry Morgenthau erahnen, der von 1913 bis 1916 Botschafter der USA im Osmanischen Reich war. Er schrieb in seinem Buch *Secrets of the Bosphorus* über das Verhältnis zwischen Muslimen und Christen:

»Für Jahrhunderte lebten die Türken schlicht wie Parasiten unter diesem überlasteten und fleißigen Volk.« Und weiter: »Sie besteuerten die Christen bis zu deren wirtschaftlichem Ruin, raubten ihre schönsten Töchter und zwangen sie in ihre Harems, nahmen Hunderttausende männlicher christlicher Kinder und zogen sie zu muslimischen Soldaten auf.« Morgenthau versteigt sich in seinem Buch zu offenem Rassismus, wenn er ausführt, seine Absicht sei »lediglich, die angeborene Verhaltensweise des muslimischen Türken gegenüber Menschen, die nicht seiner eigenen Rasse und Religion angehören, herauszustreichen. Nämlich, sie nicht als menschliche Wesen zu behandeln, sondern bloß als Besitz, dem das Recht zu leben zugestanden wird, falls sie die Interessen ihrer Herren unterstützen, die aber mitleidlos zerstört werden dürfen, falls sie nicht mehr von Nutzen sind.«

Diese Darstellung entsprach den damals vorherrschenden Klischees im Westen und spiegelte nicht nur die Jahrhunderte alte Furcht vor der Bedrohung aus dem Osten wider, sondern ebenso die Verachtung gegenüber einem vermeintlich rückständigen Volk. Ignoriert wurde, dass die Osmanen es über Jahrhunderte vermocht hatten, den Frieden zwischen verschiedenen Völkern zu gewährleisten. Zu einer Zeit, in der in Europa Religions- und Bürgerkriege tobten, in der Andersgläubige vertrieben oder in Pogromen ermordet wurden, bestand im Orient ein Reich, das seinen Bürgern weitgehende wirtschaftliche und religiöse Freiheit zugestand – und damit auch zum Ziel für viele verfolgte Europäer wurde, allen voran die sephardischen Juden.

Im Zusammenspiel der Volksgruppen entstanden gemeinsame Kulturformen, die zum Teil bis heute lebendig sind. In den griechischen Provinzen Thrakien und Makedonien sieht man immer noch Lastwagen mit dem Karagiosis-Symbol über einsame Landstraßen kurven. Der Karagiosis, türkisch Karagöz, ist eine Form des Schattentheaters, das im Osmanischen Reich sehr beliebt war. Die Figuren wurden ursprünglich aus Kamel- oder Kuhhaut hergestellt und hinter einem weißen Baumwollvorhang bei starkem Gegenlicht hin und her bewegt. Hauptfigur ist der Karagöz, türkisch für »Schwarzauge«, ein einfacher Mann der Straße, der immer wieder in schwierige Situationen gerät, denen er nicht gewachsen ist. Sein Antipode ist der Hacivat, griechisch Hadjiavatis, ein Unternehmer, der Karagöz für sich arbeiten lässt. Hacivat ist der Vertreter der gesellschaftlichen Ordnung. In den

Stücken werden Hierarchien auf die Schippe genommen, ebenso wie Repräsentanten der verschiedenen religiösen und ethnischen Gruppen des Osmanischen Reichs.

Im Osmanischen Reich war der Karagöz eine Institution der Bildung und der Unterhaltung, er wurde in Kaffeehäusern, Gärten und auf öffentlichen Plätzen aufgeführt. Heute spielt er eher eine Rolle im Kindertheater, ähnlich dem deutschen Kasper. Aber als traditionelles Theater vermittelt er den Menschen immer noch eine kulturelle Identität – in Griechenland wie auch in der Türkei. Die UNESCO hat den Karagöz deshalb auf die Liste des bedrohten immateriellen Kulturerbes gesetzt.

Ein anderes Beispiel überlieferter osmanischer Kultur sind die Anekdoten um den bauernschlauen Hodscha Nasreddin, der auf jede Frage eine gewitzte Antwort weiß. Sie sind eine Mischung aus Volksweisheit und derben, sogar anzüglichen Inhalten. Auch in Griechenland kennt sie jedes Kind.

Vor allem aber einte die Musik die Völker. Sie wurde von reisenden Troubadouren verbreitet, die oft der Volksgruppe der Roma angehörten. Sie sogen die stilprägende Musik aller Regionen und Volksgruppen auf und verbreiteten sie weiter – auf Hochzeiten, Beerdigungen, Dorffesten. Daneben prägten sich zahllose lokale Volksmusikstile aus, die vor allem in den Städten kulturelle Grenzen überwanden.

Später entwickelte sich urbane Popmusik, etwa der griechische Rembetiko, der zu Beginn des 20. Jahrhunderts in den Hafenspelunken von Smyrna und Piräus entstand. Die Texte und der Habitus der Musiker orientierten sich am Lebensstil der »Mangas«, das waren Gangster, die einem strengen Ehrenkodex unterlagen. Unter dem Mantel trugen sie das lockersitzende Messer und die Baglama, ein kleines, der Ukulele ähnliches sechssaitiges Musikinstrument. Die Rembetiko-Musiker spielten im Sitzen, scheinbar unbeteiligt, endlose, gleichtönige Melodien, bis die Sängerin hinzukam und einen lasziv-melancholischen Text hauchte. Männliche Sänger besangen die Sehnsucht nach der unerreichbaren Geliebten, priesen entweder ihr Leben als Underdog oder beklagten ihr Scheitern in der Gesellschaft. Eine stark erotisierte Atmosphäre und Zuhörer, die scheinbar unbeteiligt dasitzen, während in ihnen ein Vulkan kurz vor dem Ausbruch steht – das macht den Rembetiko aus, den »griechischen Blues«, wie ihn westliche Musikwissenschaftler tauften.

Nach dem Ersten Weltkrieg wurde der Rembetiko geächtet; er galt als unzivilisiert, roh und vor allem den Griechen als viel zu orientalisch, also »türkisch«. Wiederentdeckt wurde er erst in den 1990er-Jahren – und zwar nicht nur in Griechenland, sondern auch in der Türkei, wo er seitdem vor allem in Großstädten wie Izmir und in Istanbul weithin gespielt wird. Man versah die alten Stücke einfach mit türkischen Texten und spielte sie live – mit großem Erfolg.

Der Rembetiko verbindet die Völker östlich und westlich des Bosporus, er ist ein Medium, das die Grenzen zwischen Griechen und Türken mühelos überwindet. Eines Abends verirrten Ismail und ich uns in eine enge Seitenstraße der İstiklal Caddesi, der Prachtstraße im europäischen Teil von Istanbul. Dort spielte eine Band mit jungen türkischen und griechischen Musikern den Rembetiko aus Smyrna und Athen, die alten Lieder, in griechischer und türkischer Sprache. Auf dem Rückweg nach Hause sangen wir die Lieder im Auto nach, Ismail auf Türkisch und ich auf Griechisch, und wenn wir nicht weiterwussten, begannen wir einfach von vorn. Die Fenster heruntergekurbelt, lachende und winkende Passanten am Straßenrand, fuhren wir laut singend durch ein glitzerndes Istanbul, das auf uns wirkte wie der Nabel der Welt. Es war, als hätten wir einen Zipfel vom alten Konstantinopel erhascht, den wir nicht mehr loslassen wollen.

Pontos Euxinos

Wie die Griechen an das »gastfreundliche Meer« kamen

Zurück zum Schwarzen Meer. Meine Zeit in Trabzon ist um. Jetzt sitze ich im Überlandbus nach Ordu, das rund 200 Kilometer westlich von Trabzon liegt. Zur Linken erhebt sich, mal sanft und hügelig, mal steil und zerklüftet, das Pontische Gebirge, auf der rechten Seite liegt das Schwarze Meer, wie ein unruhiger großer See. Tatsächlich wirkt das Wasser heute sehr dunkel, aber das liegt wohl vor allem an den schwarzen Granitblöcken, die entlang des Ufers aufgeschüttet worden sind.

Das Schwarze Meer habe ich stets mit meiner Großmutter Alexandra verbunden. Das Kriegsschiff, das sie in Ordu aufgenommen hatte, fuhr vermutlich nach Trabzon, von wo aus Flüchtlingstransporte in die damals russische Hafenstadt Sochumi auf der anderen Seite des Schwarzen Meers gingen. Dort verbrachte sie drei Jahre, danach ein Jahr in der georgischen Hafenstadt Batumi. Erst nach dem Krieg, im Alter von 19 Jahren, sah sie ihre Eltern und Geschwister wieder.

Die dann folgende Zwangsemigration nach Griechenland machte meine Familie zu Nomaden. Viele Verwandte leben heute in der Welt verstreut, die Kontakte sind lose oder gar ganz abgebrochen. Nach Deutschland kam meine Mutter nur zufällig. Ihre Familie war mittlerweile wohlhabend geworden, mein Großvater betrieb in Kavala eine florierende Kupferschmiede. Als jüngste Tochter wurde meine Mutter für ein Medizinstudium nach Italien geschickt, auf die renommierte Fakultät von Modena. Doch als ihr ältester Bruder die Fabrik übernahm, ging es mit den Geschäften bergab. In gleichem Maß versiegte auch die finanzielle Unterstützung für meine Mutter. In den letzten Semestern, den härtesten des Studiums, musste sie ihren Lebensunterhalt selbst verdienen. Wann immer es ging, reiste sie in die Schweiz und half in einem Café in Winterthur aus. Dort lernte sie 1961 meinen Vater kennen, einen westfälischen Gießerei-Ingenieur, der dort nach seiner Ausbildung eine Stelle angenommen hatte. Nach wenigen Monaten heirateten sie.

Das Königreich Griechenland suchte in jener Zeit händeringend nach Ingenieuren. Das nationale Ziel lautete: eine Industrie aufzubauen, um mit den Staaten im Norden konkurrieren zu können. So wurde mein Vater, der sich schon bei seinem ersten Besuch in Griechenland rettungslos in Land und Leute verliebt hatte, zu einem Gastarbeiter unter umgekehrten Vorzeichen: Er ging als Deutscher nach Thessaloniki und arbeitete dort in einer Stahlgießerei. Allerdings nicht als Hilfsarbeiter, sondern als technischer Leiter mit eigenem Dolmetscher und einem fürstlichen Gehalt.

Es begann eine paradiesische Zeit, in der es weder an Geld, Freunden noch an familiärer Zuwendung fehlte. So werden diese Jahre jedenfalls bis heute in meiner Familie dargestellt. Dann kam 1966 auch noch das erste Kind – ich. Der Traum endete ein Jahr später. Die Stahlgießerei rutschte in die Insolvenz, das Militär putschte gegen die Regierung, und eine Junta übernahm die Macht in Griechenland. Meine Eltern entschieden sich, in das sichere Deutschland zu ziehen, wo mein Vater bis zur Rente für verschiedene Stahlhütten tätig war. Erst im Ruhestand machten meine Eltern ihren Traum wahr, für längere Zeit an die Strände der Ägäis zurückzukehren.

Eine nennenswerte Stahlindustrie hat sich in Griechenland nicht entwickelt, im Gegensatz zur Türkei, die große Mengen Rohstahl in alle Welt exportiert. Ein großer Teil davon wird über die Industriehäfen am Schwarzen Meer umgeschlagen, in Rize, Samsun oder Trabzon. Die neue Küstenautobahn verbindet die Städte. Auf ihr schnurrt mein Überlandbus entlang, und ich schaue über die dunkle Wasserfläche nach Norden, wo am milchigen Horizont der Übergang von Himmel zu Meer verschwimmt.

Weit draußen zieht ein Containerschiff vorbei. Das Meer schlägt kleine, unruhige Wellen.

Im Sommer weht hier der Poyraz, wie die Türken den Nordwind nennen. Das Wort stammt aus dem Griechischen: Boreas, der Nördliche. Er nimmt die Feuchtigkeit des Meeres auf und trägt die Wolken nach Süden, zu den Hängen des Pontischen Gebirges, wo sie abregnen. Deshalb ist dieser Küstenstreifen so fruchtbar. Aus den Bergen sprudeln die Bäche, werden zu Flüssen und münden ins Meer.

Der Poyraz war einer der Gründe, warum in der Antike die Passage von der Ägäis ins Schwarze Meer als besonders schwierig galt. Ein Schiff durch die Dardanellen zu rudern, durch das Marmarameer und durch den Bosporus, 200 Seemeilen gegen Wind und Strömung, dazu brauchte es übermenschliche Kräfte. Deshalb waren sie auf dem sagenhaften Expeditionsschiff »Argo« alle vertreten: Herkules, der stärkste Mann der Hellenen, der Sänger Orpheus, der mit seinen Liedern das wütende Meer bezwingen konnte, Laertes, der Vater des Odysseus, Peleus, der Vater des Achill und viele andere. Mit der Auflistung von 54 Helden beginnt das berühmte Epos über die Argonauten, mit dem Apollonios von Rhodos vor rund 2300 Jahren die allererste Expedition von Griechen ins Schwarze Meer beschrieb. Erfunden hat Apollonios die Argonauten nicht; der Direktor der berühmten Bibliothek von Alexandria schmückte lediglich eine schon lange bekannte Geschichte aus. Homer erwähnt sie bereits ein halbes Jahrtausend vorher in der Odyssee, dem Gesang über die Irrfahrten des Odysseus.

Die Argonauten kamen aus Thessalien, der Landschaft an der griechischen Ägäisküste zwischen dem Berg Olymp im Norden, der Pilion-Halbinsel im Süden und dem Pindosgebirge im Osten. Ihre Reise begann im antiken Iolkos am Pagasitischen Golf, heute liegt dort die Hafenstadt Volos. Ihr Ziel hieß Kolchis. So nannten die Griechen das Land im Osten des Schwarzen Meeres, das auf dem Gebiet des heutigen Georgiens lag. Die natürliche

Grenze im Norden bildete der Kaukasus. In einer Stadt am Ufer des Flusses Phasis, der heute Rioni heißt, sollten die Argonauten auf Geheiß des griechischen Königs Pelias das Goldene Vlies erbeuten, das Fell eines Widders. Realer Hintergrund: Noch heute findet sich Gold in den Flüssen Georgiens. Damals wurde Goldstaub in den Flüssen mit Tierfellen ausgewaschen, im Kaukasus bevorzugte man Widderfelle, »Vliese«. Manche Historiker lesen in der Argonautensage deshalb die literarische Verarbeitung eines frühen Goldrauschs. Vor wenigen Jahren erst entdeckte ein deutsch-georgisches Forscherteam bei Grabungen ein 5000 Jahre altes Goldbergwerk. Die Argonauten könnten also eine antike Räuberbande auf der Suche nach El Dorado gewesen sein, dem Goldland, ähnlich wie die Truppe um Aguirre, den Spanier, in Südamerika.

Zweifellos basiert die mythische Expedition auf historischen Fakten. Im 8. Jahrhundert vor Christus kamen die ersten Griechen aus dem Ägäisraum an die Küsten des Schwarzen Meeres. Es waren Seefahrer, die Umschlagplätze für Gold, Silber, Kupfer und Bronze errichteten und so ein verzweigtes Handelsnetz spannten, das bis an den rohstoffreichen Kaukasus reichte. Die Kolonie Trapezous, heute Trabzon, war das Tor der Griechen nach Kolchis. An den Fluss Phasis zog es Abenteurer, Glücksritter und Goldsucher. Wo er ins Schwarze Meer mündete, gründeten die Griechen den gleichnamigen Handelsposten: Phasis. Heute liegt dort die georgische Stadt Poti. Die griechischen Händler drangen bis zum Mittellauf des Phasis vor: Kutaia, heute Kutaissi, war ebenfalls eine hellenische Gründung. Griechische Schiffe brachten Getreide, Oliven und Keramik und nahmen Wein und Gold mit.

Das alles geschah vor dem Hintergrund der »Großen Kolonisation«. Zwischen dem 8. und 6. Jahrhundert vor Christus gründeten die griechischen Städte sogenannte »Pflanzstädte« im gesamten Mittelmeerraum und an den Küsten des Schwarzen Meeres. Dabei blieben die Kolonisten stets an oder nahe der Küste, wie »Frösche am Rande eines Teiches«, spottete der antike

Geschichtsschreiber und Geograph Herodot. Griechisch wurde zur Handelssprache an den Ufern der Meere, während im Hinterland die jeweilige Stammessprache gesprochen wurde.

Großstädte wie Marseille, Istanbul und Odessa gehen auf griechische Gründungen jener Zeit zurück, in Italien entstanden Neapel, Syrakus, Tarent und Herakleia. Auch in Spanien gründeten die Griechen mehrere Tochterstädte. In der spanischen Exklave Ceuta in Marokko wurden Spuren griechischer Siedlungen entdeckt. Im heutigen Libyen gründeten Seefahrer von der Kykladeninsel Santorin mehrere Kolonien, darunter die später mächtige Stadt Kyrene. Ganz Süditalien wurde von griechischen Kolonisten aus dem Golf von Korinth besiedelt. Von dort, über den Umweg des Lateinischen, stammt auch die deutsche Bezeichnung »Griechen«: Die Hellenen Unteritaliens wurden wegen der dort als Kolonisten hervorgetretenen Graier, die aus Böotien stammten, »Graeci« genannt. Die Römer bezeichneten das von Griechen kolonisierte Unteritalien als »Magna Graecia«. Heute noch sprechen viele Einwohner Kalabriens »Griko«, einen griechisch-italienischen Dialekt.

Die große Expansion der Griechen hat den Wissenschaftlern Rätsel aufgegeben. Warum gründeten die Griechen Kolonien, warum so viele und warum ausgerechnet in jener Zeit? Althistoriker gehen davon aus, dass etwa ab dem 11. Jahrhundert vor Christus die ersten Voraussetzungen eintraten, die den späteren Expansionsdrang auslösten. Zum einen wuchs die Bevölkerung in den kleinräumigen griechischen Stadtstaaten, den Poleis, derart schnell, dass das Land knapp wurde. Die Folge waren Engpässe bei der Versorgung mit Lebensmitteln. Zum anderen stieg die Nachfrage nach Rohstoffen. In den Ägäis-Städten hatte man sich auf die Fertigung hochwertigen Schmucks, von Waffen und Alltagsgütern spezialisiert. Um eine möglichst hohe Qualität und dementsprechend hohe Gewinne zu erzielen, war es notwendig, größere Teile der Wertschöpfungskette zu kontrollieren.

Dazu kamen technische Entwicklungen. Die Schiffe wurden immer seetüchtiger, die Fähigkeiten der Navigatoren verbesserten sich. Mit den epischen Gesängen und Dichtungen jener Zeit wurden zugleich nautische Hinweise überliefert, ebenso wie das Wissen um geeignete Siedlungsplätze. Sie wurden nach Sicherheitsaspekten ausgewählt. Man bevorzugte unbewohnte oder nur gering besiedelte Gegenden mit wenig organisierter Bewohnerschaft. Leicht zu verteidigende Landzungen, gute Häfen und fruchtbares Umland waren gesucht. Vor den Griechen hatten bereits die Phönizier erfolgreich Handelskolonien gegründet. Sie dienten vor allem den mykenischen Griechen als Vorbilder. Die Mykener siedelten in Kleinasien und standen in engem Kontakt mit den als Seefahrer und Händler erfahrenen Phöniziern. Von ihnen erhielten sie Informationen über geeignete Orte für eine Koloniegründung.

Die Siedler dürften unverheiratete, waffenfähige Männer gewesen sein, die in Gruppen von etwa 200 gebündelt wurden. Die Leitung einer Expedition übernahm der sogenannte »Oikist«. Das war in der Regel eine hochgestellte Persönlichkeit, zumeist entstammte er einer adligen Familie. Bevor er die Expedition antrat, hatte er sich des Schutzes der Götter zu versichern. Dazu begab er sich zum Apollon-Heiligtum nach Delphi, das auf dem griechischen Festland lag. Dort erbat sich der Oikist den Segen für die Unternehmung und holte von den Priestern Ratschläge für die Reise ein. War die Gründung der Kolonie erfolgreich, wurde der Oikist nach seinem Tod zumeist in einem eigenen Heiligtum verehrt.

Manche Oikisten waren aber auch Abenteurer, die Gruppen aus verschiedenen Gebieten Griechenlands vereinten und sie als Navigatoren führten. Nicht selten handelte es sich dabei um Männer, die ihre Heimatstadt hatten verlassen müssen, weil sie in politischen Konflikten unterlegen waren. Zu dieser Kategorie könnte man den legendären Anführer der Argonauten, Iason, zählen, der König Pelias den Thron streitig gemacht hatte.

Ihren Kolonisten stellte die Mutterstadt, die »Metropolis«, ausreichend Mittel für das Unternehmen zur Verfügung, unter anderem eine Grundausstattung an Saatgut, Vieh, Gerätschaften und Waffen. Manchmal taten sich auch mehrere Städte zusammen und gründeten gemeinsam eine Kolonie. Als die wichtigsten Mutterstädte gelten Chalkis, Eretria, Korinth, Megara und Phokäa. Bei der Kolonisierung der Schwarzmeerküste spielte eindeutig die kleinasiatische Ägäis-Stadt Milet die Hauptrolle. Der Zug in die Ferne verlief über Brückenköpfe, von denen aus wiederum die nächsten Kolonien gegründet wurden. Der wichtigste Brückenkopf am südlichen Schwarzen Meer war die Stadt Sinope. Von hier aus drangen die Griechen ostwärts vor, gründeten Kotyora, das spätere Ordu, Kerasunt, heute Giresun und Trapezunt. Auch das heutige Odessa geht auf eine milesische Siedlung zurück.

Wie könnte die Kolonisation am Schwarzen Meer abgelaufen sein? Der Raubzug der Argonauten kann wohl kaum als Blaupause herangezogen werden. Es wäre nicht klug gewesen, die einheimische Bevölkerung zu bestehlen, zu brüskieren und dann auch noch die Tochter des lokalen Königs zu entführen, wie Iason es tat, wenn man mit den Einheimischen Handel treiben wollte. Dennoch dürfte so eine Siedlungsgründung nicht immer friedlich abgelaufen sein. Schließlich drang man, wie 2000 Jahre später Christoph Kolumbus, in das Territorium fremder Völker ein und machte ihnen Land und Bodenschätze streitig. Je nach der Situation vor Ort wurden die Vorbewohner in die Hörigkeit gezwungen und als Arbeitskräfte in der Landwirtschaft, oft auch als Sklaven eingesetzt. Da zumindest die ersten Siedler keine Frauen mitnahmen, halten Historiker es für wahrscheinlich, dass sie sich einheimische Frauen nahmen, was zu wechselseitigen kulturellen Einflüssen führte.

In der Kolonie hatte der Oikist das Kommando, er gab die Regeln für das Zusammenleben vor und verteilte das Land. Formalrechtlich waren die Pflanzstädte, die »Apoikien«, von den

Mutterstädten unabhängig. Aus religiösen Gründen und um die Verbindung symbolisch zu erhalten, wurden Feuer und Erde aus der Mutterstadt mitgeführt. Mit diesen Utensilien wurde nach der Landnahme ein Altar errichtet. Religion, Kultur und die Regeln des öffentlichen Lebens, etwa die Hierarchien und die Verwaltung, wurden von der Mutterstadt übernommen.

Von heute aus besehen erscheint es, als habe sich in der Zeit der großen Kolonisation das Bewusstsein der Griechen für ihre Zusammengehörigkeit gebildet: Der Name »Hellenen« taucht im 7. Jahrhundert vor Christus erstmals bei dem Lyriker Archilochos auf, dessen mutmaßlicher Vater ein Oikist war. Hundert Jahre später gründeten neun griechische Städte gemeinsam ein Heiligtum in Naukratis mit dem Namen »Hellenion«. Geweiht war es laut Inschrift den »Göttern der Hellenen« – erstes Zeichen für die Bildung eines Gemeinsinns.

***

Als wir uns der Halbinsel nähern, auf der Giresun liegt, kommt ein derart starker Wind auf, dass der Bus ins Schlingern gerät. Die »salzige Flut«, wie Apollonios von Rhodos sie ehrfürchtig nannte, wird schaumig und kabbelig. Düstere Wolken jagen über den zuvor tiefblauen Himmel, als hätte sie eine zornige Gottheit ausgesandt. Wegen solcher Wetterwechsel wird das Schwarze Meer unter Seglern gefürchtet.

Wie genau dieses Binnenmeer entstanden ist, darüber streitet die Wissenschaft, ebenso darüber, ob dieser Vorgang als Inspiration für die Sintflut in der biblischen Schöpfungsgeschichte gedient hat. »40 Tage und 40 Nächte lang will ich es regnen lassen auf der Erde, und ich will alles Bestehende, das ich gemacht habe, vom Erdboden vertilgen.« So steht es im Alten Testament. Aber diese Geschichte ist weit älter als die Bibel. Sie wird bereits im 4000 Jahre alten sumerischen Gilgamesch-Epos erzählt und taucht in den Überlieferungen vieler Kulturen so oder ähnlich auf.

Dass sie auf die Entstehung des Schwarzen Meeres verweist, diese These unterfütterten die New Yorker Marinegeologen William Ryan und Walter Pitman mit einer spektakulären Theorie. Demnach sei der gigantische Talkessel, in dem heute das Schwarze Meer liegt, bis vor 7500 Jahren weitgehend trocken gewesen. Eine fruchtbare Tiefebene habe sich hier befunden, mit guten Bedingungen für Ackerbau und Viehzucht. Nach dem Ende der jüngsten Eiszeit hätten jedoch die abschmelzenden Polkappen den Meeresspiegel des Mittelmeeres ansteigen lassen. Dabei habe das Meer die Hügelkette zwischen Bosporusmündung und dem heutigen Schwarzen Meer durchbrochen und einen gigantischen Wasserfall erzeugt, der sich in das etwa 150 Meter tiefer liegende Becken ergossen habe. Das Donnern der Wassermassen müsse fast 100 Kilometer weit zu hören gewesen sein.

Welch ein Gedanke, welch ein Bild: ein Wasserfall, weit imposanter als der Niagara. Die Bauern, die in der Tiefebene lebten, wurden demnach von dem Anstieg des Wassers überrascht, viele konnten nicht rechtzeitig in höher gelegene Gebiete flüchten. Die Wissenschaftler rechneten aus, dass sich das neue Meer mit einer Geschwindigkeit von einem Kilometer pro Tag ausgebreitet haben muss. Erst als die Wasserspiegel zwischen Mittelmeer und Schwarzem Meer ausgeglichen waren, machte die Flut am Fuß von Kaukasus und Pontischem Gebirge halt.

Viele Wissenschaftler unterstützen die These, dass die Flut, in deren Folge das Schwarze Meer entstand, als Vorbild für die Sintflut gedient hat, die in die biblische Schöpfungsgeschichte eingegangen ist. So wurden unterseeische Strandlinien gefunden, die beweisen, dass der Wasserspiegel vor Jahrtausenden um etwa 170 Meter tiefer lag. Bohrungen im Sediment belegten das angenommene Alter des Meeres. Einen weiteren zentralen Beleg lieferte Robert Ballard, der bereits erwähnte Ozeanograph und Unterwasserarchäologe. Im November 2000 stieß er mit seinem ferngesteuerten U-Boot auf Überreste steinzeitlicher Siedlungen am Küstenschelf, tief unter der Oberfläche des Schwarzen Meeres. »Noahs Haus entdeckt«, vermeldete der *Daily Telegraph*. Und für die Istanbuler Zeitung *Hürriyet* stand fest: »Noah war ein Türke.«

So charmant die Sintflut-These ist, so viele Fragen wirft sie auf. Neuere Forschungen relativieren die These von William Ryan und Walter Pitman. Kaum jemand streitet ab, dass an der Stelle des Schwarzen Meeres einst eine fruchtbare Tiefebene lag. Debattiert wird vor allem über Auslöser und Geschwindigkeit der Flut. Während manche Forscher davon ausgehen, dass sich der Anstieg des Meeresspiegels über viele Jahrhunderte hingezogen hat, glauben andere, die Ebene sei im Laufe der Jahrtausende regelmäßig überspült worden und wieder ausgetrocknet. Ebenfalls kontrovers ist, ob sich die Geschichte von der Sintflut überhaupt auf das Schwarze Meer bezieht, oder nicht vielleicht von einer Überschwemmung des Zweistromlands durch Euphrat und Tigris handelt.

Wie auch immer das Schwarze Meer entstand: Den Griechen der Antike war dieses Gewässer unheimlich. Sie nannten das Meer im Nordosten »Pontos Axinos«, also dunkles, unfreundliches Meer. Erst später, mit dessen Besiedelung, machten sie »Pontos Euxinos« daraus, das »gastliche« oder »gastfreundliche« Meer.

Die alte Heimat

Hinter den Fassaden von Ordu

Bevor wir Ordu erreichen, durchqueren wir eine fruchtbare Tiefebene, das Delta des Flusses Bolaman Irmağı, in der Antike Sidenus genannt. Bis zum Horizont erstrecken sich Haselnussplantagen, dazwischen stehen Häuser wie hingeworfene Würfel. Die sechsspurige Küstenstraße wird von den üblichen Autohäusern, Werkstätten, Fliesenzentren und Gartenkitschproduzenten flankiert. Alles steht hier unter dem Zeichen der »Findik«, der Haselnuss. Bilder zeigen Haselnüsse, ganz und gemahlen, als Paste, Brotaufstrich in Gläsern oder als Nüsse in Tüten. Schilder und Fahnen am Straßenrand verweisen auf Haselnuss-Händler. Angeblich produziert die Region um Ordu weltweit die meisten Haselnüsse. 50 Prozent der türkischen Ernte kommen von hier. Die meisten Haselnüsse gehen ins Ausland und werden dort zu Nougat-Aufstrichen verarbeitet.

Ach, Ordu! Du bist keine schöne Stadt. Einzelne, fünf- bis zehnstöckige Wohnhäuser am Straßenrand, alle mit Blick aufs Meer, bilden das Entrée. Der Busbahnhof, ein trister, staubiger Platz, liegt neben der Hauptstraße, einige Kilometer vor der Innenstadt. Die Fahrer der gelben Taxis hupen bei unserer Ankunft. Ich entscheide mich, zu Fuß in die Stadt zu laufen. Wohin? Ordu, Zentrum. Leider ist das nicht mehr so einfach. Ordu wurde vor wenigen Jahren umbenannt, es heißt jetzt »Altinordu«, zu Deutsch: Goldenes Ordu. Oder auch: Altin Ordu, »Goldene Horde«, wie die legendäre Reiterarmee des Mongolenreichs, dessen Stammesführer in goldenen Jurten lebten. Auch türkische Stämme waren vertreten. Die Altin Ordu repräsentiert eines der türkischen Reiche der Geschichte, ihr ist ein Stern auf dem Banner des türkischen Präsidenten gewidmet.

Blick auf die Altstadt von Ordu, 2016

Soll die Namenswahl vielleicht historische Kontinuität vermitteln? Oder gar den Schulterschluss mit den muslimischen Minderheiten an der gegenüberliegenden Küste des Schwarzen Meeres demonstrieren? In Russland wird das Symbol der Goldenen Horde, ein gelber Dreizack, von der Minderheit der Krimtataren verwendet, die für sich Autonomie einfordern. Der Chronist Ibrahim Dizman aus Ordu, den ich später dazu befragen werde, ist allerdings der Meinung, es habe keinerlei politische Bewandtnis mit diesem Namen. Gemeint sei einfach nur die Farbe: »Goldenes Ordu«.

Der neue Name führt jedenfalls zu Verwirrungen, nicht nur bei mir, sondern offenkundig auch bei denjenigen, die ich nach dem Weg frage. Der Name Ordu gilt nämlich jetzt anscheinend für die gesamte Provinz, also ist Ordu auch das Hinterland und die ganze Gegend. In meinen Unterlagen, die ich aus dem Internet ausgedruckt habe, steht, dass Altinordu eine städtische Verwaltungszone mit 92 Bezirken umfasst. »Altinordu« sorgt für

Schulterzucken und Handzeichen in ganz falsche Richtungen. Manche sagen Ordu, andere Altinordu, ich habe das Gefühl, dass niemand weiß, wie dieser Ort richtig heißt.

Dann sehe ich ein Plakat, das eine Familie auf Skiern inmitten einer Schneelandschaft zeigt. »Kiş sporlary ve Kayak Merkezi« steht darauf, darunter in markantem Schriftzug »Çambaşı«. Es ist Werbung für ein Skigebiet. Ich erkenne es sofort: Çambaşı ist das Tsambasin aus dem griechischen Lied, das ich in Trabzon mit Fahrettin und Mehmet gesungen habe: »Tsambasin ist abgebrannt.« Heute ist es offenbar ein Naherholungsgebiet. Meine Skepsis gegenüber Ordu weicht einem wohligen Gefühl des Wiederkennens. Ich fühle mich sofort ein bisschen heimisch.

Ordu – später lerne ich, dass es auch nach der Gebietsreform genauso heißt und nicht anders – hat 200 000 Einwohner. Auf mich wirkt es farblos, mit schachbrettartig angelegten Straßenzügen und relativ neuen Gebäuden. »Küçük Paris«, Klein-Paris, sollen die Einwohner ihre Stadt angeblich nennen. Der Grund dafür erschließt sich mir nicht. Ich wandere durch Lärm und Abgase die sechsspurige Straße entlang, die den Zugang zum Meer blockiert. In einem Hotel, dessen Name darauf schließen lässt, dass es in seinem früheren Leben einmal ein Kino gewesen sein muss, lade ich mein Gepäck ab. Und begebe mich auf meinen ersten Erkundungsgang in der Heimatstadt meiner Großmutter.

Der Meydan ist in ein Meer aus roten Flaggen getaucht. Wie in Trabzon hängen auch hier überdimensionale Plakate mit den Gesichtern von Erdoğan und Atatürk. Ich laufe ziellos durch die Straßen und schaue nach alten Häusern, irgendetwas mit Vergangenheit. Als ich an einer großen, zweistöckigen Villa mit Garten vorbeikomme, deren Baustil mich an die osmanischen Häuser erinnert, folge ich einem Impuls und drücke auf den Klingelknopf am Tor. Im hinteren Teil des Gartens spielen Kinder. Eine junge Frau winkt von weitem und hebt fragend ihre Hände. Ich rufe ihr einen Gruß zu und frage, ob sie Englisch spricht. Sie schüttelt den Kopf. »Wait, wait«, ruft sie und läuft ins

Haus. Als sie wieder herauskommt, schreitet hinter ihr eine eindrucksvolle Person mit einer wallenden schwarzen Mähne und sehr heller Haut.

»Ezgi«, stellt sie sich vor, und wirft mir einen strafenden Blick zu, als ich wiederhole. »Not Eski«, korrigiert sie mich. »Eski means old. I am not old. Ezgi means Melody.«

Ezgi ist die Leiterin des Kindergartens, der sich in der Villa befindet. Ihre Augen werden immer größer, als ich ihr erzähle, was mich herführt. Dass meine Familie aus Ordu stammt, ich auf der Suche nach ihrem Haus bin, das ausgesehen haben könnte wie dieses hier. Aus welcher Zeit könnte es stammen? Hat es möglicherweise früher einmal Griechen gehört? Ezgi bittet mich in ihr Büro im Erdgeschoss der Villa. Der rustikale Raum wirkt eher wie das Arbeitszimmer eines alteingesessenen Rechtsanwalts denn wie das Büro einer Erzieherin. Hinter dem Schreibtisch aus massiver Eiche füllt ein ebenso massives Holzregal die gesamte Wand aus. Es ist bis unter die Decke mit schweren Büchern gefüllt. Vor dem Schreibtisch steht ein Sofa. In der Ecke tickt eine Standuhr.

»Would you like at cup of tea?«

Ich nicke stumm. Sie nimmt ihr Handy vom Schreibtisch und wählt eine Nummer.

»Der Vater eines unserer Kinder kennt sich sehr gut mit der Geschichte von Ordu aus«, sagt sie. »Er wird mit Ihnen sprechen. Er kommt gleich, es dauert nur einen Moment.«

Ich lasse meine Blicke durch den Raum wandern, betrachte die hohe Decke, unter der dunkle Holzbalken entlanglaufen. Ezgi bietet an, mir das Haus zu zeigen. Es ist beeindruckend. Im oberen Stockwerk gibt es ein Wohnzimmer mit der typischen osmanischen Eckbank, die sich die gesamte Wand entlang zieht. In der Tat handelt es sich um ein altes osmanisches Bürgerhaus, das hochwertig restauriert wurde. Es gehöre, erklärt Ezgi, einer türkischen Familie aus Ordu, die mit dem Handel von Haselnüssen reich geworden sei. Mittlerweile lebe die Familie in den USA, das Haus sei Teil der Familienstiftung und werde dem Kindergarten zu günstigen Konditionen zur Verfügung gestellt. Ich bin gespannt auf den Vater, den wir erwarten.

Tansel kommt zu Fuß. Ende 40, graue Stoppelhaare, ein kariertes Hemd und Jeans. Vorsichtig drückt er meine Hand. Sein Englisch ist recht gut. Er sei einer der »vier oder fünf Menschen in Ordu, die sich für die Geschichte der Stadt interessieren«, sagt er in bedauerndem Tonfall. Es dauert nur ein paar Minuten, bis wir Gemeinsamkeiten gefunden haben. Tansels Familie hat die gleiche Fluchtgeschichte durchlebt wie meine, nur in umgekehrter Richtung. Seine Großmutter, eine Muslimin, lebte bis 1923 in Griechenland und musste im Zuge des Bevölkerungsaustauschs in die Türkei umsiedeln.

Als ich erzähle, wo in Nordgriechenland meine Familie nach der Flucht gestrandet ist, zieht er die Augenbrauen hoch. Seine Großmutter stammte aus Drama, einem Ort in der Provinz Makedonien, vielleicht 50 Kilometer von Kavala entfernt, wo sich meine Familie nach der Flucht niederließ. Ich kenne die Landschaft dort gut, die eiskalten Flüsse, die sich durch tiefe Schluchten winden. Dichte Nadelwälder schließen sich an, die sich hoch in das Rhodopengebirge erstrecken. Dort, auf beiden Seiten der griechisch-bulgarischen Grenze, leben die Pomaken, ein muslimisches Bergvolk, das einen bulgarischen Dialekt spricht. Tansel hört gespannt zu. Er war noch nie dort.

Die Distanz zwischen uns macht einem Gefühl der Vertrautheit Platz. Es ist, als würden wir uns schon lange kennen. Ich drehe mich zu Ezgi um, die das Gespräch hinter ihrem Schreibtisch lächelnd verfolgt, und danke ihr mit einer pathetischen Geste. Zum Abschied küsst sie mir auf die Wange, einmal links und einmal rechts.

»Ich zeige dir Ordu, wie es früher aussah«, sagt Tansel.

Wir stapfen los in Richtung Westen. Unsere erste Station ist die alte Brücke, über die früher die Handelsstraße nach Trapezunt verlief. Damals befand sie sich vor der Stadtgrenze, heute liegt sie in der östlichen Neustadt. Sie wurde als traditionelle Rundbogenbrücke im klassischen osmanischen Stil gebaut und ist mit hellem Sandstein verkleidet. Es gibt keinen Hinweis auf ihr Alter oder ihre historische Bedeutung. Tansel weiß, dass eine Aufschrift in arabischer Schrift eingraviert war, wie sie die Osmanen benutzten:

»Wer diese Brücke überschreitet, dem sei Erfolg in all seinen Geschäften beschieden.«

Je weiter wir kommen, desto niedriger und älter werden die Gebäude. Die Straßen werden zu Gassen. Vor uns ragt der Hausberg auf, der wie in Trabzon Boztepe heißt, was einfach »bewaldeter Hügel« bedeutet. Und wirklich ist er dicht mit Bäumen und Haselnusssträuchern bewachsen. Auf seinem Gipfel erkenne ich eine Seilbahnstation. Die Kabinen wandern wie kleine Perlen an einer unsichtbaren Schnur durch den Himmel und verschwinden hinter den Dächern. Die Talstation muss irgendwo am Strand sein.

Tansel zeigt auf eine Baustelle. Hinter dem Wirrwarr an Gerüsten ist die Silhouette eines kleinen Kirchengebäudes zu erkennen.

»Das war eine griechische Kirche«, sagt er. »Aber sie war protestantisch, nicht orthodox.«

Von einer protestantisch-griechischen Gemeinde habe ich bislang nichts gewusst. Ich hätte mir auch nur schwerlich vorstellen können, dass andere Konfessionen neben der orthodoxen Kirche Platz haben sollten. Später erfahre ich, dass ein US-amerikanischer Missionar Anfang des 19. Jahrhunderts den Protestantismus in Athen etablieren konnte. Von dort aus breitete er sich über Missionare nach Kleinasien aus. Über die Hafenstadt Smyrna gelangte die Lehre weiter nach Osten bis ins Pontos-Gebiet.

Im Jahr 1915 lebten laut *20. Yüzyilda Ordu,* einer Chronik des 20. Jahrhunderts in Ordu, die sich auf osmanische Statistiken beruft, 1200 Angehörige der protestantischen Konfession in der Stadt. Sie werden als eigene Bevölkerungsgruppe aufgeführt, gelten also nicht als »Rum«, Römer, womit die Osmanen die orthodoxen Griechen bezeichneten. Als »Rum« weist die Statistik 18 000 Personen aus. Demgegenüber lebten in Ordu 111 000 Muslime, darunter fielen neben den Türken auch die Tscherkessen und muslimischen Georgier, die infolge des Kaukasus-Kriegs im 19. Jahrhundert von Russland in das Osmanische Reich vertrieben wurden. Als »Ermeni«, als Armenier, führt das Jahrbuch 12 000 Personen an. Christen machten demnach vor dem Ersten Weltkrieg etwas mehr als 20 Prozent der Bevölkerung Ordus aus.

Die Mitglieder der protestantisch-griechischen Gemeinde wohnten offenbar am Fuß des Boztepe, im »Düz Mahalle«, dem »ebenen Viertel« – ein Quartier mit langen, schnurgeraden Straßen, an denen viele Geschäfte und Werkstätten liegen. Dass die Protestanten nicht in der Altstadt siedelten, lässt darauf schließen, dass sie erst in späterer Zeit nach Ordu gezogen sind. Tansel erzählt von dem griechischen Konditor in der Düz Mahalle, den sie »Fidangöris« nannten, den fichtenschlanken Giorgios. Sein Baklava war weit über die Grenzen Ordus bekannt. Im Volksmund heißt noch heute die wichtigste Geschäftsstraße nach ihm die »Fidangör«.

»Die alteingesessenen Griechen und Armenier lebten in der Altstadt, oben am Hang«, sagt Tansel. »Dorthin gehen wir jetzt.«

Er bedeutet mir, eine Gasse hinaufzusteigen. Es geht steil bergauf, bis wir eine schmale Brücke erreichen, die über einen Bach führt. Unter uns, irgendwo im hohen Gras, höre ich das Wasser leise murmeln.

Als wir die erste Anhöhe überwunden haben, blicken wir auf eine urtümliche Szenerie. Windschiefe Häuser kleben förmlich an steilen Hängen, an denen Wolkenfetzen wabern. Die Terrassengärten sind mit sattem Grün bewachsen. Zur Linken ragt der Boztepe in die Höhe. Noch weit oben sehe ich dunkle Holzhäuser, vielleicht Almhütten. Den Berg hinunter fließen Bäche, die die gesamte Altstadt durchziehen. Sie verlaufen in engen Schluchten, die von üppigen Wiesen bewachsen sind und in die schmale Pfade in Serpentinen hineinführen.

Ehemaliges Haus des griechischen Kaufmannes Kostis (wahrscheinlich Konstantinos Psomiadis) in Ordu, 2016

»Hinter dieser Brücke beginnt Taşbaşı«, sagt Tansel und macht eine ausladende Handbewegung. »Dies ist das ehemalige griechische Viertel.«

Ein Schauer läuft mir über den Rücken. Alles ist noch da! Nichts hat sich verändert. Die Straßen im Viertel sind eng und gepflastert, einfache Holzhäuser wechseln sich mit steinernen, herrschaftlichen Häusern ab. Die meisten Gebäude stammen noch aus der osmanischen Zeit. Ich ertappe mich dabei, wie ich die Eingänge nach einem Paar Pantoffeln absuche. Alexandras Hausschuhe, die sie bei ihrer Flucht dort abgestellt hat. Vor 100 Jahren.

Die Häuser der Muslime erkenne man an ihren über die Straße herausragenden Erkern, den »Çumbas«, sagt Tansel. Viele Häuser stehen leer, darunter sind auch herrschaftliche Villen. Wir bleiben vor einem dreistöckigen Gebäude mit neoklassizistischer Fassade stehen, das nahe am Hang gebaut wurde. Hier habe der Kostis gelebt, erzählt Tansel, ein reicher griechischer Kaufmann, der mit Haselnüssen, Schafen und Kartoffeln gehandelt habe. Das Gebäude gehört der Stadt, es verfällt zusehends.

An einer Stelle lassen die eng zusammenstehenden Gebäude eine Lücke. Dort führt eine Treppe in engen Windungen den Hang hinunter. An dessen Fuß steht ein imposantes Gebäude mit einer Kuppel, das äußerlich unversehrt ist. Die kreuzförmigen Öffnungen im Gestühl und die Kuppel weisen darauf hin, dass es einst eine orthodoxe Kirche gewesen sein muss. Nur das Kreuz auf der Kuppel fehlt. Ich erinnere mich an die Erzählungen meiner Mutter: Direkt hinter der Kirche, in die meine Großmutter jeden Sonntag ging, soll ihre Schule gewesen sein. Dort sehe ich aber nur einen leeren, betonierten Platz, auf dem zusammengeklappte Stühle und Tische liegen. Doch, ja, dort habe früher tatsächlich ein Schulgebäude gestanden, bestätigt Tansel. Es sei baufällig gewesen. Tansel erinnert sich noch an den Abriss. Heute gehört das Grundstück einem reichen Einwohner Ordus, der dort exklusive Events veranstaltet. Wir stehen also ganz offensichtlich vor der Taufkirche meiner Großmutter. Dahinter erstreckt sich bis zum Horizont das tiefblaue Meer.

Von meiner Mutter weiß ich, dass meine Großmutter im Sommer jeden Morgen vor der Schule zum Meer hinunterging, um zu schwimmen. »Ihre Bewegungen waren wie die eines Delfins«, erzählte sie. Auf alten Fotos, die mir Tansel später zeigt, kann man erkennen, dass dort, wo heute die vierspurige Küstenstraße verläuft, die Treppe neben der Basilika direkt an den Strand führte. Diese Treppe muss meine Großmutter hinuntergestiegen sein.

Einige Stufen unter uns sitzen drei junge Frauen auf einer Bank und unterhalten sich. Die Sonne scheint auf ihre Gesichter, sie lachen. Eine der Frauen hat nachlässig ein Tuch über ihren Kopf geworfen, die anderen beiden tragen ihre Haare offen. Eine Möwe schreit. Fidangör, Kostis, die griechische Kirche, dahinter das Schwarze Meer – genau hier muss das Haus meiner Vorfahren gestanden haben. Es ist ein bewegender Moment, der eine Ewigkeit andauern will.

***

Die Kirche ist mir ein Rätsel. Sie ist im Stil einer Basilika erbaut, aber zweifellos viel moderner als die in Moscheen umgewandelten Kirchen, die ich in Trabzon gesehen habe. Eine Zeittafel im Foyer gibt 1853 als Eröffnungsjahr an. Wurde die Kirche dort anstelle eines Vorgängerbaus errichtet? Nichts deutet auf ältere Gebäudeteile hin, es gibt keine Ruinen, keine Hinweise auf ein älteres Fundament. Auch die Tafel gibt keinen Hinweis. Das Gebäude ist mit weißem Putz verkleidet, auch innen sind die Wände verputzt und weiß angestrichen.

Der Zeittafel zufolge wurde 1869 nebenan die griechische Schule eröffnet. Sie ist also 16 Jahre jünger als die Kirche. Auf einem alten Foto ist ein neoklassizistischer Bau zu sehen. Laut einem pontos-griechischen Zeitzeugenarchiv im Internet wurde die Schule 1869 von Konstantinos Psomiadis gestiftet. Das muss der besagte »Kostis« gewesen sein, dem das verfallene Bürgerhaus gehörte. Offizielle griechische Schulen gab es bis ins 19. Jahrhundert nicht, höchstens als religiöse Einrichtungen. Erst mit den Reformen des »Tanzimat« wurde es Privatpersonen erlaubt, eigene Schulen zu gründen. Diese neue Freiheit nahmen vor allem die Christen und Juden im Reich in Anspruch.

Eine neue Bildungseinrichtung sollte natürlich »modern« aussehen, und das bedeutete damals: europäisch. Der Architekt der Psomiadis-Schule hieß Iosif Tipaldou und stammte aus Kefalonia, einer südlich von Korfu gelegenen Insel in der Adria, auf der Italien zugewandten Seite Griechenlands. Die Gruppe der Ionischen Inseln, zu der Korfu und Kefalonia gehören, ist stark durch italienische Einflüsse geprägt. Irritierend ist der Name des Architekten: Die Endung -ou ist im Griechischen eigentlich weiblichen Personennamen vorbehalten, der Architekt müsste also Tipaldos heißen. Sucht man im Internet nach diesem Namen, stößt man auf eine alteingesessene Familie aus Diplomaten und Bildungsbürgern, die enge Verbindungen nach Italien pflegten. Die Tipaldos stammten ursprünglich aus Neapel, wo sie zur griechischen Minderheit gehörten. Der frühere Stammsitz der Familie in Kefalonia, heute ein Museum, besteht aus einem neoklassizistischen Haus, das frappierende Ähnlichkeiten mit der Psomiadis-Schule in Ordu aufweist.

Ein derartiges Gebäude muss in Anatolien damals Aufsehen erregt haben. Man kann sich gut vorstellen, dass westliche Einflüsse die Psomiadis-Schule nicht nur in ihrer äußeren Erscheinung prägten. In Internetforen liest man immer wieder, Ordu sei für seine »modernen« griechischen Bildungsinstitutionen bekannt gewesen. Als modern galten damals vor allem die aus Europa nach Osten schwappenden Ideen des Nationalismus. Die Pontos-Griechen mögen in dieser Zeit ihre historische Zugehörigkeit zur griechischen Nation entdeckt haben. An einen Anschluss an das seit 1821 vom Osmanischen Reich unabhängige Griechenland war allerdings schon aufgrund der räumlichen Entfernung kaum zu denken. Stattdessen kam in gebildeten Kreisen die Idee eines eigenen, christlich geprägten Nationalstaats im pontischen Gebiet als Alternative zum Sultanat auf. Vielleicht war die Psomiadis-Schule in Ordu eine Wegbereiterin solcher Ideen.

Die griechische Kirche daneben war der »Hypapante« gewidmet, dem Fest der Begegnung zwischen Jesus Christus und den Gläubigen. Im Innenraum: keine orthodoxe Opulenz, sondern ein karg eingerichteter Saal mit Stuhlreihen. Wo einst die Ikonostase gestanden haben muss, die Stellwand mit den reich verzierten Ikonen, blickt man heute gegen kahle, weiß gestrichene Wände. In der Mitte der Empore wurde ein Stehpult platziert. Von 1937 bis 1977 wurde die Kirche als Gefängnis genutzt, entnehme ich der Zeittafel. Vor wenigen Jahren hat man sie zum Veranstaltungszentrum umgewidmet. Heute finden hier Kon-

Die griechisch-orthodoxe Kirche von Ordu, rechts daneben die Psomiadis-Schule, circa 1925

ferenzen und Kulturveranstaltungen statt. Immerhin zeugt die neue Funktion auch von einer veränderten Haltung gegenüber der ehemaligen Kirche. Aus einem missliebigen Ort, in dem man Gefangene festhielt, ist ein Ort für Kultur und Bildung geworden.

Tansel reagiert zurückhaltend, als ich ihm meine Gedanken mitteile. Nach unserem Besuch in der Kirche hatten wir uns voneinander verschiedet – um uns gleich für den nächsten Tag wieder zu verabreden. Er möchte mir seinen »Schatz« zeigen, der aus alten Dokumenten und Bildern besteht. Wir treffen uns in einem Café im obersten Stock eines bezaubernden alten Eckhauses in der Düz Mahalle. In den unteren beiden Geschossen ist die Buchhandlung »Serüven« ansässig, übersetzt: »Abenteuer«. Wer zum Café hinaufsteigen möchte, muss sie durchqueren. Mich nimmt ihre Atmosphäre sofort gefangen.

Neben einem Buch über Ordu zur Zeit der Tanzimat-Reformen – die Zeit, als die Psomiadis-Schule erbaut wurde – liegt eine

Biografie Mehmed Fatihs, des Eroberers von Konstantinopel und Trapezunt. Eine Auslage weiter finden sich Titel von Hermann Hesse, Thomas Mann, Leo Tolstoi, Fjodor Dostojewski. *Mein Kampf* von Adolf Hitler wird prominent präsentiert, es steht direkt neben einer Biografie über Rosa Luxemburg. Tansel macht mich auf einen anderen Titel aufmerksam, offenbar ein heimatkundliches Buch über Ordu.

»Ich kenne den Autor gut«, erzählt er. »Er ist ein wirklich netter Mensch. Er stammt aus dem Dorf meines Vaters. Aber er ist ein rettungsloser Nationalist. Er leugnet, dass jemals Armenier oder Griechen in Ordu gelebt haben. In seiner Geschichtsschreibung gab es nur Türken.«

Das Café unter dem Dach ist ein romantisch-düsterer Raum mit kleinen Fenstern, schwere Holzbalken stützen die Decke. An den Wänden hängen Schwarz-Weiß-Drucke, die das alte Konstantinopel zeigen, und Gemälde mit Motiven aus osmanischer Zeit. Eine schmale Tür führt auf einen winzigen Balkon mit zwei Stühlen darauf, von dem aus man auf die Straße hinunterblicken kann. Den lebendigen Gegensatz zu der musealen Umgebung bildet die junge Frau hinter dem Tresen, die sich angeregt mit einer Freundin unterhält, die auf einem Barhocker sitzt.

Tansel und ich trinken türkischen Mokka, serviert in kupfernen Kännchen. Wir unterhalten uns über die Geschichte von Ordu, das alle Pontos-Griechen Kotyora nennen, wie es in der Antike hieß. Meine Großmutter benutzte aber immer die moderne Form: »Ordu«. Während Griechen ihre Anwesenheit in Ordu gern direkt aus der Antike herleiten, ist Tansel der Überzeugung, dass das moderne Ordu mit der antiken Siedlung Kotyora nichts zu tun hat. Zwar deuten Ruinenreste darauf hin, dass diese Siedlung an der Stelle stand, wo sich heute Ordu befindet, doch Ausgrabungen haben nur wenig Aussagekräftiges zu Tage gefördert. Eine antike Hafenmole wurde gefunden, mehr nicht. Andere Reste des antiken Kotyora sind wahrscheinlich unter den Industrieanlagen am modernen Hafen verschüttet worden.

Xenophon beschreibt Kotyora in seiner *Anabasis,* die er 370 vor Christus verfasste, als »griechische Stadt und Kolonie von Sinope«. Damit gehörte Kotyora zum milesischen Kulturkreis – also zu den zahlreichen Kolonien entlang der Schwarzmeerküste, deren Oikisten aus der kleinasiatischen Ägäis-Stadt Milet stammten. Der Name ist ein Rätsel, er könnte aus dem Lazischen stammen. Die Ureinwohner der Region bezeichneten mit dem Wort Koto Geschirr aus Keramik. Die Bezeichnung »Kotoyur«, vermuten Historiker, könnte demnach auf eine Töpferei hinweisen.

Xenophon und seine 10 000 Hopliten, wie die mit Rüstung, Schild, Lanze und Schwert bewaffneten Soldaten genannt wurden, machen auf dem Rückweg aus Persien 45 Tage Rast in Kotyora. Allerdings gewährt die Stadt den Soldaten keinen Einlass, sie verweigert ihnen sogar die Versorgung mit Nahrung. Die Soldaten müssen vor der Stadt kampieren. Um ihren Hunger zu stillen, überfallen sie Dörfer in der Nachbarschaft und plündern sie. Daraufhin entsendet die Mutterstadt Sinope eine Delegation, um mit den Soldaten zu verhandeln. Die Rede des Hekatonymus, des Sprechers der Gesandtschaft, zeugt von der Arroganz der Griechen gegenüber der lokalen Bevölkerung, die sie »Barbaren« nannten und als kulturell niedrigstehend ansahen. Auch Hekatonymus weiß diesen Dünkel zu nutzen. Er schmeichelt den Soldaten, bekundet seinen Beifall, »dass ihr, geborene Griechen, Barbaren besiegt habt«, und weiter: »Selbst geborene Griechen, glauben wir nun, von euch Griechen vielmehr freundschaftliche als feindselige Behandlung erwarten zu dürfen, besonders, da wir euch nie eine Beleidigung zufügten. Dieses Kotyora nun ist unsere Pflanzstadt, und wir haben ihr diese Landschaft, die wir den Barbaren abnahmen, übergeben; weshalb sie uns auch, wie Kerasus und Trapezunt, bestimmte Abgaben entrichtet. Jede Feindseligkeit also, die ihr gegen diese verüben möchtet, nimmt der Staat von Sinope so auf, als wäre sie ihm selbst widerfahren.«

Diese Drohung hat eine scharfe Erwiderung Xenophons zur Folge, woraufhin der Konflikt beinahe unausweichlich scheint. Doch am Ende werden die Wogen geglättet, die Kotyoriten nehmen die Soldaten freundlich auf, und Xenophon beruhigt Hekatonymus, von seinen Soldaten gehe keine Gefahr für Kotyora aus. Sie hätten ausreichend Beute gemacht, bereits in Trapezunt hätten sie ihren Lebensunterhalt in »bar bezahlt«. Zudem seien sie kriegsmüde. Der *Anabasis* zufolge überlegt Xenophon zeitweilig sogar, mit seinen Soldaten sesshaft zu werden und eine eigene Kolonie am Schwarzen Meer zu gründen. Doch das Heimweh der Soldaten nach Griechenland siegt. Und so geht die Reise gen Westen weiter; von Kotyora aus reisen sie per Schiff weiter in Richtung Hellas.

Die griechischen Einwohner der Stadt verwendeten den Namen auch in römischer Zeit weiter. Nachdem Kotyora das Königreich Pontos und die römische Epoche überstanden hatte, schrumpfte die Stadt zur Zeit des byzantinischen Kaiserreichs von Trapezunt zu einem Dorf. Dann verschwindet es aus den Chroniken. Tansel könnte also recht haben: Das moderne Ordu war eine Neugründung.

Während manche Historiker vermuten, der Name der modernen Stadt könnte aus einer Verballhornung von Kotyora hervorgegangen sein, hängt Tansel der gängigen Erklärung an: Ordu ist das türkische Wort für »Armee«. Es stammt aus dem Tatarischen und soll früher ein Zelt oder ein Lager bezeichnet haben. Über den slawischen Sprachraum ist es auch ins Deutsche gelangt: »Horde«.

Im Mittelalter befand sich in der Ebene unter dem Boztepe – dort, wo heute das Geschäftsviertel von Ordu liegt – ein Feuchtgebiet, das in den Sommermonaten von Malaria verseucht und deshalb nicht besiedelt war. Das änderte sich, nachdem ein Stamm im nahe gelegenen Bergland die Zahlung von Abgaben an die Hohe Pforte und die Gefolgschaft im Kriegsfall verweigert hatte. Der Sultan entsandte seine Armee, um die Abtrünnigen zur Räson zu bringen. Die Soldaten landeten mit ihren Schiffen am Strand und schlugen am Rand der Ebene ihr Lager auf. Von einer schnellen Lösung konnte indes keine Rede sein: Die Belagerung des aufständischen Dorfs zog sich über Jahre hin.

Tansel erzählt diese Geschichte, ohne sie zu datieren. Auch, wie die Soldaten mit der Malaria umgingen, ob sie die Sommermonate woanders verbrachten oder das Lager temporär verlegt wurde, bleibt unklar. Mutmaßlich hing die Entstehung des Armeelagers an dieser Stelle mit den sogenannten Celali-Aufständen zusammen, die im 16. Jahrhundert das Osmanische Reich erschütterten. In der zentralanatolischen Provinz Yozgat hatte sich ein Turkmenenführer namens Celal zum »Mahdi« ausgerufen, dem einzig wahren Herrscher aller Muslime. Er sammelte etwa 20 000 Anhänger um sich und zog in Richtung Schwarzmeerküste. Kurz bevor er Ordu erreichte, wurde er von der osmanischen Armee gestellt und getötet. Dennoch griffen die Unruhen auf andere Regionen über und zogen sich über das gesamte Jahrhundert hin.

Militärlager üben bekanntlich eine gewisse Anziehungskraft auf alle möglichen Gewerbe aus, und so entwickelte sich ein reger Handel mit den umliegenden Dörfern. Wenn wieder einmal jemand mit einer Ladung Waren aufbrach, um sie an die Soldaten zu verkaufen, sagte er »Ich gehe zur Armee«, also auf Türkisch: »Ich gehe nach Ordu.« Im Laufe der Jahre entstand rund um das Lager ein Basar, bald wurden die ersten Geschäfte und Häuser errichtet, und so entstand allmählich das »ebene Viertel«: Düz Mahalle. Nachdem die Aufständischen besiegt und die Soldaten abgezogen waren, blieb Ordu bestehen und wuchs weiter.

Viele Griechen, die im Osmanischen Reich vorwiegend Berufe wie Handwerker, Architekt, Seefahrer und Händler ausübten, zogen wahrscheinlich aus den umliegenden pontischen Orten wie Giresun, Samsun und Trabzon hierher, manche kamen auch von weither. Händler und Kaufleute waren im Osmanischen Reich oft die meiste Zeit des Jahres unterwegs. Sie nächtigten in sogenannten »Hans«, auch Karawansereien genannt, wo sie ihre Waren feilboten. Wenn sie an einer Stelle besonders erfolgreich waren, konnten sie sich entscheiden, zu bleiben und ihre Familien nachzuholen. Ein besonders reger Austausch von Waren herrschte zwischen den verkehrsgünstig am Schwarzen Meer gelegenen Küstenstädten – und wo Griechen lebten, siedelten sich gern auch andere an. Dass Ordu trotz seiner ungünstigen Lage im Malariagebiet derart wuchs, kann nur bedeuten, dass die wirtschaftlichen Bedingungen sehr attraktiv gewesen sein müssen.

Im 19. Jahrhundert kamen infolge des Kaukasuskriegs zahlreiche muslimische Flüchtlinge aus Georgien an die südliche Schwarzmeerküste, auch nach Ordu. Historiker berichten von harten Auseinandersetzungen zwischen Zugezogenen und den bereits ansässigen Bevölkerungsgruppen, erzählt Tansel. In griechischen Chroniken wird erwähnt, dass ebenfalls im 19. Jahrhundert zahlreiche Griechen aus der Region Chaldäa im östlichen Schwarzmeergebiet nach Ordu gezogen seien. Sie siedelten in einem eigenen Stadtviertel.

Dass griechischsprachige Zuzügler, die erst nach dem 16. Jahrhundert nach Ordu gekommen waren, den Bezug zur Antike herstellten und die Stadt in ihrer Sprache Kotyora nannten, erscheint unglaubhaft. Eher wahrscheinlich ist, dass der Name der antiken Stadt erst später wieder benutzt wurde, nämlich an Institutionen wie der Psomiadis-Schule, wo die historische Bildung und das griechische Nationalbewusstsein geschärft wurden. Anders wäre kaum erklärbar, dass sich griechische Historiker der Neuzeit in vielen Publikationen des Namens einer antiken Stadt bedienten, die schon viele Jahrhunderte verlassen war.

* * *

Auch nachdem aus dem Militärlager längst eine Stadt geworden war, blieb das Problem mit der Malaria bestehen. Das feuchte Klima und die Fruchtbarkeit der Ebene waren Segen und Fluch zugleich. In den Sommermonaten stiegen die Mücken in riesigen

Schwärmen aus dem Flussdelta auf und verbreiteten den gefährlichen Erreger. Im Sommer zogen sich daher diejenigen Einwohner, die es sich leisten konnten, mindestens zwei Monate lang auf die Hochalm von Çambaşı zurück. Dort entstand in 1600 bis 2000 Meter Höhe eine Feriensiedlung, ein zweites Ordu. Die Menschen lebten wie in der Tiefebene, nur unter einfacheren Bedingungen. Wer sich den Sommer auf der Hochalm nicht leisten konnte, verbrachte die Malaria-Saison zumindest auf dem Boztepe in 500 Metern Höhe.

Der legendäre Brand in Çambaşı, von dem das Lied handelt, hat tatsächlich stattgefunden, weiß Tansel zu berichten. Er wird auch in historischen Aufzeichnungen erwähnt. Danach brach am 13. September 1913, schon gegen Ende der Saison, in einer Schmiede Feuer aus. In der spätsommerlichen Hitze konnte es sich schnell ausbreiten. Am Ende blieb von der gesamten Siedlung von Çambaşı nichts übrig außer verkohlten Ruinen. Da kurze Zeit später der Erste Weltkrieg ausbrach, wurden die zerstörten Häuser nicht mehr aufgebaut. Im Laufe des Kriegs versteckten sich dort armenische und griechische Deserteure, die den Arbeitsbataillonen der osmanischen Armee entkommen waren. Nach den Erzählungen meiner Mutter hatten sich auch zwei meiner Großonkel dorthin geflüchtet. Sie überstanden den Krieg als »Andartes«, als Deserteure und Widerstandskämpfer in den Bergen im Hinterland von Ordu.

***

Tansel und ich nippen an unseren Mokkatassen, bis der Muezzin von der nahe gelegenen Yali-Moschee seinen Gebetsruf beendet hat. Tansel hat einen kleinen Reisekoffer mitgebracht. Er ist voll mit historischen Fotos, alten Postkarten, Geschäfts- und Visitenkarten.

»Wann immer ich auf einen Flohmarkt komme, halte ich Ausschau nach alten Briefen oder Bildern über Ordu«, erzählt er. Auf einem Bild sind die beiden Seebrücken zu erkennen, von

Strand von Ordu und rechts die Geschäftsstraße Fidangör, circa 1925

denen aus die Haselnüsse verschifft wurden. Der kilometerlange, breite Strand, der sich einst die gesamte Bucht entlang zog, gibt der Stadt eine romantische Note. Und dann sehe ich die Treppe neben der griechischen Kirche, von der meine Großmutter erzählt hat.

Wie Puzzlestücke fügen sich die Bilder in meinem Kopf zu einem Panorama des alten Ordu. Ursprünglich war die Stadt in ethnisch homogene Viertel parzelliert. Je dichter sie im Laufe der Zeit besiedelt wurde, desto enger wurden die Kontakte zwischen den verschiedenen Volksgruppen. Die bürgerliche Schicht interessierte sich nicht mehr für althergebrachte Grenzen, sie legte bei der Wahl ihrer Domizile andere Kriterien zugrunde: Meerblick, die Anbindung an eine breite Straße, saubere Luft. So siedelten sich allmählich wohlhabende Türken, Armenier und Griechen in der Altstadt an. Für die konservativen Kräfte in der tief religiösen osmanischen Gesellschaft war dies sicherlich eine

Bedrohung. Gläubige Muslime lebten plötzlich Tür an Tür mit »Giaur«, den Ungläubigen. Die Kinder spielten zusammen.

Um die Mitte des 19. Jahrhunderts lebten laut einer pontosgriechischen Website in Ordu 600 griechische Familien, 150 armenische Familien und 350 türkische Familien. Die Zahl ist mit Vorsicht zu betrachten und bezieht sich wahrscheinlich vorwiegend auf die Altstadt, wo sich Angehörige der Religionsgruppen in der Nähe ihrer Kirchen ansiedelten. An anderer Stelle heißt es, Anfang des 19. Jahrhunderts habe Ordu 12 000 Einwohner gehabt, wovon die Hälfte Griechen waren, die andere Hälfte Türken oder Armenier. Außer der Psomiadis-Schule neben der Basilika, die nach Familienerzählungen auch meine Großmutter Alexandra besucht haben muss, soll es noch zwei andere griechische Schulen in Ordu gegeben haben.

»In meiner Familie wurde über die Griechen immer nur mit großer Hochachtung gesprochen«, sagt Tansel. »Einmal war ein Grieche bei uns zu Besuch, ein Bekannter meines Vaters aus Istanbul. Ich war noch ein kleiner Junge. Ich erinnere mich noch, dass ich dachte, ich müsste Angst vor ihm haben. In der Schule hatten wir gelernt, dass die Griechen unsere Feinde waren. Aber der Mann war nett, er sprach türkisch. Eigentlich war er genau wie wir.«

Am späten Nachmittag zieht es mich erneut in das ehemals griechische Viertel, diesmal bin ich allein unterwegs. Ich wandere ziellos umher, klettere zu den Bachläufen hinunter, laufe über Brücken und nehme die kleinen Pfade, die durch die Wiesen zwischen den Häusern verlaufen. An den Wänden hängen Bougainvilleen und verbreiten ihren schweren Blütenduft, aus den Tälern steigt angenehm die Kühle des Wassers auf. Kinder rennen lachend alte Steintreppen hinauf und hinunter und ärgern die wilden Katzen. Von irgendwo her höre ich eine Mutter nach ihrem Kind rufen. Der Abend bricht an.

Die Szene erinnert mich daran, wie ich als Kind meine eigenen Sommerferien in Kavala verbrachte. An das Gefühl der

Das griechische Viertel von Ordu nach der Räumung, circa 1925

Aufregung, sobald es dunkel wurde. Wenn die trüben Straßenlaternen die Umgebung in ein unheimliches Licht tauchten. Autos fuhren nicht in den engen Gassen, nur ab und zu liefen junge Männer vorbei, die in geziemendem Abstand den Mädchen nachspazierten und dabei flüsterten und lachten. In der Luft lag der Duft von modrigem Holz, den alte Schuppen absonderten. An der Ecke erleuchteten Neonröhren ein Geschäft, einen Souvlaki-Grill oder einen »Periptero«, einen Kiosk. Ein lautes Summen war wie eine Verheißung für uns Kinder. Dann gab es dort eine Kühltruhe, also Eis. Unseren Eltern war egal, wie spät wir nach Hause kamen, wenn meine Cousine, deren Freunde und ich bis zum späten Abend durch das Viertel zogen.

Die Sonne ist hinter dem Boztepe verschwunden. Über Ordu liegt ein tiefblauer Himmel. Im letzten Tageslicht sehe ich hoch oben am Berg noch Erntehelfer in den Haselnusshainen arbeiten. Sie schütteln die Sträucher, damit die Nüsse zum Boden fallen. Vor den Häusern werden sie zum Trocknen ausgebreitet. Drei Viertel der weltweit geernteten Haselnüsse sollen von dem 300 Kilometer langen Küstenstreifen zwischen den Städten Samsun und Trabzon stammen. Früher schon waren Haselnüsse das wichtigste Handelsgut Ordus. Der Reichtum einer Familie bemaß sich an dem Gewicht der Ernte, die sie einfuhr. Per Schiff gingen die Nüsse über das Schwarze Meer in den nächsten großen Hafen und von dort aus nach Russland und nach Europa.

Mein Urgroßvater hat nach allem, was wir wissen, als Kapitän eines dieser Schiffe befehligt. Die Verladung der Haselnüsse war eine Plackerei. Die Säcke wurden auf eine der beiden Seebrücken gekarrt und von dort aus in Ruderboote verladen. Weiter draußen warteten größere Schiffe, die die Säcke mit dem Kran an Bord hievten. Wer einen Küstensegler besaß, ein sogenanntes Kaik, sparte sich das Umladen. Damit konnten Kapitäne die Ernte direkt zu einem der größeren Häfen in der Nähe bringen, nach Samsun oder Trabzon. Manche segelten sogar bis nach Konstantinopel. Oder hinüber nach Russland.

Die hölzernen Kaiks, griechisch »Kaikis«, werden in griechischen Werften heute noch gebaut, vom kleinen Fischerboot für zwei Mann bis zum hochseetauglichen Trawler für ein halbes Dutzend Mann Besatzung. Die Konstruktion folgt dem Prinzip der Karavellen-Bauweise, nach dem schon die Schiffe in der Antike konstruiert wurden. Dabei werden die Planken nicht übereinander, sondern Kante an Kante befestigt, so dass der Rumpf eine glatte Oberfläche erhält. Selbst große Karavellen sind schnell und wendig, so wie die »Santa Maria« des Christoph Kolumbus. Der Nachteil: Der Rumpf muss gut abgedichtet werden. Beim »Kalfatern« werden Baumwolle, Teer, Pech oder Gummi mit einem Hammer in die Zwischenräume zwischen den Planken geschlagen. Weil das Holz arbeitet, muss das Kaiki von Zeit zu Zeit an Land gezogen und neu kalfatert werden. Ideal dafür ist natürlich ein flacher Sandstrand, so wie jener in Ordu.

Ein wichtiger Umschlagplatz für die Haselnüsse war Konstantinopel. Also muss auch mein Urgroßvater diese Route gesegelt sein, mit dem Boreas, dem Nordwind. Ich schaue hinaus auf die dunkle Fläche, die sich bis zum Horizont erstreckt und die so ruhig wirkt. Neben der Gefahr von plötzlichen Wetterwechseln und starken Strömungen ist für Seefahrer auch der Untergrund eine Herausforderung. »Nahe der Küste sind spontane Untiefen und Felsen überall möglich«, heißt es in einem aktuellen Handbuch für Segler über die südlichen Gewässer des Schwarzen Meeres. Der Bosporus gilt wegen seiner starken Strömungen als besonders schwierig zu befahren.

Bei meinen Recherchen bin ich im Internet auf eine Reklameanzeige der Deutschen Kromhout aus dem Jahr 1913 gestoßen, in deutscher Sprache. Das Unternehmen stellte Motoren zum nachträglichen Einbau in Küstensegler her. Mir gefällt die Vorstellung, dass mein Urgroßvater so einen Motor in Deutschland bestellt haben könnte. Damit hätte er die Steuerfähigkeit des Schiffs verbessern, bei Flaute oder ablandigem Wind fahren können. Ich stelle mir vor, wie er mit stolzgeschwellter Brust seinen Motor anwarf, während seine Kollegen missmutig ruderten. Ich muss innerlich lachen: Jetzt wandere ich durch Ordu und beschäftige mich mit dem Anbau von Haselnüssen, dem Kalfatern und dem Führen von Küstenseglern. Keine Themen, die mich bislang umgetrieben hätten.

Ich steige immer höher in das Altstadtviertel hinauf, durch steile Gassen, an die üppige Gemüsegärten angrenzen. Plötzlich eröffnet sich ein grandioser Blick auf Ordu, das funkelnde. Unten in der Ebene leuchtet das Geschäftsviertel Düz Mahalle in allen Farben. Die Moscheen sind hell angestrahlt. Musik tönt herauf. Auf der Bühne auf dem Meydan spielt eine Gruppe in alten osmanischen Janitscharen-Uniformen traditionelle Militärmärsche. Davor stehen Hunderte Menschen und schwenken türkische Flaggen. Sie feiern immer noch die Niederschlagung des Putsches vor zwei Wochen. Weiter hinten, in der Ferne, erkenne ich die Lichter der Hochhäuser aus der Neustadt. Über den Himmel ziehen, funkelnd wie kleine Diamanten, die Gondeln der Kabinenbahn, die verliebte Paare auf den Boztepe bringt. Nur zur Linken ist es dunkel. Dort liegt das Schwarze Meer.

Mir kommt die Geschichte von Marianthi in den Sinn, eine alte Familienlegende. Nachdem der Erste Weltkrieg losgebrochen war, erkrankte die jüngste Schwester meiner Großmutter, im Alter von neun Jahren. Ärzte wurden einbestellt, doch niemand konnte ihr helfen. Marianthi aß nicht mehr, sie trank nicht mehr, und irgendwann konnte sie auch nicht mehr laufen. Ihre Mutter harrte Tag und Nacht an ihrem Bett aus. Sie unterbrach ihre Wacht nur, um zur Kirche zu eilen, ein Gebet an die Schutzheiligen zu sprechen und eine Kerze zu entzünden.

Irgendwann, es muss wohl im Fieberwahn gewesen sein, begann Marianthi zu sprechen. Sie erzählte von finsteren Tagen, die kommen würden, von einem großen Feuer, das die Stadt verschlingen werde. Die düsteren Prophezeiungen passten in die gedrückte Stimmung jener Zeit. Immer mehr Nachbarn besuchten das Haus meiner Urgroßeltern, überbrachten ein Gastgeschenk und versuchten, Marianthi eine Aussage zum eigenen Schicksal zu entlocken. Das todgeweihte Mädchen, bleich und eingefallen, schrie vor Schmerzen, wälzte sich umher und redete in Trance von Feuer, Tod und schlimmen Qualen. Sie starb laut Überlieferung an einem Karfreitag. Der Erzbischof kam, um sie selig zu sprechen. Nicht wenige werden sich später, als Vertreibung und Mord über die Griechen hereinbrachen, an Marianthis Prophezeiungen erinnert haben.

Es wird dunkel, die Gassen leeren sich, je höher ich komme. Immer mehr Häusern sieht man an, dass sie leer stehen. Hinter wuchernden Sträuchern leuchten schemenhaft krumme Fassaden, die mit letzter Kraft halb eingestürzte Dächer tragen. In dem üppigen Grün sitzen Myriaden von Zikaden und spielen ihr eintöniges Lied. Von tief unten ist das Murmeln eines Bachs zu hören. Hier und da komme ich an einer Straßenlaterne vorbei, die einen trüben Lichtschein auf den Weg wirft. Plötzlich habe ich das Gefühl, dass ich verfolgt werde. Aus meinem

Augenwinkel glaube ich, hinter mir eine Bewegung zu sehen. Doch immer, wenn ich mich umdrehe, ist da niemand. Dann bemerke ich sie: eine schwarze Katze, die am Straßenrand ein Stück hinter mir herläuft. Sobald ich mich umsehe, erstarrt sie, als sei sie aus Stein.

Hier oben sind die meisten Häuser unbewohnt, die Gärten verwildert. »Wo sind all die Menschen, die hier einmal gewohnt haben?«, scheint die Katze mich zu fragen. Warum sind die Fenster hinter den Erkern, dem Fachwerk, den Fassaden leblos? Niemand möchte in der Altstadt wohnen, denke ich, und ich weiß auch, warum. Wenn hier nicht Geister ihr Unwesen treiben, wo dann? Aber wie ist es dazu gekommen, dass dieser Ort entvölkert wurde? Und welche Rolle spiele ich hier? Ich will diese Häuser wiederbeleben, denke ich spontan. Nicht im wörtlichen Sinn, aber jedes dieser Häuser birgt eine Geschichte. Es ist auch meine Geschichte. Alles sieht aus, wirkt und riecht hier so vertraut wie in Griechenland, als hätte ich als Kind meine Ferien hier verbracht und nicht in Kavala, als hätte ich in der Düz Mahalle beim Fidangöris die Koulouria gekauft, die Sesamkringel, die hier Simit heißen. Meine Eltern hätten mich zum Frühstück auf der Terrasse erwartet, mit Blick auf das Schwarze Meer. Die Katze leckt sich eine Tatze. »Warum nicht?«, fragt sie, springt in ein hohes Gestrüpp und ist verschwunden.

In meinem Kopf kreist die kitschige Melodie eines türkischen Volkslieds: »Ordunun dereleri«, »die Bäche von Ordu«. Tansel hat mir den Text übersetzt, es ist die Hymne von Ordu, und alle hier sind stolz darauf, dass die berühmte Sängerin Zara sie gesungen hat. Das Lied tönt aus den Geschäften in der Düz Mahalle, steht auf der Playlist in den Cafés und plätschert leise im Hintergrund in den Kabinen der Seilbahn, wenn sie auf den Boztepe hinaufgleiten. Die Melodie dreht sich im Kopf herum, sie ist wie eine Beschwörung.

»Selbst, wenn die Bäche von Ordu bergauf fließen würden, würde ich dich nicht loslassen«, singt Zara mit rauer Stimme.

»Ich, mit den kajalgeschwärzten Augen.« Es ist ein Liebeslied, doch über allem schwebt eine eigentümliche Schwermut. Die Umstände sind widrig, offenbar ist die Beziehung der beiden Liebenden verboten, jedenfalls halten sie sie geheim. Die Sängerin mit den kajalgeschwärzten Augen beschwört die gemeinsame Liebe, doch plötzlich »sind die Bäche von Ordu mit schwarzem Moos bedeckt«. Ein Symbol für den Tod, der die beiden Unglücklichen anscheinend bedroht. Vielleicht liebt sie einen »Ungläubigen«, einen Christen, was vor 100 Jahren noch als Todsünde galt? Vielleicht waren die beiden unvorsichtig, und sie trägt ein Kind in sich? »Meine Mutter weint zu Hause über mich«, singt die raue Stimme. Es scheint nur einen Ausweg zu geben: die Flucht. »Lass uns gemeinsam gehen, mein Liebster, fortgehen aus Ordu!« Mit diesem Appell, gesungen mit dem Tremolo der Verzweifelten, endet das traurige Lied des Mädchens vom Schwarzen Meer.

Die leeren Häuser

Was geschah mit den Armeniern?

Tansel warnt mich: »Wir bewegen uns besser unauffällig. Es gibt hier Nachbarn, die nicht sehen sollen, was wir tun.« Einige Familien seien illegal in die leerstehenden Häuser von Griechen oder Armeniern eingezogen. Ein herumschnüffelnder Fremder könne Unmut auf sich ziehen.

Wir ziehen nun bereits den zweiten Tag durch Ordu. Tansel zeigt auf ein unauffälliges Schulgebäude. »Hier stand früher die armenische Kirche.« Nichts ist davon übrig geblieben. In einer nahe gelegenen Villa mit Meerblick, heute eine Ruine, habe der bekannte armenische Arzt Hadjikarakin gelebt, erzählt Tansel. Hadji ist eigentlich ein Ehrentitel für Muslime, die an der Hadsch, der Wallfahrt nach Mekka teilgenommen haben; über Generationen wurde bei vielen der Titel auch Teil des Namens. Im Osmanischen Reich verwendeten diesen Titel aber auch Christen, die eine Pilgerreise nach Jerusalem unternommen hatten. In Griechenland führen daher heute noch Familien »Hadji« im Namen, es wird durch die Lautverschiebung im Griechischen als »Chatzi« mit gutturalem »Ch« ausgesprochen und so auch transkribiert. Chatzigiannis oder Chatzidakis sind häufige griechische Nachnamen.

Wo ist Hadjikarakin heute? Hat er das Jahr 1915 überlebt, als mehr als die Hälfte der osmanischen Armenier Opfer eines systematischen Genozids der damaligen Regierung wurden? Der Völkermord an den Armeniern – hier, in der Altstadt von Ordu, bekommt er plötzlich Gestalt.

Es war der Abend des 24. April 1915, als osmanische Polizisten in Konstantinopel 235 armenische Politiker, Journalisten, Bankiers und Intellektuelle verhafteten – die Elite der armenischen Minderheit. Die Männer wurden in Militärfahrzeuge geprügelt, am nächsten Tag aus der Hauptstadt gefahren und fast alle erschlagen. In den nächsten Wochen wurden auch in den Provinzstädten des Reichs Mitglieder der armenischen Elite festgenommen und verschleppt, vielleicht auch hier in Ordu. Die Verhafteten wurden verhört, gefoltert und meist getötet.

Anschließend begannen im gesamten Reich Deportationen in großem Stil. Das Osmanische Parlament verabschiedete im Mai 1915 ein Gesetz, das die Armee ermächtigte, ganze Dorfgemeinschaften zu deportieren, sollten sie in »Spionage« oder »Verrat« verwickelt sein. Im Parlament besaßen die sogenannten Jungtürken die Mehrheit. Diese Bewegung verfolgte zuletzt das Ziel, das Osmanische Reich von seinen christlichen Minderheiten zu säubern, um anschließend einen muslimisch-türkischen Nationalstaat zu errichten.

Um die Deportationen zu begründen, behauptete der osmanische Kriegsminister Enver Pascha, desertierte christlich-osmanische Soldaten und armenische Freischärler hätten sich auf die Seite des russischen Kriegsgegners geschlagen. Als Beispiel nahmen die Regierenden einen »armenischen Aufstand« in der ostanatolischen Stadt Van. Die Armenier, die dort die Bevölkerungsmehrheit bildeten, hätten die osmanischen Streitkräfte angegriffen, bevor die russische Armee einmarschierte. In Wahrheit war der Aufstand wohl mehr ein verzweifelter Versuch, sich gegen die osmanische Armee und kurdische Freischärler zu verteidigen, die zuvor die armenische Bevölkerung der Stadt überfallen und Massaker verübt hatten.

Die Jungtürken hatten jedenfalls ihr Ziel erreicht: Eine osmanische Dolchstoßlegende war geboren. Sie nährte den Verdacht, die Armenier im Osmanischen Reich seien innere Feinde, eine »fünfte Kolonne« der Russen, und sie müssten möglichst weit von der Front weggeschafft werden. Die folgenden landesweiten Deportationen ordnete der Innenminister des Osmanischen Reichs an, Mehmed Talât Pascha.

Enver Pascha, Kriegsminister des Osmanischen Reichs und Angehöriger des jungtürkischen »Triumvirats«, circa 1916

Das statistische Jahrbuch von Ordu zählt vor den Vertreibungen etwa 12 000 »Ermeni«, Armenier. Im Sommer 1915 erfolgte der Deportationsbefehl. Wie die Deportationen abliefen, hat Johannes Lepsius in seinem Bericht *Der Todesgang des Armenischen Volkes* dokumentiert. Der deutsche Theologe setzte sich in seinem gesamten Leben für die Belange der Armenier ein. Er gründete Ende des 19. Jahrhunderts das Armenische Hilfswerk, 1914 dann die Deutsch-Armenische Gesellschaft. Für den Bezirk Trabzon, zu dem damals auch Ordu gehörte, zitiert er einen Bericht des amerikanischen Konsuls Oscar S. Heizer:

»Am Sonnabend, den 26. Juni, wurde der Befehl, die Deportation der Armenier betreffend, in den Straßen angeschlagen.

Am Donnerstag, den 1. Juli, wurden alle Straßen von Gendarmen mit aufgepflanzten Bajonetten bewacht, und das Werk der Austreibung der Armenier aus ihren Häusern begann. Gruppen von Männern, Frauen und Kindern mit Lasten und Bündeln auf dem Rücken wurden in einer kleinen Querstraße in der Nähe des Konsulats gesammelt, und, sobald etwa 100 zusammengekommen waren, wurden sie von Gendarmen mit aufgepflanztem Bajonett am Konsulat vorüber in Hitze und Staub auf der Straße nach Erzerum [Erzurum, d. A.] hingetrieben. Außerhalb der Stadt ließ man sie halten, bis etwa 2000 beisammen waren; dann schickte man sie weiter. Drei solcher Gruppen, zusammen etwa 6000, wurden während der ersten drei Tage von hier verschickt, und kleinere Gruppen aus Trapezunt und der Umgegend, die später deportiert wurden, beliefen sich auf weitere etwa 4000. Das Weinen und Klagen der Frauen und Kinder war herzzerreißend.«

Von Ordu aus war das erste Ziel der Marschkolonnen die Stadt Sivas im Hinterland. Die Deportierten duften nur das mitnehmen, was sie am Körper tragen konnten. Männer bepackten sich mit Lebensmitteln und Wasser, Frauen trugen ihre Kleinkinder. Von Sivas aus ging es in Todesmärschen weiter ins Landesinnere und dann in die syrische Wüste. Viele starben schon auf dem Weg zu den Etappenzielen an Hunger, Durst und Krankheiten. Andere wurden von Wegelagerern ausgeraubt und ermordet. Wer dennoch bis zum Schluss durchhielt, verdurstete.

***

In Ordu waren einige Armenier von den anderen getrennt worden. Sie mussten zwei Boote besteigen. Es hieß, sie sollten in die nahe gelegene Hafenstadt Samsun gebracht werden. Auf dem Weg dorthin wurden die Insassen der Boote im Meer ertränkt. Die Boote seien nach zwei Stunden leer zurückgekommen, berichteten Augenzeugen, kurze Zeit später seien die Leichen angeschwemmt worden. Das Verbrechen war kein Einzelfall, und der Befehl dazu kam von höchster Stelle: Cemal Azmi, der »Wali«, also Gouverneur der Provinz Trabzon, zu der Ordu gehörte, hatte die Ertränkung von mehreren Tausend Frauen und Kindern aus der gesamten Region angeordnet. Bekannt wurde das nach dem Krieg, unter anderem durch den Vizegouverneur von Trabzon, Hafiz Mehmet. »Gott wird uns für das, was wir taten, bestrafen«, klagte er vor der osmanischen Abgeordnetenkammer im Dezember 1918. Der Händler Hüseyin aus Ordu bestätigte die Ertränkungen bei den sogenannten Völkermordprozessen, die nach dem Krieg auf Druck der Besatzungsmächte stattfanden. Das Osmanische Reich hoffte nach der Kapitulation und dem Ende des jungtürkischen Regimes auf günstige Bedingungen bei den laufenden Friedensverhandlungen. Viele der verurteilten Beamten, Offiziere, Funktionäre und Minister waren Mitglieder der Jungtürken.

Cemal Azmi, ebenfalls ein Anhänger der jungtürkischen Bewegung, war offensichtlich nicht nur von Hass gegen die Armenier erfüllt, sondern nutzte die Situation auch zu seinem eigenen Vorteil aus. Nachdem er in der gesamten Provinz Trabzon die Deportationen angeordnet hatte, ging er gemeinsam mit seinen Anhängern auf Raubzug und überfiel Armenier, die schutzlos auf den Straßen unterwegs waren. Außerdem ließ er armenische Kinder aus Waisenhäusern verschleppen und an muslimische Haushalte verschenken. Sein Sohn zitiert in seinen Memoiren eine Aussage seines Vaters gegenüber einem anderen Mann: »Unter den schönsten armenischen Mädchen im Alter von zehn bis 13 Jahren wählte ich mir einige aus und schenkte sie meinem Sohn, die anderen ließ ich im Meer ertränken.«

In den Völkermordprozessen wurde Cemal Azmi vom osmanischen Kriegsgericht in Abwesenheit wegen Mordes und »erzwungener Umsiedlung« zum Tode verurteilt. Das Urteil konnte aber nicht vollstreckt werden – Cemal Azmi war bereits auf der Flucht. Azmi mag sich mit besonderer Brutalität gegenüber den Armeniern hervorgetan haben, doch er war kein Einzelfall. An der gesamten Küste des Schwarzen Meeres wurden Armenier ausgeraubt und ermordet. Johannes Lepsius berichtet, dass in den örtlichen politischen Klubs der Jungtürken Banden »aus den schlechtesten Elementen der Bevölkerung« gebildet und bewaffnet wurden. »Diese Banden sahen ihre Hauptaufgabe darin, armenische Dörfer zu überfallen und zu plündern. Fanden sie keine Männer, so wurden die Frauen vergewaltigt und unter Misshandlungen gezwungen, alles, was sie noch an Geld oder Geldeswert hatten, herauszugeben.«

Im Laufe des Jahres verloren die Verbrecher offenbar alle Skrupel gegenüber den Armeniern. Am 26. Oktober 1915 titelt die *New York Times:* »Alle Armenier in der Stadt Kerasunt getötet. Türken löschen die gesamte Bevölkerung in der Stadt am Schwarzen Meer aus.« Der Bericht beruft sich auf die Aussage eines Türken, der die Ermordung von 800 Armeniern in Kerasunt (türkisch: Giresun) habe beaufsichtigen müssen. Frauen seien an die Schwänze von Ochsen gebunden und Hunger und Unwetter ausgesetzt worden, bis sie darum bettelten, zum Islam konvertieren zu dürfen. Mütter seien vor den Augen ihrer Kinder mit den Bajonetten der Gewehre erstochen, armenische Mädchen als Raubgut unter Beamten verteilt worden.

Der Zeitungsbericht schließt mit der Annahme, die Ermordungen seien auf »Druck von den deutschen Beratern« ausgeführt worden. Diese hätten aus kriegstaktischen Gründen gefordert, dass in einer Hafenstadt, die russischen Angriffen ausgeliefert sei, keine große, den Türken vermutlich feindlich gesinnte Bevölkerungsgruppe leben dürfe. Das klingt nach Spekulation, doch eine Mitverantwortung der Deutschen für den Völkermord an den Armeniern ist hinreichend belegt. Das Deutsche und das Osmanische Reich waren nicht nur Verbündete – deutsche Militärs übernahmen Führungsaufgaben in der osmanischen Armee und waren in deren Planung involviert. Das wahre Ausmaß des Völkermords war ihnen bekannt, dennoch ließen sie ihre »Waffenbrüder« gewähren. Mehr noch: Sie boten vielen Kriegsverbrechern aus den Reihen der Jungtürken später Unterschlupf und erwiesen ihnen Ehre, bis zuletzt.

Von vielen Dokumenten, die eine Mitwisserschaft der deutschen Instanzen belegen, sei hier der damals nur für interne Zwecke bestimmte Bericht des Korrespondenten der *Frankfurter Zeitung* Paul Weitz angeführt, aus dessen Bericht vom Sommer 1918 ich bereits im Kapitel über Trabzon zitiert habe. Auf seiner Reise erhielt er einen Eindruck von den Folgen der Deportationen und der Vernichtung der Armenier. »Die Kultur der Menschheit hat (...) eine Katastrophe erlebt, welche die Feder sich sträubt zu schildern«, schrieb Weitz nach Berlin. »Im Laufe von mehr als drei Wochen legten wir annähernd 600 Kilometer zurück, einen Totenkorridor, wie er einzig in der Geschichte zu verzeichnen steht.«

Weitz leitete bis zum Ende des Ersten Weltkriegs das Büro der *Frankfurter Zeitung* in Konstantinopel. Er war ein Kenner des Osmanischen Reichs und galt als einer der am besten informierten Ausländer jener Zeit. Als wichtige Informationsquelle wurde er auch von offiziellen deutschen Vertretern aus Militär und Diplomatie am Bosporus konsultiert. Weitz verkehrte mit vielen einflussreichen Persönlichkeiten aus der osmanischen Regierung und war mit dem liberalen Flügel der Jungtürken bestens vernetzt. Auch pflegte er eine enge Freundschaft mit dem deutschen Botschafter Adolf Marschall von Bieberstein. Zeitweise lebte er sogar in der Kaiserlichen Deutschen Botschaft. Weitz verurteilte das Vorgehen der Osmanen gegen die Minderheiten und forderte zugleich von den verbündeten Deutschen eine kritischere Haltung – allerdings nur in internen Mitteilungen. Denn es herrschte die Militärzensur, und die deutschen Zeitungsverleger hatten sich ihr gegenüber verpflichtet, nichts Nachteiliges über den Krieg im Orient zu berichten. Weitz war zur Ohnmacht verurteilt.

Während die meisten der deportierten Armenier wohl hofften, dass sie nach Ende des Kriegs in ihre Häuser würden zurückkehren können, hatte die jungtürkische Regierung längst beschlossen, dass es hier nicht um eine vorübergehende Umsied-

Mehmet Talât Pascha, Innenminister des Osmanischen Reichs und Angehöriger des jungtürkischen »Triumvirats«, zwischen 1915 und 1920

lung, sondern um eine Vernichtung ging. Als Hauptverantwortliche des Genozids gelten Kriegsminister Enver Pascha und Innenminister Talât Pascha.

Wohl knapp zwei Millionen Armenier lebten 1915 im Osmanischen Reich, sie bildeten eine der ältesten christlichen Gemeinden der Welt. Die meisten von ihnen siedelten in Anatolien, einige Hunderttausend waren in die Küstenregionen abgewandert und wurden erfolgreiche Händler und Handwerker. Nach dem Ersten Weltkrieg lebte in Anatolien so gut wie kein Armenier mehr. Bis zu anderthalb Millionen Menschen wurden ermordet, verhungerten, verdursteten oder starben an Seuchen. Der Rest konnte ins Ausland flüchten. Einige wenige, mit guten Kontakten und ausreichend Bestechungsgeld, schafften es in eine der großen Städte des Westens, nach Smyrna oder Konstantinopel, wo die Chance bestand, den Krieg zu überleben.

»Aghet«, die Katastrophe, nennen die Armenier den Genozid an ihrem Volk.

In Ordu sollen heute noch zwei armenische Familien wohnen.

***

Es ist nicht überliefert, dass es während der Deportationen 1915 öffentliche Solidaritätsbekundungen von Seiten der muslimischen Bevölkerung mit den Armeniern gegeben hätte. Man weiß, dass viele Armenier in von Aleviten bewohnten Dörfern Zuflucht fanden. Auch einige türkische Beamte versuchten heimlich zu helfen. Offenbar gab es aber auch Nachbarn, die im Stillen Unterstützung leisteten. Der türkische Historiker Taner Akçam erzählte der Tageszeitung *taz,* überlebende Nachkommen der osmanischen Armenier kämen nach seinen Vorträgen oft zu ihm und erzählten ihm privat, dass ihre Vorfahren von Türken gerettet worden seien. Offen wolle aber niemand darüber reden, solange sich die Türkei einer Anerkennung des Völkermords verweigere.

Jedes Jahr am 24. April erinnert die heutige Republik Armenien an den Tag, als der osmanische Innenminister Talât Pascha die gesamte armenische Elite auslöschen ließ und damit den Genozid einleitete. Als sich die Tat 2015 zum 100. Mal jährte, legte die Türkei einen großen Staatsakt zum Gedenken an die Schlacht von Gallipoli auf den 24. April. Eine Provokation: Der Großangriff der Alliierten im Ersten Weltkrieg erfolgte nicht an diesem Datum, sondern erst einen Tag später. Und so verharrt das Verhältnis von Armeniern und Türken bis heute in einem Zustand gegenseitigen Misstrauens.

***

Die überlebenden Armenier nahmen oftmals einen anderen Namen und eine andere Identität an. Die türkische Filmemacherin Berke Baş erzählt in ihrem Dokumentarfilm *Das Lied der Nahide* (2009) von den armenischen Wurzeln ihrer Urgroßmutter

Nahide aus Ordu. Sie war als Kind von einer türkischen Familie adoptiert worden, um sie vor der Deportation zu bewahren. Der Preis war die Aufgabe ihrer kulturellen und religiösen Identität. Erst nach ihrem Tod wurde das Familiengeheimnis gelüftet.

Die Geschichte von Nahide ist kein Einzelfall. Viele armenische Kinder wurden dadurch gerettet, dass türkische Familien sie adoptierten, andere wurden verschleppt oder sogar verkauft. Nachdem die bekannte türkische Anwältin Fethiye Çetin sich 2004 in ihrem Buch *Anneannem* (»Meine Großmutter«) öffentlich zu ihren armenischen Wurzeln bekannt hatte, folgte eine regelrechte Offenbarungswelle in der Türkei.

Anscheinend sind in jener Zeit auch viele griechische Kinder oder Waisen von Türken adoptiert worden. In Griechenland sorgte – ebenfalls im Jahr 2004 – der Spielfilm *Waiting for the Clouds* der türkischen Regisseurin Yeşim Ustaoğlu für Aufsehen. Er erzählt die Geschichte der 60-jährigen Ayshe, die Mitte der 1970er-Jahre in einem Fischerdorf westlich von Trabzon wohnt. Seit dem Tod ihrer älteren Schwester lebt sie zurückgezogen und vereinsamt. Nur der Nachbarsjunge Mehmet, zu dem sie ein großmütterliches Verhältnis entwickelt hat, kümmert sich um sie.

Eines Tages taucht ein Fremder im Dorf auf: Thanassis, ein Grieche. Als Ayshe ihn Griechisch sprechen hört, erschrickt sie und flieht in eine einsame Holzhütte in den Bergen. Ihr Verhalten löst Gerüchte unter den Dorfbewohnern aus. Niemand weiß um Ayshes Geheimnis: Sie ist eigentlich die Tochter orthodoxer Griechen. Gemeinsam mit ihrer Mutter, ihrem Bruder und der kleinen Schwester war sie während des Ersten Weltkriegs nach Zentralanatolien deportiert worden. Als ihre Mutter und die kleine Schwester vor Erschöpfung starben, wurden sie und ihr Bruder aus Mitleid von einer türkischen Familie aufgenommen. Der Bruder entschied sich später, nach Griechenland zu fliehen. Sie aber blieb bei ihrer Adoptivfamilie, in Sicherheit. Seitdem quält sie ein schlechtes Gewissen. 50 Jahre nach der Trennung entscheidet sie sich, nach Griechenland zu reisen und den verlorenen Bruder zu suchen.

Der Film traf den Nerv der Zeit, Griechenland und die Türkei näherten sich gerade an. Künstler und Musiker reisten ins jeweils andere Land und wurden dort wie alte Familienangehörige begrüßt. Ein Jahr zuvor war der gefeierte griechische Kinofilm *Zimt und Koriander* erschienen. Er handelt von der Geschichte eines Griechen, dessen Familie in den 1950er-Jahren unter politischem Druck Istanbul verlassen hat und der sich nun wieder in die Stadt seiner Kindheit begibt.

Und so gingen viele Türken und Griechen auf die Suche nach ihren Wurzeln, reisten zu den Stätten im jeweils anderen Land, an denen ihre Vorfahren vor der Vertreibung gelebt hatten, und entdeckten ihre Gemeinsamkeiten. Es entwickelten sich Kontakte und Freundschaften zwischen den »Pontiaka« sprechenden muslimischen Pontiern und ehemaligen Pontos-Griechen. Das Wissen darum, dass ihre Verbindungen in die Heimat ihrer Vorfahren nicht völlig gekappt waren, verhalf den Schwarzmeer-Griechen zu einem selbstbewussteren Umgang mit ihrer Identität. Der »Pontios«, der Pontos-Grieche vom Schwarzen Meer, wandelte sich allmählich vom Schimpfwort zum Ehrentitel.

2002 war in der Türkei die AKP mit ihrem Ministerpräsidenten Recep Tayyip Erdoğan an die Macht gekommen. Unter ihm wurden die Freiheiten der in der Türkei verbliebenen Minderheiten sogar erst einmal größer. Wie bereits erwähnt, durfte die griechische Kirche erstmals wieder Gottesdienste im Felsenkloster Soumelá feiern. Mit der armenischen Gemeinde wurde über Entschädigungen verhandelt. Die kurdische Sprache wurde offiziell zugelassen. Erdoğan erklärte, sein Ziel sei eine schnelle Aufnahme der Türkei in die Europäische Union.

Das Tauwetter hielt nicht lange an. Der Zeitgeist in der Türkei wurde konservativer, die Regierung begann, gegen Alkohol, Homosexuelle, Andersdenkende und kritische Äußerungen vorzugehen. Zum weithin sichtbaren Fanal wurde die gewaltsame Niederschlagung der Gezi-Park-Proteste im Sommer 2013.

Der Putschversuch gegen Erdoğan im Sommer 2016 beendete die Annäherung der Türkei an Griechenland und Europa vollends. Der Präsident reagierte mit äußerster Härte. Zehntausende Menschen wurden inhaftiert, darunter nicht nur Militärs und Staatsbeamte, sondern auch Schriftsteller, Künstler, Journalisten, Intellektuelle und einfache Bürger. Bis heute wird die politische Opposition eingeschüchtert oder ins Gefängnis geworfen, ebenso alle, die den Präsidenten oder seine Regierung kritisieren. Außenpolitisch ging Erdoğan auf Konfrontation, beschimpfte und bedrohte Griechenland, Deutschland, Europa und den Westen.

Seit der Präsidentschaftswahl 2018 und dem Wechsel auf das präsidiale System kann Erdoğan wie ein Despot regieren. Enge familiäre Verflechtungen in Politik und Wirtschaft sichern seine Macht ab. Für die frommen, wenig gebildeten, sogenannten »schwarzen Türken« war der republikanische Laizismus Atatürks schon immer eine Politik der Eliten. Erdoğan selbst betont immer wieder, er sei ein Mann aus dem Volk, prinzipientreu und islamisch-wertkonservativ, aufgewachsen in den Gassen eines Armenviertels von Istanbul. Der personifizierte Traum vom Aufstieg aus dem Ghetto an die Spitze.

Wenn westliche Medien dem Präsidenten bescheinigen, er gebärde sich wie ein Sultan, dann zielt der Vergleich auf seinen autokratischen Regierungsstil und sein Streben nach Macht. Das multiethnische Osmanische Reich will Erdoğan keinesfalls zurück. Er will den Nationalstaat stärken. Gemäß Mustafa Kemal Atatürk sollen sich möglichst alle als Türken verstehen und zur sunnitischen Konfession bekennen. Wer das nicht tut, ist allenfalls geduldet, aber nicht gleichberechtigt. Das gilt für Armenier, Griechen und Juden, aber auch für die Kurden und für Muslime anderer Konfession. So werden die schiitischen Aleviten nicht als religiöse Minderheit anerkannt. Sie beklagen ihr fehlendes

Selbstbestimmungsrecht und fürchten wörtlich, von den Sunniten »assimiliert« zu werden. Viele ihrer religiösen Führer wurden verhaftet.

Seit die türkische Regierung massiv gegen Regimegegner und Journalisten vorgeht, haben sich die internationalen Kontakte abgekühlt. Gegen den Nachbarn Griechenland wird zunehmend aggressiver polemisiert. Auf den sozialen Medien, allen voran Facebook, lässt sich beobachten, wie die Freundschaften zwischen den Nachkommen der pontischen Griechen und den Türken allmählich wieder unverbindlicher werden. Den Nationalisten beider Seiten wird das nur recht sein.

Revolutionäre aus Saloniki

Die Entstehung der jungtürkischen Bewegung

Tansel hat mich zu einer Fahrt mit der Seilbahn auf den Boztepe eingeladen. Wir sitzen in einer kleinen Kabine, deren rückwärtiges Fenster vollständig von einer türkischen Fahne bedeckt ist. Aus den Seitenfenstern schaue ich auf die Altstadt von Ordu, die lautlos unter uns hinweg zieht. Selbst von hier oben ist gut zu erkennen, dass viele Häuser leerstehen.

Nachdem die Armenier aus der Stadt geführt worden waren, mussten die Griechen für sich das gleiche Schicksal befürchten. Schon Anfang Juni 1915 hatte Innenminister Talât Pascha ein offenes Gespräch mit Johann Mordtmann geführt, einem Mitarbeiter der deutschen Botschaft zu Konstantinopel. Die osmanische Regierung, so gab Mordtmann gegenüber Berlin den Inhalt des Gespräches wieder, »benutze den Weltkrieg dazu, um mit ihren inneren Feinden – den einheimischen Christen aller Konfessionen – gründlich aufzuräumen, ohne durch diplomatische Interventionen des Auslandes gestört zu werden«.

Solche Aussagen drangen im Osmanischen Reich nicht ins Volk durch – und erst recht nicht bis nach Ordu. Die Befürchtungen der »Kotyorites«, der Ordu-Griechen, stützten sich auf Gerüchte, flüsternde Andeutungen auf dem Markt, Drohungen seitens türkischer Nationalisten. Informationen über den Verbleib der armenischen Nachbarn waren kaum zu bekommen. Händler berichteten vermutlich von niedergebrannten armenischen Dörfern im Hinterland, von halb verhungerten Kindern, die durch die Wälder irrten. Auch die Ertränkungen im Meer dürften sich herumgesprochen haben. Da in vielen Regionen bereits Griechen deportiert worden waren, dürften zumindest die gebildeten und gut vernetzten orthodoxen Priester, Bischöfe und andere Kirchenangehörige über die drohende Gefahr informiert gewesen sein.

Die knapp 20 000 Griechen bildeten die verbliebene christliche Minderheit in Ordu. Wie dachten sie über die Deportationen ihrer armenischen Nachbarn? Fühlten sie mit ihnen? Oder glaubten sie vielleicht, dass es die Richtigen erwischt habe? War der eine oder andere Grieche vielleicht insgeheim froh, einen lästigen Konkurrenten losgeworden zu sein? Wahrscheinlich rechneten auch die meisten Griechen damit, dass die Armenier nach dem Krieg in ihre Häuser zurückkehren würden. Zumindest legt der Zustand der armenischen Häuser in Ordu eine solche Vermutung nahe. Sie scheinen seit damals leerzustehen.

Die Griechen mochten hoffen, dass der Kelch an ihnen vorüberging. »Die griechischen Christen zittern«, telegraphierte der deutsche Vizekonsul in Samsun, Kuckhoff, am 9. September 1915 an die deutsche Botschaft. »Und mit Grund – denn es ist ihnen sicher bei erster Gelegenheit dasselbe Loos beschieden wie den Armeniern.« In Trabzon drückte der deutsche Konsul Heinrich Bergfeld am 27. August 1915 seine Sorge um die örtlichen Griechen aus. Er schrieb im Zusammenhang mit offenbar straffreien Plünderungen am Eigentum der armenischen Deportierten: »Die geschilderten Vorkommnisse sind nicht nur im Hinblick auf das deutsche und das türkische Ansehen, sowie aus allgemein menschlichen Gründen bedauerlich, sie bieten auch die Gefahr, dass die Komiteeleute [die Jungtürken, d. A.] an einer derartigen mühelosen Bereicherung Gefallen finden und im gegebenen Moment gegen die griechische Bevölkerung in derselben Weise vorgehen.«

Was die Diplomaten befürchteten, sollte sich nicht nur schon bald bewahrheiten – die Vertreibung der osmanischen Griechen aus ihrer Heimat war längst im Gange. Der Bevölkerungsaustausch von 1922/23 zwischen der Türkei und Griechenland setzte nur den Schlusspunkt in einer Entwicklung, die bereits viele Jahre früher begonnen hatte. Und die Flucht der 15-jährigen Alexandra auf einem russischen Schiff aus Ordu war nur ein winziges Puzzleteil in einer komplexen Ereignisstruktur, in deren Verlauf der Terror gegenüber der griechischen Minderheit im Osmanischen Reich immer weiter zunahm – von verbalen Beschimpfungen bis hin zu Deportationen, Überfällen, Vergewaltigungen und Massenmord.

Was ist damals in der Heimat meiner Familie, am östlichen Schwarzen Meer, passiert? Meine Mutter schüttelt nur mit dem Kopf, wenn ich mit ihr über diese Ereignisse spreche. Sie weiß nichts von Deportationen oder von Verfolgungen. In ihrem Geschichtsverständnis gehörten die Muslime im Osmanischen Reich, die »Türken«, zwar zu der herrschenden Klasse, waren aber im zivilen Alltag gute Nachbarn und den Griechen durchaus wohlgesonnen.

Eine ihrer Großtanten, erzählt sie, war bei einem hochgestellten Türken, vielleicht einem Stadtrat oder sogar dem Bürgermeister von Ordu, als Dienstmädchen angestellt. Er galt als strenger Herr. »Ich erinnere mich, wie meine Großtante erzählte: Die Griechen haben ihm, um die Gunst des Paschas zu bekommen, Geschenke gebracht. Seine Frau hat die Geschenke gefunden, und sie hat sie am nächsten Tag zurückgebracht. Weil sie die Griechen liebte.« So habe sie es von der Großtante gehört.

»Die Türken wohnten mit den Griechen wie Brüder, und sie arbeiteten zusammen wie Brüder«, lautet das Fazit meiner Mutter. Aber war das wirklich so? Im Rückblick wird diese Zeit gern verklärt. Und wenn es so war: Wann und warum schlug das angeblich harmonische Zusammenleben der Volksgruppen in Feindschaft um?

* * *

Die Antwort auf diese Frage führt zurück in die Geschichte des Osmanischen Reichs. Und in meine Geburtsstadt Thessaloniki. Dort entstand im späten 19. Jahrhundert die ideologische Grundlage für die Feindschaft zwischen den Volksgruppen. Paradoxerweise formte sich der Geist der Spaltung in einer Stadt, wie sie vielsprachiger und multikultureller kaum sein konnte.

Selanik, wie es auf Türkisch hieß, auf Griechisch Saloniki, war im 19. Jahrhundert eine Metropole – völlig anders als Konstantinopel, aber nicht weniger aufregend. Zur Zeit der osmanischen Eroberung im Jahr 1430 war die Stadt noch ein Provinznest gewesen, aber eines mit Potenzial. Im fruchtbaren Delta des Axiosflusses gelegen, verfügte Saloniki über einen Zugang zur Ägäis. Zudem liefen hier mehrere wichtige Handelsstraßen zusammen. Wer immer aus Westen über die alte römische Via Egnatia oder von der Balkanhalbinsel nach Konstantinopel reiste, wer aus Albanien, Bosnien, Serbien oder gar aus Westeuropa in das Herz des Oströmischen und später Osmanischen Reichs vorstoßen wollte, reiste über Saloniki.

Einen entscheidenden Wachstumsschub erhielt die Stadt Ende des 15. Jahrhunderts – aus einer unerwarteten Richtung. Nach der Eroberung des letzten muslimischen Herrschaftsbereichs auf der iberischen Halbinsel hatten König Ferdinand von Aragon und Königin Isabella von Kastilien die Juden in ihrem Territorium vor eine grausame Wahl gestellt: Entweder ließen sie sich taufen – oder sie mussten gehen. Für die Entscheidung gab ihnen das »Decreto de la Alhambra«, das die Reyes Católicos, die katholischen Könige, am 31. März 1492 erließen, vier Monate Zeit. 850 000 Menschen jüdischen Glaubens sollen bis zum Dekret in den Gebieten von Kastilien und Aragon gelebt haben. Sie nannten sich »Sephardim«, angelehnt an das legendäre biblische Reich Sefarad, das sie auf der iberischen Halbinsel verorteten.

Wie viele Juden sich taufen ließen, ist nicht bekannt – die Taufe bewahrte sie auch nicht in jedem Fall vor der Verfolgung durch die Inquisition. Zwischen 120 000 und 150 000 Juden wurden aus Spanien ausgewiesen. Die meisten gingen zunächst nach Portugal, viele folgten einer Einladung des osmanischen Sultans Beyazid II. Der Nachfolger Mehmeds des Eroberers sicherte ihnen Religionsfreiheit zu, mit dem Kalkül, gut ausgebildete Handwerker und Händler in sein Reich zu holen. Viele Juden ließen sich in den westlichen Provinzen des Osmanischen Reichs nieder, in Bosnien, Serbien oder dem heutigen Griechenland. Wo immer sie einen Platz fanden, wo immer ihre Fähigkeiten gebraucht wurden, blieben einige von ihnen.

Dabei mag es zugegangen sein, wie es Ivo Andrić in seinem Roman *Die Brücke über die Drina* erzählt. Im bosnischen Višegrad, wo Andrićs Geschichte spielt, seien die zuziehenden Juden von der ansässigen Bevölkerung zunächst mit Argwohn betrachtet worden. Ihre Sitten und Gebräuche, aber vor allem ihre Sprache, das altspanische »Ladino«, waren den Slawen fremd. Doch mit der Zeit gewöhnte man sich aneinander, wenngleich es nicht viele Schnittmengen gab. Man pflegte geschäftlichen Umgang und schätzte sich gegenseitig, heiratete aber nur innerhalb der eigenen Religionsgruppe. Unvergessen ist mir die Szene aus Andrićs Buch, in der er angesichts einer neuen Bedrohung den Schulterschluss der Religionen in Višegrad beschreibt: Als mit dem Einmarsch der österreichisch-ungarischen Armee eine neue Ordnung das seit Jahrhunderten bestehende Gefüge bedroht, sitzen der serbisch-orthodoxe Pope, der islamische Mullah und der jüdische Rabbiner auf einer Bank und überlegen gemeinsam, wie wohl die Zukunft ihrer Stadt aussehen könnte. Ob dieses überkonfessionelle Treffen der Wunschvorstellung des Romanciers entsprungen ist, sei dahingestellt. Im Alltag entwickelten Juden, Muslime und Christen jedenfalls Regeln für einen gesellschaftlichen Umgang miteinander und kamen miteinander zurecht.

Viele Juden ließen sich auf ihrer Wanderung in den Orient in Saloniki nieder. Dort entwickelte sich im Laufe der Zeit eine lebendige jüdische Alltagskultur. Juden betrieben Webereien, Spinnereien, sie organisierten den Umschlag von Waren und arbeiteten im Hafen. Bald stellten die Sephardim die Bevölkerungsmehrheit. Ladino wurde zur Geschäftssprache in der multikulturellen Stadt, in der Griechen, Türken, Bulgaren, Serben, Albaner, Vlachen, Pomaken und Armenier lebten. Anfang des

Eleftherias-Platz in Thessaloniki, 1914

20. Jahrhunderts existierte in Saloniki mit 80 000 Menschen eine der größten jüdischen Gemeinden auf europäischem Boden. Juden betrieben Schulen, Bibliotheken und Zeitungen, am Samstag, dem Schabbat, kam das öffentliche Leben zum Stillstand. Als 1910 der spätere Gründervater Israels, David Ben Gurion, im Rahmen seines Studiums Saloniki besuchte, äußerte er begeistert: »Ich sah etwas Außergewöhnliches, was ich noch nie sah. Ich sah eine jüdische Stadt, eine jüdische Arbeiterstadt.«

Der Niedergang der jüdischen Gemeinde erfolgte zunächst schleichend. 1917 zerstörte ein Feuer das historische Zentrum der Stadt, in dem viele Juden lebten. Zahlreiche Grundstücksbesitzer wurden enteignet, weil man breitere Straßen und Parks anlegen wollte. 1923 dann strömten die 1,2 Millionen aus der Türkei vertriebenen Griechen ins Land, dazu zahlreiche Armenier. Für viele Flüchtlinge war Saloniki die erste Station auf ihrer Flucht; sie reisten entweder weiter oder blieben in der Hoffnung auf Arbeit und ein neues Zuhause. Mehr als 100 000 siedelten sich in der Stadt an. Die jüdische Bevölkerung geriet immer stärker unter Druck. Nach einem Pogrom gegen die jüdischen Einwohner einer Barackensiedlung, in der die Opfer des Großbrands von 1917 lebten, wanderten viele Juden nach Palästina aus. All das war aber nichts im Vergleich zu dem, was noch kommen würde.

1941 besetzten deutsche Truppen Saloniki. Alle männlichen Juden im arbeitsfähigen Alter wurden registriert und zur Zwangsarbeit in Sümpfe und Bergwerke geschickt. Zwei Jahre später begann die Vernichtung der Juden von Saloniki. Zunächst wurden sie in Ghettos umgesiedelt. Am 15. März 1943 traf der erste von insgesamt 19 Güterzügen ein. Im Laufe der nächsten Monate wurden mit diesen Zügen mehr als 40 000 griechische Juden nach Auschwitz-Birkenau und in andere Todeslager gebracht. Etwa 11 000 salonikische Juden mussten vor Ort Zwangsarbeit leisten, Hunderte Mädchen wurden für Sterilisationsexperimente der SS-Ärzte missbraucht. Die anderen wurden direkt in den Gaskammern getötet und in den Krematorien verbrannt. Nur etwa 2000 Menschen haben überlebt.

Von diesem Trauma hat sich Thessaloniki, das einstige »Jerusalem des Balkans«, bis heute nicht erholt. Gerade einmal 1200 Mitglieder hat die jüdische Gemeinde der Stadt heute. Auf ihrem einstigen Friedhof, der von den Deutschen umgepflügt wurde, steht die Aristoteles-Universität. Es reicht aus, einen historisch interessierten Einwohner auf den Zweiten Weltkrieg anzusprechen, um eine Hasstirade auf die deutsche Besatzung auszulösen.

Der Holocaust wirft immer noch seine Schatten über die Stadt. Das ehemals multikulturelle, intellektuell sprühende und vielfältige Thessaloniki ist auf der Suche nach einer neuen Identität. Eine Altstadt gibt es seit dem großen Feuer nicht mehr, unter dem Verlust der jüdischen Hochkultur leidet die Stadt immer noch. Für die Flüchtlinge aus der Türkei wurden gesichtslose Betonbauten an den Straßen errichtet. Die Innenstadtplanung scheint auf einem guten Weg, aber an den Ausfallstraßen in den Vororten zeigt die Stadt ihr anderes Gesicht. Hier sieht man

Dreck, Armut und Verfall, die Ruinen alter Industrieanlagen, heruntergekommene Wohnhäuser an verkehrsumtosten Plätzen. Chaotisch parkende Fahrzeuge an den Ecken, Kreuzungen oder in zweiter Reihe machen Spaziergänge zu einem Hürdenlauf. Ein Augentrost sind die knorrigen Platanen in den engen Straßen der Innenstadt, die alle Irrungen der Stadtgeschichte überlebt haben.

Erst in Meernähe werden zarte Pflänzchen der Neugestaltung sichtbar. Der letzte Bürgermeister, ein Tabakbaron, hat das ehemalige Hafenviertel und die alten Markthallen restaurieren lassen und sie mit Tavernen und Cafés aufgewertet. Ein Fahrradweg wurde angelegt und ein Teil des alten Hafens zum Kulturort umgestaltet. Es gibt sogar Versuche, den Autoverkehr einzudämmen.

Nach langer Suche entlang der Häuserreihen an der Hafenpromenade bleibt das Auge an einem der wenigen alten Bürgerhäuser hängen. An der Fassade sind faszinierende Ornamente angebracht, das Gebäude verbreitet mediterranes Flair – und vermittelt eine Ahnung davon, was diese Stadt einmal gewesen sein muss.

***

In der Straße des Heiligen Dimitrios, Ecke Apostel-Paulus-Straße, lehnen mehrere Wachsoldaten an einer Mauer und rauchen gelangweilt ihre Zigaretten. Dass sie hier stehen, hat zwei Gründe. Zum einen befindet sich hinter dem Zaun das türkische Konsulat. Zum anderen – und das ist der wichtigere Grund – ist das zweite Gebäude auf dem Gelände eines der bedeutendsten Denkmäler der Türkei. Ein zweistöckiges Holzhaus mit Çumba, dem osmanischen Erker, das so perfekt aussieht, als sei es vor kurzem erst gebaut worden. Hier ist Mustafa Kemal, genannt Atatürk, zur Welt gekommen. Der Gründervater der Republik Türkei – er war von Geburt her ein Saloniker.

Selbst viele Türken wissen das nicht, obwohl sie ja schon in der Grundschule die Lebensstationen des Atatürks auswendig lernen. Dafür gibt es eine einfache Erklärung: Da das Geburtshaus im feindlichen Griechenland steht, haben es die türkischen Behörden inklusive Interieur in Ankara nachbauen lassen. Türkische Pilger können dem Republikgründer in ihrer Hauptstadt ihre Aufwartung machen, was viele zu der Annahme verleitet, er sei in Ankara geboren.

Das Verhältnis der Griechen zu Atatürks Geburtshaus ist zwiespältig. Für die einen stellt es ein Faustpfand gegenüber der Türkei dar und bedeutet damit eine Genugtuung, die anderen erinnert es an die ungeliebte Vergangenheit des eigenen Landes. Jahrelang lautete der gesellschaftliche Konsens, dass Gebäude aus der »Türkenzeit« nicht erhaltenswert seien. Nicht nur in Thessaloniki wurden Moscheen abgerissen oder zu den Kirchen zurückgebaut, die sie einstmals gewesen waren. Türkische Häuser wurden durch Neubauten ersetzt.

Welch starke Emotionen um das Geburtshaus des Atatürk auch auf türkischer Seite wallen, zeigte sich zwei Jahre nach dessen Eröffnung als Museum. Am 6. September 1955 explodierte eine Bombe vor dem Haus. Die Wucht der Detonation beschädigte nicht nur dieses selbst, sondern auch andere Gebäude in der Straße erheblich. Türkische Medien spekulierten umgehend, der Anschlag sei von griechischen Nationalisten begangen worden. Das war zwar völlig aus der Luft gegriffen, aber die wahren Urheber des Anschlags hatten ihr Ziel erreicht: In Istanbul, Izmir und Ankara rotteten sich Tausende Männer zusammen und wüteten mit Äxten und Macheten gegen griechische und jüdische Einrichtungen.

Sie plünderten Geschäfte, drangen in Wohnungen ein und warfen das Mobiliar auf die Straße. Sie schlugen und quälten die Besitzer, vergewaltigten Frauen und töteten mehrere Geistliche. 4000 Geschäfte, 3000 Wohnungen, Hotels, Friedhöfe und Kirchen wurden beim sogenannten »Pogrom von Istanbul« verwüstet und das Eigentum armenischer, jüdischer und griechischer Mitbürger geplündert. Die muslimisch-türkische Bevölkerung wurde von den Plünderern aufgefordert, die türkische Fahne an ihren Häusern anzubringen. Griechische, jüdische und armenische Häuser und Geschäfte wurden mit einem Kreuz gekennzeichnet. Die Polizei hielt sich zurück. Aus Gerichtsakten ist der Ausspruch eines Polizisten überliefert, der ein hilfesuchendes Opfer mit den Worten abwimmelt: »Heute bin ich kein Polizist – heute bin ich Türke«.

Nach dem Bevölkerungsaustausch von 1922/23 lebten nur noch 100 000 Griechen in der Türkei, die große Mehrheit davon in Istanbul. Die meisten dieser letzten türkischen Griechen verließen anschließend ihre Heimat und wanderten nach Griechenland aus. Erst nach dem türkischen Militärputsch von 1960 stellte sich heraus, dass der Anschlag von Ministerpräsident Adnan Menderes selbst initiiert worden war. Mitte der 1950er-Jahre tobten auf der Insel Zypern heftige Auseinandersetzungen zwischen der türkischen und der griechischen Bevölkerungsgruppe, weshalb sich der Volkszorn gegen die Griechen im Land leicht entzünden ließ. Die Pogrome waren aber wohl zumindest teilweise staatlich gelenkt, womit der konservativ-islamische Regierungschef von seiner verfehlten Innenpolitik hatte ablenken wollen. Ein Jahr später wurde Menderes für dieses und andere Vergehen in seiner Amtszeit zum Tod verurteilt.

Mustafa Kemal wurde in Saloniki im Winter 1880 oder 1881 geboren. Nachnamen waren zu jener Zeit bei den Muslimen nicht üblich, sie wurden erst nach der Gründung der Republik Türkei eingeführt. Seinen Zweitnamen Kemal, der »Vollkommene«, erhielt er erst später, angeblich von seinem Mathematiklehrer. Der Vater war Zollbeamter, dessen Aufgabe es war, den Holzschmuggel zwischen dem Königreich Griechenland und dem Osmanischen Reich zu unterbinden. Mütterlicherseits soll Mustafa einer alten Familie von Turkmenen entstammen. Der Atatürk-Biograf M. Şükrü Hanioğlu zeichnet das Bild eines Jungen, der zunächst mit den Privilegien der türkischen Mittelschicht aufwuchs, mit afrikanischem Hausdiener und der Möglichkeit, eine private Grundschule »ohne übermächtigen religiösen Schwerpunkt« zu besuchen. Als Mustafa sieben Jahre alt war, starb sein Vater, worauf die mittellose Mutter zu ihrem Bruder aufs Land zog. Der Junge wurde zu einer Tante nach Saloniki gegeben, wo er wieder in die Schule gehen konnte. Im Alter von zwölf Jahren bestand er die Aufnahmeprüfung der Militärschule in Saloniki, wo er sich heimlich beworben hatte.

Nach dem Schulabschluss besuchte er die höhere Militärschule in Manastir, wo es starke westlich orientierte Reformbestrebungen gab. Wenige Jahre später, 1908, begann hier der Aufstand gegen den Sultan. Mustafa widmete sich den Schriften europäischer Reformer und Revolutionäre wie Montesquieu, Voltaire und Rousseau und der Staatswirtschaftslehre von John Stuart Mill.

1899 kam Mustafa Kemal als Offiziersanwärter an die Militärakademie in Istanbul, wo er sich erstmals politisch betätigte. Deshalb, aber auch, weil er Umgang mit Prostituierten pflegte und übermäßig Alkohol konsumierte, landete er für einige Monate im Gefängnis. 1905 beendete er die Militärakademie als Fünftbester seines Jahrgangs.

Seine politische Einstellung war damals bereits deutlich erkennbar. Mustafa hing nationalistischen Ideen an, er organisierte klandestine Treffen von Gleichgesinnten und arbeitete für die geheime Zeitung *Vatan,* türkisch »Vaterland« – bis er erneut verhaftet und auf einen Außenposten in Damaskus abkommandiert wurde, um gegen aufständische Drusen zu kämpfen.

Sein Biograf Hanioğlu führt den späteren Reformgeist des Mustafa Kemal zu einem großen Teil auf die moderne Erziehung im westlich geprägten Saloniki zurück. Sie mag die Devise des Republikgründers geprägt haben, die lautete: »Die sicherste Richtschnur im Leben ist die Wissenschaft.« Im Saloniki des ausgehenden 19. Jahrhunderts wurden Ideen der Aufklärung und des Rationalismus frei diskutiert. Es gab eine vielfältige Presse, wissenschaftliche Bildung, an den Schulen wurden Naturwissenschaften und moderne Fremdsprachen wie Französisch und

Mustafa Kemal, 1917

Englisch gelehrt. Man bediente sich westlicher Umgangsformen. »Alla Franca« hieß die Losung der Saloniker, mit der sie sich vom als rückständig empfundenen »alla Turca« abgrenzten. Aus den Untertanen wurden Bürger, auf die das Osmanische Reich zunehmend altertümlich und verstaubt wirkte und die ihre Zukunft in einem modernen Nationalstaat westlicher Prägung sahen. Die Zeichen einer neuen Zeit – in Saloniki traten sie deutlich zutage.

Für das Osmanische Reich waren die Ideen des Nationalismus nicht nur eine ideologische, sondern auch eine territoriale Bedrohung. Sie inspirierten die zahllosen Volksgruppen im Reich und bescherten den Unabhängigkeitsbewegungen Zulauf. Ein großes Vorbild war Griechenland. Die ehemalige Teilprovinz im Westen des Großreichs war nach zähen Kriegen im Jahr 1830 unabhängig geworden; es folgten die Balkanstaaten Serbien, Montenegro, Bulgarien, Rumänien. Bei den Auseinandersetzungen mit den Osmanen in den vergangenen Jahrzehnten hatte Griechenland zu den großen Gewinnern gehört. All dies ermutigte auch die verbliebenen Minderheiten im Osmanischen Reich, für ihre Unabhängigkeit zu kämpfen.

Die Schwäche des einstmals mächtigen Sultanats und die Zerfallserscheinungen im Inneren des Reichs weckten Begehrlichkeiten bei den Großmächten. Bestimmend für die europäische Politik des 19. Jahrhunderts wurde die »Orientalische Frage«, der Umgang mit dem zunehmend desolaten Osmanischen Reich. Existenziell etwa für Russland war die Kontrolle über das Schwarze Meer und die freie Durchfahrt durch die Bosporus-Meerenge. »Wir haben einen kranken Mann auf den Armen«, sagte der russische Zar Nikolaus I. 1852 in einem Gespräch mit dem britischen Botschafter. »Es wäre ein Unglück, wenn er uns eines Tages entfallen sollte.« Der Zar spielte damit auf die Gefahr einer Destabilisierung der Region an. Mit dem »kranken Mann« war Abdülmecid I. gemeint, der damals regierende Sultan.

Auf der Krim, an der Nordküste des Schwarzen Meeres, lag der einzige ganzjährig eisfreie Kriegshafen des Zarenreichs. Mit dem Krimkrieg gegen das Osmanische Reich 1853 bis 1856 hatte Zar Nikolaus I. seine Einflusszone auszudehnen versucht, war aber von England und Frankreich in die Schranken gewiesen worden, die das Osmanische Reich unterstützten. In diesem sahen die beiden westeuropäischen Großmächte einen stabilisierenden Faktor und fürchteten die Expansion Russlands. Bis es zum Dreierbündnis gegen die Osmanen kam, sollte es noch ein halbes Jahrhundert dauern.

***

1876 übernahm Sultan Abdülhamid II. die Macht im Osmanischen Reich. Er galt zunächst als liberaler Monarch und Unterstützer der Reformbewegung. So rief er eine Verfassung aus, die ein Parlament nach westlichem Vorbild vorsah. Doch dann unterstützte Russland den Aufstand von Bulgaren und Serben gegen sein Reich. 1877 kam es erneut zum Krieg, in dessen Verlauf die Russen beinahe Konstantinopel einnahmen – eine Erfahrung, die Abdülhamid II. zum autokratischen Herrscher werden ließ. Er löste das Parlament auf und setzte die neue Verfassung außer Kraft. Als erster Sultan nach Jahrhunderten kehrte er zurück zum alten, islamischen Herrschaftsanspruch, indem er sich zum Kalifen ausrief, also zum geistlichen und politischen Führer der gesamten islamischen Welt. Gegen Autonomiebestrebungen ging er mit extremer Härte vor. Das Massaker von Erzurum an den Armeniern begründete seinen Ruf als »blutiger Sultan«.

Zugleich wollte er die Verwaltung und die Armee modernisieren. Experten aus dem Deutschen Reich sollten ihm dabei helfen. In den Jahren 1883 und 1885 übernahm der preußische Militärtheoretiker und spätere Generalfeldmarschall Colmar von der Goltz die Umstrukturierung der Kaiserlich-Osmanischen Militärakademie nach preußischem Vorbild. Damit hatte er entscheidenden Anteil an der späteren Politisierung von Offizieren und damit der Entstehung der jungtürkischen Bewegung.

Für Goltz war die Armee mehr als der militärische Arm einer Regierung. Ihr stehe auch eine politische Rolle zu, befand er. Offiziere sollten Führungspositionen im Staat übernehmen, Soldaten gesellschaftlichen Einfluss ausüben. Ein Nationalstaat brauche starke militärische Führer, so Goltz in seiner Schrift *Das Volk in Waffen*. Das Buch wurde zur Pflichtlektüre unter jungen Offizieren. Einer davon war der junge Mustafa Kemal.

Auch die Idee des Nationalstaats fiel in der osmanischen Armee auf fruchtbaren Boden. Den Personenkult um den absolutistisch herrschenden Sultan fanden die jungen Offiziere zunehmend anachronistisch. Sie formierten sich zu Geheimbünden, die ähnliche Ziele verfolgten wie die bis dahin vorwiegend zivile Bewegung der Jungtürken, benannt nach der in Paris erscheinenden Zeitschrift *La Jeune Turquie*. Sie wurde von türkischen Exilpolitikern und Intellektuellen herausgegeben, die nationalistische Ideen verfolgten und den Sultan absetzen wollten.

Auf einem Kongress im September 1907 in Paris schlossen sich verschiedene Gruppen unter der Bezeichnung »Komitee für Einheit und Fortschritt« zusammen, türkisch »İttihad ve Terakki«. Darunter befand sich auch die Organisation »Vatan ve Hürriyet Cemiyeti« (Gesellschaft für Vaterland und Freiheit), die osmanische Offiziere in Damaskus gegründet hatten. Eines der Mitglieder: Mustafa Kemal.

Damals gehörten nicht nur Muslime zu den »Komitee«-Anhängern, sondern auch viele Christen. In zahlreichen Verlautbarungen wurde die Einheit der Völker im Osmanischen Reich beschworen: »Vaterland, Freiheit, Gleichheit, Brüderlichkeit«, hieß der von der Französischen Revolution inspirierte Slogan. Die Erfahrung, in einem Land zu leben, dessen Grenzen ständig bedroht waren, radikalisierte viele Osmanen. Eine Gemengelage aus der Furcht vor äußeren Feinden und der Furcht vor dem Untergang des Osmanischen Reichs und damit dem Verlust der eigenen Identität führte dazu, dass der Widerstand gegen den vermeintlich schwachen Sultan, aber auch türkisch-nationalistische Ansichten erstarkten. Dennoch sollte sich unter den Jungtürken erst viel später die Überzeugung durchsetzen, dass die Minderheiten einem modernen Staat im Wege stünden.

Mustafa Kemal sah die Politik des »Komitees« zunächst eher kritisch. Die große Führungsfigur war İsmail Enver Pascha, der spätere Kriegsminister. Dass Mustafa Kemal keine exponierte Position innehatte, sollte sich als sein Glück erweisen: Aus dem Komitee rekrutierten sich diejenigen Funktionäre, die für den Völkermord an den Armeniern verantwortlich waren. Neben İsmail Enver Pascha und Mehmed Talât Pascha, später Innenminister, gehörte dazu auch Mehmed Nazım, bekannt als Doktor Nazim. »Pascha« war in dieser Zeit ein militärischer Rang, der etwa dem General entspricht. Sonst wurde »Bey« angehängt, die Ehrenbezeichnung eines Führers.

Die Zusammenarbeit mit dem Deutschen Reich hatte sich inzwischen verstetigt und intensiviert. Ende Oktober 1889 besuchte der noch nicht lange amtierende deutsche Kaiser Wilhelm II. mit seiner Frau Auguste Viktoria Konstantinopel. Während der fünf Tage, die das Kaiserpaar in der osmanischen Hauptstadt verbrachte, besichtigte Wilhelm II. Moscheen, Schulen und archäologische Stätten. Kaiserin Auguste Viktoria wurde eine besondere Ehre zuteil: Gemeinsam mit dem obersten Eunuchen und einer Sultanstochter durfte sie den Harem besuchen.

Der Kaiser zeigte sich fasziniert, nicht nur vom Orient, sondern vor allem von dem wirtschaftlichen Potenzial, das sich hier auftat. Das Osmanische Reich bot einen riesigen Markt für Industriegüter, außerdem verfügte es über Rohstoffe, die in Deutschland gebraucht wurden. Mit dem Sultan führte Wilhelm II. stundenlange Gespräche unter vier Augen; beide sprachen leidlich Französisch. Beim Essen in der Residenz des Sultans am Tag der Abreise sprach Wilhelm II. von der »unverbrüchlichen Freundschaft Deutschlands für den Sultan und das osmanische Volk«. Zum Abschied wurde Abdülhamid II. vom deutschen Kaiser herzlich umarmt.

Die Vertreter der europäischen Großmächte beobachteten argwöhnisch, wie sich hier eine neue Freundschaft entwickelte. So schrieb der britische Botschafter Sir William White: »Abdülhamid ist schlau genug, zu erkennen, dass Deutschland und Russland nicht gut aufeinander zu sprechen sind, und wird die Situation nützen, um sich seine Unabhängigkeit zu bewahren und den russischen Bemühungen, ihn zu einem Bündnis zu überreden, Widerstand entgegenzusetzen.« 1899 genehmigte der Sultan deutschen Unternehmen den Bau der strategisch wichtigen Bagdadbahn. 1901 kamen im Rahmen der Militärreformen mehrere hohe Militärs als Berater nach Konstantinopel.

***

»Die Triple-Entente und die deutsche Militärmission«. Unterschrift: »Der Russe: ›Passt auf, Kinder, der macht den Türken noch gesund!‹«. Karikatur von Gustav Brandt im Kladderadatsch, *4. Januar 1914*

An den Westgrenzen des Reichs wurde die Lage derweil immer instabiler. Straßenräuber taten sich zu kriminellen Banden zusammen. Die je nach Sprache und Region »Hajduken«, »Klephten« oder »Andartes« genannten Räuber gerierten sich als Unabhängigkeitskämpfer – das Ausrauben, Plündern und Morden erhielt eine politische Dimension, die in der Geschichtsschreibung der Balkanländer gern überhöht wird. Sicherlich waren überzeugte Nationalisten dabei, aber eben auch gewöhnliche Banditen, die für sich in Anspruch nahmen, eine bestimmte ethnische Minderheit zu vertreten und in deren Namen Gewalt auszuüben. Auch in den an Griechenland, Bulgarien und Serbien angrenzenden Regionen Makedonien und Thrakien bildeten sich irreguläre Truppen, Banden mit slawischen, griechischen oder wlachischen Mitgliedern. Sie verübten Überfälle auf muslimische Dörfer, plünderten und vergewaltigten. Die Untaten legitimierten sie mit Parolen wie »Für Mutter Griechenland« oder »Freiheit für Serbien«.

Als eine militärische Schutzmacht der muslimischen Bevölkerung gründete das jungtürkische »Komitee für Einheit und Fortschritt« 1906 in Saloniki eine sogenannte »Sonderorganisation«, türkisch: Teşkilât-ı Mahsusa. Sie bestand aus Soldaten, Räubern, Abenteurern und übernahm die Verteidigung der muslimischen Dörfer in den westlichen Grenzregionen. Eine Spirale der Gewalt begann: Überfälle in Dörfern der muslimischen oder christlichen Minderheiten zogen die Rache der Gegenseite nach sich. Häuser wurden angezündet, die Bewohner umgebracht oder vertrieben.

Als 1908 Gerüchte die Runde machten, die osmanische Provinz Makedonien solle zwischen den Balkanstaaten aufgeteilt werden, meuterten in Manastir, dem heutigen Bitola, mehrere Hundert Soldaten unter der Führung des jungtürkischen Offiziers Ahmed Niyazi Bey und errichteten in den Bergen Makedoniens eine eigene Verwaltung. Auch der spätere Kriegsminister Enver befand sich unter den Aufständischen. Das »Komitee für

Einheit und Fortschritt« nutzte den Aufstand, um seinerseits Forderungen an den Sultan zu stellen: Er solle zur konstitutionellen Monarchie zurückkehren und die Verfassung von 1876 wieder in Kraft setzen.

Der Sultan versuchte zunächst, hart gegen die Meuterer durchzugreifen, aber ohne Erfolg. In seiner Armee waren die »Komitee«-Leute bereits in der Überzahl. Abdülhamid blieb nichts anderes übrig, als den Forderungen der Jungtürken nachzukommen. Das Parlament wurde wieder einberufen; die anschließenden Neuwahlen, die noch im Dezember des Aufstandsjahres 1908 stattfanden, gewann das »Komitee für Einheit und Fortschritt«. Die Jungtürken waren an der Macht.

Nach einem Putschversuch des Sultans setzten die Jungtürken Abdülhamid ab und ernannten seinen Bruder Mehmed V. Reşad zum Monarchen. Als potenzieller Konkurrent des Sultans hatte er, wie es in der osmanischen Herrscherfamilie nicht unüblich war, sein gesamtes Leben als politischer Gefangener gefristet. Der neue Sultan war nicht viel mehr als eine Marionette. Das Parlament – und damit die Jungtürken – erhielt das Recht, den Monarchen jederzeit abzusetzen. Die Zeit, da der Sultan des Osmanischen Reichs uneingeschränkte Macht genoss, war vorbei.

Am Scheideweg

Die Balkankriege und die ethnische Säuberung der kleinasiatischen Küste

Österreich-Ungarn annektierte 1908 die seit 30 Jahren besetzten osmanischen Provinzen Bosnien und Herzegowina, was wiederum Russland provozierte. Als Antwort regte das Zarenreich die jungen Balkanstaaten zur Gründung eines Bündnisses an. Der Balkanbund umfasste bis 1912 die mit dem territorialen Status Quo auf dem Balkan unzufriedenen Länder Griechenland, Bulgarien, Serbien und Montenegro, die dem Osmanischen Reich den Krieg erklärten. Ermutigt wurden sie durch die Erfolge italienischer Truppen, die ein Jahr zuvor Libyen und die griechische Inselgruppe des Dodekanes erobert hatten – und durch die bedrohliche Stärke Russlands in Ostanatolien, das dort große Teile der osmanischen Armee band. Binnen eines halben Jahres waren die schwachen osmanischen Truppen im Westen geschlagen. Muslimische Dörfer wurden von den siegreichen Armeen geplündert, die Einwohner massakriert oder ins Osmanische Reich vertrieben.

Am 30. Mai 1913 ging die jahrhundertelange Herrschaft der Osmanen auf der Balkanhalbinsel zu Ende. Im Londoner Vertrag wurden ihre europäischen Gebiete unter Bulgarien, Serbien, Montenegro und Griechenland aufgeteilt. Griechenland erhielt Makedonien mit der Metropole Saloniki, dazu Kreta und die ostägäischen Inseln. Viele muslimische Flüchtlinge aus Kreta wurden in der Region rund um die antike Stätte von Side angesiedelt, heute ein Urlaubsparadies an der türkischen Riviera.

Nicht alle Siegerstaaten waren mit den territorialen Regelungen im Londoner Vertrag zufrieden. Am 29. Juni 1913 überfiel Bulgarien seine ehemaligen Verbündeten, um eigene Ansprüche in Makedonien durchzusetzen. Im zweiten Balkankrieg nutzte das Osmanische Reich die Schwäche Bulgariens im Osten und marschierte in das von dessen Truppen geräumte Ostthrakien ein. Auf osmanischer Seite kämpfte die besagte »Sonderorganisation« mit, der militärische Arm des jungtürkischen »Komitees«. Die Organisation war mit der ethnischen Säuberung der Grenzprovinzen befasst. Die christliche Bevölkerung, orthodoxe Griechen und Bulgaren, wurde deportiert oder ermordet. In den entvölkerten Gebieten Ostthrakiens siedelte die Organisation muslimische Flüchtlinge aus dem Ersten Balkankrieg an. Bei diesen Kommandos trat ein Mann zum ersten Mal in Erscheinung, der später zum Schrecken der Armenier und Griechen am Schwarzen Meer wurde: Osman Feridunoğlu, genannt Topal Osman.

Nur wenige Wochen nach Kriegsbeginn erlitt Bulgarien eine vernichtende Niederlage. Am 29. September 1913 verpflichtete sich der Aggressor im Vertrag von Konstantinopel, Teile Ostthrakiens zusammen mit Edirne und damit Eroberungen aus dem Ersten Balkankrieg an das Osmanische Reich zurückzugeben. Im Vertrag wurde zum ersten Mal in der Geschichte ein »Bevölkerungsaustausch« von 48 500 Muslimen aus Bulgarien mit 46 700 Bulgaren aus Ostthrakien festgeschrieben; er galt formal auf freiwilliger Basis. Da die meisten der Betroffenen bereits geflohen waren, ging es im Wesentlichen um die Verrechnung von Grundbesitz und Vermögen. Der Vertrag sollte später zur Blaupause für den ungleich umfangreicheren und unfreiwilligen Bevölkerungsaustausch zwischen der Türkei und Griechenland werden.

Beide Balkankriege, der Terror gegen die Minderheiten durch Banden und politische Kämpfer sowie die nationalistische Propaganda lösten gewaltige Fluchtwellen aus. Aus Thrakien und Makedonien flohen Hunderttausende Muslime in Richtung Kleinasien – die Zahlen differieren je nach Quelle stark.

Auch die meisten der 350 000 in Ostthrakien beheimateten Griechen wurden zur Flucht gezwungen. Die Genozid-Forscherin Tessa Hofmann ist der Ansicht, dass die Deportationen von ostthrakischen Griechen ins kleinasiatische Hinterland während der Balkankriege als erste Todesmärsche verstanden werden müssen, als Methode, wie sie in den Jahren 1915 und 1916 auch bei den osmanischen Armeniern angewandt wurde. Um zu verhindern, dass die vertriebenen Menschen in ihre Häuser zurückkehrten, deportierte man sie viele Hundert Kilometer weit ins Hinterland. Bei den aufreibenden Fußmärschen sei im Durchschnitt jeder Zweite an Erschöpfung, Seuchen oder bei Überfällen von marodierenden Banden ums Leben gekommen.

* * *

Nach den Balkankriegen war im Verhältnis der Völker im Osmanischen Reich nichts mehr wie vorher. Die Zivilgesellschaft war zerrissen. Politische Bewegungen der Minderheiten hingen ihrem Traum von Unabhängigkeit nach, oder sie arbeiteten für den Anschluss an den jeweiligen Nationalstaat. Armenier strebten nach einem unabhängigen Armenien in Zentralanatolien, mit dem heiligen Berg Ararat als Zentrum. Die Kurden träumten von einem unabhängigen Kurdistan in Ostanatolien und Vorderasien. Griechen waren von der »Megali Idea« beseelt, der »großen Idee«. Trunken von vergangenen Siegen, hofften viele auf die Wiederkehr von Byzanz: ein großgriechisches Reich mit der Hauptstadt Konstantinopel, das auch die Küste Kleinasiens umfasst. Im östlichen Schwarzmeerraum hingen Nationalisten bei sich zu Hause die Flagge des Pontos auf. Die blau-weiße Fahne mit dem Kreuz, die Fahne Griechenlands, ergänzten sie durch einen doppelköpfigen Adler, das Symbol des byzantinischen Kaiserreichs Trapezunt.

Armenier, Griechen und Türken begegneten sich zunehmend mit Misstrauen. Politisch motivierte Gewalttaten häuften sich. Kirchen fielen Brandanschlägen zum Opfer. Im Duktus der türkischen Nationalisten waren die Griechen »innere Feinde« oder »Tumore« – besonders unter den Jungtürken finden sich viele Ärzte. Türken boykottierten die Geschäfte der Christen.

Griechische und armenische Unternehmer, Kaufleute und Bauern wurden in den Ruin getrieben. Juden wanderten verstärkt nach Palästina aus.

***

Die Küste Kleinasiens zählte bereits in der frühen Antike zum griechischen Kulturraum. Ihre blühenden Städte wie Halikarnassos, Ephesos oder Milet, die »Perle Ioniens«, wurden von griechischen und römischen Chronisten gerühmt. Herodot behauptete im 5. Jahrhundert vor Christus, die Ionier hätten ihre Siedlungen in einer Gegend mit dem »angenehmsten Klima der ganzen uns bekannten Erde« gegründet.

Die Hafen- und Handelsstadt Smyrna, das heutige Izmir, war bis zum Ersten Weltkrieg legendär für ihre kulturelle Vielfalt. Griechen stellten knapp die Hälfte der Bevölkerung, außerdem lebten dort Armenier, sephardische Juden, Türken, aber auch viele Europäer. Darunter waren neben Italienern, Franzosen, Engländern, Amerikanern und Deutschen auch »Franken«, Nachfahren der Kreuzritter, die einen italienisch gefärbten griechischen Dialekt sprachen. Im Hinterland lockten die Ruinen von Ephesos damals schon Archäologen und Touristen an. Smyrna hatte im Westen das Image einer lebensfrohen, bunten Stadt mit einem unvergleichlichen Flair. Mehr noch als Konstantinopel galt es als Tor zum Orient.

Homer soll in Smyrna geboren sein; der griechische Literaturnobelpreisträger Giorgos Seferis stammte von hier. Auch der für seinen Reichtum berühmt gewordene Reeder Aristoteles Onassis, der später Jacqueline Kennedy heiratete, verbrachte seine Kindheit in der Stadt. Der deutsche Ausgräber Carl Humann, der den Pergamon-Altar nach Berlin verschifft hat, lebte in Smyrna, sein Sohn Hans wurde hier geboren. Dieser erlangte später einen zweifelhaften Ruhm als derjenige deutsche Offizier, der den Völkermord an den Armeniern als »hart, aber nützlich« bezeichnete.

Um die muslimischen Flüchtlinge aus dem Balkan zu verteilen, gründete die Osmanische Regierung Anfang 1914 das »Direktorium zur Ansiedlung von Stämmen und Einwanderern«. Hunderttausende Zuzügler mussten eine neue Heimat im Osmanischen Reich finden. Der jungtürkische Großwesir Said Halim formulierte im Sommer 1914 wohl als erster, was viele seiner Parteigenossen als Lösung für das Problem ansahen: »Sürgün«, die alte osmanische Umsiedlungspolitik. Der Regierungschef forderte die »gänzliche Entfernung der griechischen Bevölkerung von der kleinasiatischen Küste«.

Bei dieser Forderung dürften nicht nur praktische, sondern auch persönliche Motive eine Rolle gespielt haben: Viele Mitglieder der jungtürkischen Bewegung hatten in den Balkankriegen ihre Heimat verloren. Der Umstand, dass Saloniki und Teile Makedoniens nun zum Königreich Griechenland gehörten, war sicherlich dazu geeignet, Hass auf die griechische Minderheit im Osmanischen Reich zu entfachen. Cemal Pascha jedenfalls, der langjährige Weggefährte Envers und Talâts, machte aus seiner Abneigung den Griechen gegenüber keinen Hehl: »Die Griechen, verwöhnten Kindern gleich (...), ließen uns keinerlei Zweifel daran, dass eine endgültige Auseinandersetzung für die nächste Zukunft bevorstehe«, schrieb der einstige jungtürkische Marineminister in seinen Erinnerungen, die er nach dem Krieg verfasste. »Es schien somit geboten, alsbald vorbeugende Maßnahmen zu treffen, damit wir gegebenenfalls nicht den Verrätereien der Griechen im Innern des Landes preisgegeben waren.« Die Zeilen künden von der veränderten Einstellung der Jungtürken gegenüber den Griechen. Seit den Balkankriegen wurden sie nicht mehr als Mitbürger betrachtet, sondern als innerstaatliche Gegner.

Die ethnische Säuberung der kleinasiatischen Küste begann mit Hetzkampagnen. In seinem Buch *The Blight of Asia* erzählt der ehemalige US-Konsul General George Horton, der in Smyrna stationiert war, wie im Frühling 1914 die türkische Bevölkerung gegen die Griechen der ägäischen Küste aufgewiegelt wurde. »Gewalttätige und hetzerische Artikel erschienen unerwartet und ohne Anlass in türkischen Zeitungen, offensichtlich durch die Behörden inspiriert«, so Horton. »Billige Lithographien stellten Griechen dar, die türkische Babys zerstückelten oder schwangere muslimische Frauen aufschlitzten. Es waren frei erfundene Vorfälle, die keinesfalls auf tatsächlichen Ereignissen oder Anschuldigungen beruhten. Sie wurden in Moscheen und Schulen aufgehängt. Die Kampagne trug sofort Früchte.«

Es folgten sporadische Überfälle auf griechische Landarbeiter, die aus dem Hinterhalt erschossen wurden. »An jedem Morgen listeten die Tageszeitungen zwischen 12 und 20 Morde auf.« In Smyrna grölten Jugendliche auf der Straße Hetzparolen gegen die Griechen: »Wir bringen sie um, wir schlagen sie in Stücke / Wir werden bis zu den Knien in ihrem Blut baden«, so Horton. Einpeitscher war der jungtürkische Aktivist Doktor Nazim, der die Schüler zu einer Art paramilitärischem Nachwuchs heranzuziehen versuchte.

Begleitet wurde die Hetzkampagne von wohl kalkuliertem Terror, um die griechische Bevölkerung zum Auswandern zu bewegen. Ausgeführt wurde er von den bereits aus den Balkankriegen bekannten Freischärler-Gruppen, den »Başı Bozuk«. Unter Başı Bozuk, wörtlich übersetzt so viel wie »unkontrollierbarer Kopf« (wovon sich im Übrigen auch der Name des griechischen Instruments »Bouzouki« herleitet), verstand man Banden, die vom Sultan mit Waffen ausgerüstet wurden, aber keiner militärischen Vorschrift der osmanischen Armee unterlagen. Sie konnten nach eigenem Ermessen bestrafen und töten. Der Staat stellte ihnen Proviant, zahlte jedoch keinen Sold. So versorgten sich die Freischärler über Raub, Plünderung und Brandschatzung, wozu sie vom Sultan legitimiert waren.

Die entsprechende Anweisung reichte Innenminister Talât nach. »Aus politischen Gründen ist es dringend erforderlich, dass die griechischen Einwohner der kleinasiatischen Küste

Başı Bozuk, Postkartendarstellung, circa 1900

gezwungen werden, ihre Dörfer zu räumen und in die Provinzen Erzurum und Chaldäa umgesiedelt werden«, schrieb er am 14. Mai 1914. »Falls sie sich weigern, in die genannten Orte umzusiedeln, geben Sie bitte mündliche Anweisungen an muslimische Brüder, die Griechen durch jegliche Art von Handlung zu zwingen, sich freiwillig auszubürgern. Vergessen Sie in diesem Fall nicht, von den Migranten Bescheinigungen einzuholen, wonach sie ihre Heime nach eigenem Willen aufgeben.«

Der Historiker Taner Akçam hat in seinem Buch *The Young Turks' Crimes Against Humanity* die Politik der jungtürkischen Regierung im Umgang mit den anatolischen Griechen herausgearbeitet. Demnach bestand bis zum Ausbruch des Ersten Weltkriegs das Hauptziel der osmanischen Behörden darin, die eigene griechische Bevölkerung zum Auswandern ins Nachbarland zu bewegen. In den frei gewordenen Stadtvierteln wurden muslimische Flüchtlinge vor allem aus Serbien und Griechenland angesiedelt. In den Dörfern und Städten wurden die Minderheiten zunächst vom Ortsvorsteher dazu aufgefordert, ihr Hab und Gut einzupacken und zu verschwinden. Reichte das nicht aus, folgten Drangsalierungen und Terror durch die Başı Bozuk.

Die anschließenden Zwangsdeportationen wurden oftmals damit begründet, man wolle illegale Waffenlieferungen an griechische Freischärler unterbinden. In der Tat gab es einen regen Austausch von Waren mit den nahe gelegenen griechischen Inseln, zu denen zunehmend auch Waffen gehörten. Sie waren für die »Andartes« gedacht, irreguläre Gruppen, die Widerstand gegen die Umsiedlungen und den Terror der Başı Bozuk leisteten. Sie setzten sich aus griechischen oder auch armenischen Deserteuren zusammen, die sich in den Bergen versteckten. Wurde eine Waffenlieferung aufgedeckt, kam es zu gewaltsamen Reaktionen türkischer Soldaten und Başı Bozuk gegen die Dörfer, für welche die Lieferungen bestimmt waren. Aber auch ohne konkrete Verdachtsfälle wurden zunehmend griechische Familien, die als »unzuverlässig«, also nicht linientreu galten, quasi vorbeugend vertrieben und ins Landesinnere deportiert.

Anfang Juni 1914 plünderten Başı Bozuk Dörfer nördlich von Smyrna, dem heutigen Izmir. Die griechische Bevölkerung floh ins nahe gelegene Phokäa. Dort lebten zu jener Zeit knapp 8000 Menschen, überwiegend Griechen. Am 12. Juni brachen dort Bewaffnete in griechische Häuser ein und erschossen die Bewohner. Zufällig war ein französisches Archäologenteam anwesend, das den Einwohnern der Stadt zur Seite stand. Dessen Augenzeugenbericht stieß in Frankreich auf großes Interesse, denn die Archäologen gruben hier auch ein Stück französische Vergangenheit aus: Griechische Siedler hatten im 7. Jahrhundert vor Christus von Phokäa aus die Kolonie Massalia gegründet, das spätere Marseille.

Der deutsche Botschafter Hans von Wangenheim und sein amerikanischer Kollege Henry Morgenthau berichteten übereinstimmend, dass in Phokäa etwa 50 Menschen getötet worden seien, darunter die Priester. Nach der Plünderung der Stadt wurden die verbliebenen Einwohner in die Flucht geschlagen, viele entkamen mit Booten zu den nahe gelegenen griechischen Inseln. Der Archäologe Charles Manciet berichtete, wie die Stadt anschließend geplündert wurde: 100 Kamele seien mit dem Hab und Gut der Dorfbewohner beladen worden.

Die Griechen von Ayvalik traf der Deportationsbefehl gleich mehrmals. Zuerst wurde die Stadt 1914 von türkischen Freischärlern überfallen, woraufhin ein Drittel der Einwohner auf die vor der Küste gelegene Insel Lesbos floh, die zu Griechenland gehörte. Dies berichtete Heribert Schwörbel, Übersetzer an der deutschen Botschaft in Konstantinopel, ans Auswärtige Amt. Der Diplomat besuchte Ayvalik 1915 auf einer Dienstreise. Zwei Jahre später, es herrschte bereits Krieg, war es der deutsche Militärgesandte Otto Liman von Sanders selbst, der den Deportationsbefehl erteilte, wegen der Kollaboration mit den feindlichen Westmächten. Nachdem sich der Verdacht gegen eine Gruppe von Griechen in Ayvalik erhärtete, wurde die gesamte griechische Bevölkerung, rund 35 000 Menschen, ins Hinterland nach Konya und weiter nach Zentralanatolien deportiert. Bis 1919 kehrte etwa die Hälfte zurück, mindestens 7000 Menschen waren auf den Todesmärschen ums Leben gekommen. Liman von Sanders soll, nachdem er erkannte, dass bei den Deportationen Menschen starben, seinen Befehl bedauert und wieder zurückgezogen haben.

Vor dem Krieg gab es auch schon organisierte, groß angelegte Vertreibungen in Richtung Griechenland, wie etwa die britische Zeitung *Manchester Guardian* am 29. Juni 1914 berichtete. So wurden rund 10 000 Griechen aus der Hafenstadt Çeşme auf Schiffe in Richtung Lesbos gesetzt. In ihre Häuser zogen Albaner des Gheg-Stammes ein, die wiederum aus serbischem Gebiet vertrieben worden waren.

Andere Deportationen sind von der Halbinsel Gallipoli und von Çanakkale, Urla und Nea Ephesos bekannt. Aber auch die griechische Gemeinde von Konstantinopel war betroffen, außerdem Tekirdağ am Marmarameer. An all diesen Orten wurden Griechen verhaftet, ihre Häuser und ihr Besitz versiegelt oder beschlagnahmt, sie selbst mitsamt ihrer Familien ins Hinterland verbracht. Nach außen hin stellten die Jungtürken und ihr »Komitee für Einheit und Fortschritt«, dessen Mitglieder die Regierung des Osmanischen Reichs stellen, die Überfälle und die Vertreibungen als Ergebnis ethnischer Spannungen vor Ort dar.

So auch Cemal Pascha in seinen Erinnerungen: »Als nach Erduldung aller möglichen Erpressungen und Grausamkeiten Tausende von Muselmanen sich in das Mutterland flüchteten, wo sie nicht einmal eine Hütte als Obdach und ein Fleckchen Erde zum Bebauen fanden, während sie sich tagtäglich den Beschimpfungen von Leuten, die an ihrem Unglück schuld waren, ausgesetzt sahen, ließen sie sich infolge eines sehr natürlichen und menschlichen Rachegefühls zu einigen Ausschreitungen hinreißen«, schreibt Cemal. »Indem sie diese Vorfälle ausnutzten und treu ihrer Art möglichst großen Lärm schlugen, behaupteten die Griechen, sie würden durch die Türken bedroht und begannen demgemäß, sich da und dort ins Gebirge zu flüchten, wobei die verwegensten von ihnen ein paar muselmanische Dörfer in Brand steckten und eine große Anzahl von Emigranten ermordeten. Dieser Sachverhalt trug dazu bei, den Zorn der Muselmanen noch zu verstärken.«

Selbst in der Rückschau wollte Cemal also nicht zugegeben, was längst alle wussten: Hinter den Vertreibungen standen Spezialkommandos, die von Mitgliedern des jungtürkischen »Komitees für Einheit und Fortschritt« angeführt wurden.

An der kleinasiatischen Küste blieb nur Smyrna von Deportationen weitgehend verschont, was wohl im Wesentlichen dem deutschen Marschall Otto Liman von Sanders zu verdanken war. Als Leiter der deutschen Militärmission im Osmanischen Reich hatte er sich bei den türkischen Machthabern für die Armenier und Griechen in der Stadt eingesetzt. Bestätigt wurde dies nach

Cemal Pascha, Marineminister des Osmanischen Reichs und Angehöriger des jungtürkischen »Triumvirats«, circa 1916

dem Krieg von dem griechischen Stadtverordneten Konstantin Makris. Mit seiner Einlassung bei den Briten erreichte er, dass Liman von Sanders aus der Militärhaft entlassen wurde und nach Hause zurückkehren konnte.

Der Terror gegen die Griechen hatte auch Auswirkungen auf die Sozialstruktur der Bevölkerung an der kleinasiatischen Küste. Vor dem Krieg waren laut osmanischer Statistik zwei Drittel des Binnenhandels, 79 Prozent der Industrie- und Handwerksunternehmen und zwei Drittel der akademischen Berufe in den Händen der christlichen Minderheiten, also der Griechen und Armenier. »Die antigriechischen Maßnahmen vom Frühjahr 1914 waren ein erster Schritt, diese Statistik im türkischen Sinne zu korrigieren«, so der Historiker Rolf Hosfeld. Der »Umverteilungsprozess«, der hierdurch in Gang gekommen war, habe eine neue »türkische Bourgeoisie« geschaffen.

Im Weltkrieg

Die Deportation der Griechen vom Schwarzen Meer beginnt

Außenpolitisch war das Osmanische Reich am Vorabend des Ersten Weltkriegs in einer schwierigen Lage. Durch die Balkankriege war es erneut stark geschrumpft. Die Großmächte Frankreich und England lauerten nun darauf, ihren Einfluss im Nahen Osten noch weiter auszudehnen, während Russland bereits auf die Übernahme von Konstantinopel spekulierte. Die Armee des Reichs war in desolatem Zustand. Die Ausrüstung der Soldaten war mangelhaft, es gab kaum Kriegsschiffe. Dennoch schloss die osmanische Regierung am 2. August 1914 ein geheimes Bündnis mit dem Deutschen Reich. Die osmanische Armee sollte den deutschen Erzfeind Russland schwächen, indem sie ihn am Kaukasus und im Schwarzen Meer angriff und seine Kräfte dort band. Bis es aber tatsächlich zu den ersten Kampfhandlungen kam, täuschte die Hohe Pforte gegenüber den Alliierten den Status einer »bewaffneten Neutralität« vor.

Inzwischen war die Macht im Osmanischen Reich fest in der Hand der Jungtürken – zum zweiten Mal. Die erste, gewählte Jungtürken-Regierung war noch vor den Balkankriegen vorzeitig entmachtet worden. Am 23. Januar 1913 hatten sich die Jungtürken in einem Militärputsch unter Führung von General Enver Pascha zurück an die Macht gebracht. Die drei Führungsfiguren, das »Triumvirat«, hießen Enver, Cemal und Talât, sie wurden Kriegsminister, Marineminister und Innenminister. Talât wurde später außerdem Großwesir, Verwalter und eigentlicher Machthaber im Reich.

Noch vor Kriegseintritt rief die osmanische Regierung die nichtmuslimischen Wehrfähigen in Arbeitsbataillone ein, die sogenannten »Amele Taburları«. Nichtmuslime sollten keine Waffen in die Hände bekommen, stattdessen verrichteten sie Schwerstarbeit als Lastenträger und im Straßenbau. Zeitzeugen berichten übereinstimmend von unzumutbaren Zuständen: Es gab zu wenig zu essen, die hygienischen Zustände waren katastrophal, Unterernährung, Ungeziefer und Seuchen an der Tagesordnung. Obwohl Deserteuren die Todesstrafe drohte, zogen viele junge Männer die Flucht dem langsamen Sterben im Arbeitslager vor.

Auf Drängen der Deutschen eröffneten am 29. Oktober 1914 deutsche Kriegsschiffe unter türkischer Flagge das Feuer auf die russischen Häfen Odessa und Sewastopol. Der Sultan hatte sich zu seinem Bündnispartner bekannt. Im Gegenzug überschritten russische Truppen die Kaukasusgrenze und drangen auf das Gebiet des Osmanischen Reichs vor. Dass viele Angehörige der christlichen Minderheiten mit den Russen sympathisierten, war kein Geheimnis. Das Siedlungsgebiet der Armenier reichte bis nach Russland, viele Armenier dienten in der russischen Armee. Sicherlich hofften auch viele Griechen insgeheim auf die christlich-orthodoxe Schutzmacht.

Offiziell trat das Osmanische Reich am 14. November 1914 an der Seite des Deutschen Reichs und der Habsburgermonarchie in den Ersten Weltkrieg ein. Hauptgegner waren das Vereinigte Königreich, Frankreich und Russland. Sie bildeten die sogenannte Triple Entente. Am 18. November begann die russische Schwarzmeerflotte mit der Blockade des Seewegs nach Trabzon, um den Nachschub der osmanischen Armee abzuschneiden. Zahlreiche Minen wurden vor Trabzon, Ünye und Samsun ausgebracht. Um die Jahreswende 1914 auf 1915 erlitt das Osmanische Reich in der Schlacht von Sarıkamış eine vernichtende Niederlage gegen die Truppen des Zaren.

***

Die Griechen an der kleinasiatischen Küste standen schon aufgrund der räumlichen Nähe in engem Kontakt zu ihren Landsleuten in Griechenland – was Vorteile wie Nachteile mit sich brachte. Zum einen gelangten Nachrichten über Deportationen und Hinrichtungen schnell an die europäische Öffentlichkeit. Und zumindest in den ersten Jahren des Weltkriegs wollte die osmanische Armee Griechenland keinen Anlass bieten, auf Seite der Entente in den Krieg einzutreten. Daher wurden die Umsiedlungsmaßnahmen gegen Griechen offiziell ausgesetzt, solange Griechenland seine Neutralität bewahrte. Zum anderen dienten die osmanischen Griechen als Faustpfand. Inoffizielle, gut dosierte Aktionen seitens jungtürkisch geführter Başı Bozuk sollten dem Nachbarn signalisieren, dass jede feindliche Aktion gegen das Osmanische Reich harte Konsequenzen gegen die anatolischen Griechen nach sich ziehen würde.

Politische Beobachter jener Zeit mutmaßten, allein die latente Bedrohung eines griechischen Kriegseintritts habe die Jungtürken davon abgehalten, die Griechen genauso zu behandeln wie die Armenier. Der österreichisch-ungarische Botschafter Johann Pallavicini etwa schrieb 1916, also ein Jahr nach den Deportationen der Armenier, die Jungtürken seien »nur aus Gründen der äußern Politik« davon abgehalten worden, die Griechen gleich den Armeniern ins »Nichts« zu schicken.

Dabei blieb es zunächst. Griechenland wurde von einem König regiert, der als deutschfreundlich galt. Konstantin I. hatte in Preußen seine Ausbildung absolviert und war mit Prinzessin Sophie von Preußen verheiratet, Tochter des deutschen 88-Tage-Kaisers Friedrich III. und Schwester des aktuellen Regenten Wilhelm II.

Je mehr aber über Ausmaß und Details der vorangegangenen Deportationen von anatolischen Griechen bekannt wurde, desto größer wurde die Empörung in Griechenland. Angriffe, Überfälle und Morde an Griechen, die an der kleinasiatischen Küste in der von den Jungtürken aufgeheizten Stimmung auch weiterhin an der Tagesordnung waren, wurden in der griechischen Presse detailreich dargestellt und meinungsstark kommentiert. Die Stimmung in der griechischen Bevölkerung drehte sich allmählich gegen den König – und zu Gunsten seines Widersachers, des republikanisch gesinnten Ministerpräsidenten Eleftherios Venizelos, einem glühenden Anhänger der »Megali Idea«.

Den offenen Machtkampf zwischen Monarch und Ministerpräsident verlor zunächst der König. Zweimal entließ er Venizelos aus dem Amt, bis dieser in Nordgriechenland eine Gegenregierung bildete und Einheiten der griechischen Armee auf Seiten der Entente in den Krieg schickte. Für König Konstantin, dessen Machtbereich sich nur noch auf den Süden Griechenlands beschränkte, blieb am Ende nur der Gang ins Exil. Am 27. Juni 1917 schloss sich Griechenland offiziell den Westmächten an unter der Bedingung, dass es im Fall eines Sieges Ostthrakien erhalten würde, die Agäis-Inseln Imbros und Tenedos sowie Smyrna mitsamt seinem Umland.

Die Griechen an der kleinasiatischen Küste steckten in einem Dilemma: Sollten sie nach Griechenland gehen, obwohl sie darauf hoffen konnten, bald Teil des griechischen Mutterlands zu sein? Oder sollten sie bleiben, ausharren oder nötigenfalls kämpfen? Wer von den jungen Männern würde nicht lieber desertieren und als »Andartis«, als Widerstandskämpfer, die griechische Armee unterstützen, als im türkischen Arbeitsbataillon langsam zu Tode geschunden zu werden?

* * *

An der Kaukasusfront waren die Russen inzwischen auf Trabzon vorgerückt. Im April 1916 ordnete die jungtürkische Regierung die Deportation sämtlicher Griechen aus dem Hinterland der Provinz Trabzon an – also den griechisch geprägten Bergdörfern um Maçka, wo die alten Felsenklöster liegen. Ihre Begründung: Die Griechen würden mit russischen Waffen versorgt, um als innere Feinde gegen die osmanische Armee zu kämpfen. 6000 Einwohner von 16 Dörfern sollten über den Zigana-Pass ins Hinterland nach Gümüşhane geschafft werden. Das Beispiel der Armenier vor Augen, flohen die Griechen in

Der griechische Ministerpräsident Eleftherios Venizelos, 1919

die Wälder und hofften, bei einem eventuellen Vormarsch der russischen Armee gerettet zu werden. So schildert es der griechische Historiker Konstantinos Fotiadis. Alle Wohnhäuser in den Dörfern seien zerstört, das Hab und Gut der Einwohner von der türkischen Armee geplündert worden. Die Verwüstungen wurden bereits eingangs im Bericht des deutschen Journalisten Paul Weitz beschrieben, der die Gegend 1918 nach der Rückeroberung auf Einladung der osmanischen Regierung hatte bereisen dürfen.

Die russische Marine verstärkte unterdessen ihre Angriffe auf den Hafen von Trabzon, bis die osmanische Armee die Stadt räumte. Am 15. April 1916 zog eine Delegation von Griechen mit weißen Fahnen zur Front und informierte die Russen über den Abzug der Soldaten. Diese umzingelten die Stadt, nahmen das Hinterland ein und errichteten in der Bucht von Platana westlich von Trabzon eine Marinebasis. Nun schien es nur noch eine

Frage der Zeit, bis die russische Armee auch das nahe gelegene Ordu eroberte, die Heimatstadt meiner Großmutter.

Am Abend des 9. August 1917 donnerten die Kanonen neun russischer Kriegsschiffe vor der Küste von Ordu. Die Schutzmacht der Griechen meldete sich an. Nach einem Bericht der *New York Times* war das Ziel des russischen Angriffs, ein örtliches Munitionsdepot zu sprengen und ein »Airplane Centre«, also offenbar eine Halle mit Flugzeugen oder ein Flugfeld, zu zerstören. Infolge des Bombardements zogen sich die vor Ort stationierten osmanischen Truppen ins Hinterland zurück, so dass russische Soldaten mit kleineren Booten in Ordu landen konnten. Sie schwärmten in der Stadt aus und »zerbliesen die Gebäude zu Atomen«, wie es im Bericht heißt.

Tausende verzweifelte Männer, Frauen und Kinder strömten zum Ufer und flehten darum, man möge sie mitnehmen. Darunter waren dem Bericht zufolge viele Flüchtlinge aus den umliegenden Dörfern. Nach langen Verhandlungen zwischen den verzweifelten Griechen und den Soldaten hätten die Kommandeure den Landungseinheiten den Befehl erteilt, so viele Menschen wie möglich mitzunehmen. In der Menge am Ufer brach ein Tumult aus. Währenddessen seien etwa 2000 Menschen an Bord der Boote gelangt, hinausgefahren worden und auf die Kriegsschiffe umgestiegen. Die Boote aber, anstatt erneut ans Ufer zurückzukehren, seien an den Davits der Schiffe verstaut worden. Die Schiffe nahmen Fahrt auf und hielten auf das offene Meer zu.

»Vom Ufer hörte man ein wildes Schreien. Mütter hoben verzweifelt ihre Arme in die Luft, während ihre Kinder von Bord der Schiffe durch die Relings lugten«, so die Autorin des Berichts, R. Lavinia Hanton. »Töchter riefen nach ihren Müttern und ihren Vätern, die am Ufer standen.« Der Bericht deckt sich in vielen Details mit den Erzählungen meiner Großmutter, die meine Mutter weitergetragen hatte. Es besteht kein Zweifel: Eine jener Töchter, die auf dem Schiff nach ihren Eltern riefen, war die 15-jährige Alexandra. Meine Großmutter.

Der Artikel wurde erst am 7. April 1918, also acht Monate nach den Ereignissen, veröffentlicht. Er basiert auf den Schilderungen zweier Überlebender aus Ordu, die nach New York geflohen waren. Dort wurden sie für das Greek Relief Committee tätig, eine Hilfsorganisation, die sich für die kleinasiatischen Griechen einsetzte. Auch der inzwischen verstorbene Bostoner Medizinprofessor John Constantine Snow erzählt in seinem Buch *The Greek Pontians of the Black Sea* von dem Angriff und der Evakuierung. Snow war Pontos-Grieche und hieß ursprünglich mit Nachnamen »Hionides«, was ebenfalls »Schnee« bedeutet. Als Zweijähriger habe er eines der russischen Kriegsschiffe bestiegen und sei mit seiner Familie in Batumi gelandet, während meine Großmutter Alexandra – offenbar auf einem anderen Schiff – nach Sochumi gelangte.

Man muss davon ausgehen, dass viele Griechen Ordu bereits vor der Evakuierung durch die russischen Kriegsschiffe verlassen hatten. Wer konnte, ging ins Ausland, nach Konstantinopel oder zu Verwandten auf dem Land. Nur noch 7000 Griechen hätten sich in der Stadt befunden, schreibt Ioakim Saltsis in seiner *Chronika Kotyoron* (»Chronik von Kotyora«). Etwa die Hälfte davon blieb nach der Evakuierung durch die Russen zurück, »ausgeliefert der Rache der Türken«. Einen Tag nach der Evakuierung wurden auf dem Markt erste Gerüchte laut, dass alle verbliebenen Griechen deportiert werden sollten. Diesen Beschluss hätten die örtlichen Behörden gemeinsam mit dem Kommandeur der türkischen Armee, Vehip Pascha, gefasst. »Am vierten Tag wurde der Befehl bekanntgegeben«, so Saltsis. »Am nächsten Tag sandte die griechische Gemeinde ein Telegramm an das Ökumenische Patriarchat in Konstantinopel und bat um eine Intervention beim Innenministerium, um den Befehl zu annullieren. Ein weiteres Telegramm wurde an den Kommandeur Vehip Pascha geschickt, vergebens. Die Frist für den Beginn der Deportation betrug acht Tage.« Die Griechen hätten alles verkauft, was sie besaßen, Kleidung, Möbel, Utensilien. Ganze Läden, Stoffgeschäfte, Lebensmittelgeschäfte und kleine Familienbetriebe mit ihren Geräten und Werkzeugen seien zu »demütigenden Preisen« veräußert worden.

Nach einem Verwaltungsplan wurde die verbliebene griechische Bevölkerung in sieben Gruppen eingeteilt. Alle zwei bis drei Tage marschierte eine Gruppe los. Da die wehrfähigen Männer bei den Arbeitsbataillonen der osmanischen Armee dienten, waren vor allem Alte, Frauen und Kinder auf diesen Märschen unterwegs. Die erste Station ihrer Reise war Mesudiye, ein Ort auf 1300 Metern Höhe. Zwei Routen sind bekannt, auf denen sie dorthin gelangten: Die eine führte über das Bergdorf Gölköy, die andere über die Hochalm Çambaşi. Beide Strecken sind etwa 100 Kilometer lang. Die Nächte verbrachten die Deportierten auf der Straße. »Die Folter dauerte 30 Tage für diese Menschen, die ihre Matratzen und ihre kleinen Kinder tragen mussten. Die meisten von ihnen wurden vor Hunger und Regen krank. Aber sie mussten weitergehen«, schreibt Saltsis.

Von Mesudiye aus nahmen alle Gruppen die Straße über Pasar Tsiflik und Niksar im Tal des Lykosflusses, türkisch Kelkit Çayı. Das Lager für die Deportierten befand sich in Erbaa, noch einmal 100 Kilometer weiter entfernt. Todesfälle seien während des Marsches nicht selten gewesen. Die meisten Opfer aber waren nach der Ankunft in Erbaa zu beklagen. »Durch die Anstrengungen des Laufens war ihre Gesundheit stark geschwächt. Die Übervölkerung in der Stadt, die Unterernährung, der Hunger und die Unmöglichkeit, die Regeln der Hygiene einzuhalten, führten zu Typhus und Ruhr. Vierzig Prozent starben.«

Dies ist aber nur ein kleiner Ausschnitt dessen, was an den Küsten des Osmanischen Reichs geschah. Seit Frühjahr dieses Jahres 1916 wurden bereits Griechen in großem Stil ins Hinterland deportiert, sowohl aus den Küstenstädten am Schwarzen Meer als auch an der Ägäis. Zugleich überfielen Banditen immer häufiger griechische Dörfer. Der Umgang mit den im Osmanischen Reich verbliebenen Griechen nahm Züge an, die in fataler

Weise an den vorangegangenen Armenier-Genozid erinnerten. Auch die Begründung für die Vertreibungen war dieselbe wie bei den Maßnahmen gegen die Armenier 1915: Um zu verhindern, dass sich die christlichen Bewohner mit dem Feind verbündeten, müssten sie die Küste verlassen und ins Hinterland umgesiedelt werden. Deportiert wurden aber nicht nur wehrfähige Männer, sondern, wie bei den Armeniern, auch Frauen, Kinder und Alte. Umgesetzt wurden die Maßnahmen von Beamten, welche die Jungtürken extra zu diesem Zweck entsandt hatten.

Im Juni 1916 traf es die Einwohner des griechischen Dorfes Taderesi in der Provinz Ankara sowie die gesamte griechische Bevölkerung des Küstengebiets im Bezirk Kastamonu, wie der deutsche Vize-Konsul von Samsun, Kuckhoff, bezeugt. Auch die Griechen der Stadt Sinope mussten ihre Häuser verlassen. Erst vier Stunden vor Abmarsch wurden sie über ihre Deportation in Kenntnis gesetzt. Kuckhoff telegraphierte aus diesem Anlass am 16. Juni 1916 nach Berlin und warnte vor einem neuerlichen Völkermord: »Ausweisung und Ausrottung sind türkisch gleiche Begriffe, denn wer nicht umgebracht wird, verfällt meist den Krankheiten oder dem Hungertode.«

Die Griechen wurden entweder in weit entfernte Lager eskortiert oder in Häusern von Armeniern einquartiert, die jetzt leer standen. In den Bergen hatten sich indes Gruppen von Armeniern und Griechen zusammengefunden, die bewaffneten Widerstand leisteten. Der österreichische Generalkonsul in Trabzon, Kwiatkowski, beobachtete in den Jahren 1915 und 1916, dass griechische Partisanenbanden in Samsun in den Dörfern starken Zulauf erhielten. Seit August 1916, konstatierte der Diplomat, hätten die Partisanen dank der Unterstützung durch die Russen »bedrohliche Offensivkraft« entfaltet.

Konstantinos Fotiadis glaubt indes nicht, dass es bei der Deportation der christlichen Bevölkerung in erster Linie darum ging, russische Waffenlieferungen zu unterbinden. Vielmehr habe man die Gebiete systematisch entvölkern wollen. Terror,

Plünderungen und Brandschatzungen seitens der regulären osmanischen Armee wie auch irregulärer Verbände gegen griechische Dörfer seien von den jungtürkischen Machthabern geduldet oder sogar gefördert worden, um die festen Strukturen der griechischen Gemeinden auseinanderzureißen. Damit, so habe man geglaubt, lasse sich die anschließende »Türkisierung« der Region erleichtern. Fotiadis ist überzeugt davon, dass der Beschluss, nach den Armeniern auch die Schwarzmeer-Griechen zu deportieren, gemeinsam mit deutschen Militärberatern in Konstantinopel getroffen worden ist – eine Einschätzung, die viele Historiker nicht teilen.

Dass es sich bei den Vertreibungen und Ermordungen von Armeniern und später Griechen um gezielte ethnische Säuberungen handelte, bestätigen hingegen zeitgenössische Beobachter. »Dem Jungtürken schwebt das europäische Ideal eines einheitlichen Nationalstaates vor«, schreibt etwa Martin Niepage, Realschullehrer in Aleppo, in einem dramatischen Hilferuf angesichts der Gräuel gegen Armenier im Oktober 1915 an den Deutschen Reichstag. »Die nicht-türkischen mohammedanischen Rassen wie Kurden, Perser, Araber usw. hofft er auf dem Verwaltungswege und durch türkischen Schulunterricht unter Berufung auf das gemeinsame mohammedanische Interesse turkifizieren zu können. Die christlichen Nationen – Armenier, Syrer, Griechen – fürchtet er wegen ihrer kulturellen und wirtschaftlichen Überlegenheit und sieht in ihrer Religion ein Hindernis, sie auf friedlichem Wege turkifizieren zu können. Sie müssen daher ausgerottet oder zwangsislamisiert werden.«

Die Deportationen von Pontos-Griechen gingen weiter. Der österreichisch-ungarische Botschafter zu Konstantinopel, Johann Pallavicini, schilderte, wie über den gesamten Dezember 1916 hinweg in der Umgebung von Samsun griechische Dörfer geplündert und anschließend verbrannt wurden. Dann kam die Großstadt selbst an die Reihe. Am 27. Dezember 1916 wurde sie von der türkischen Armee umzingelt. Die Griechen brachte man in die Innenstadt, sperrte sie in Kasernen ein und deportierte sie dann in Gruppen über die Berge in das Hinterland – mitten im Wintermonat Januar. Auf dem Marsch mussten viele der Deportierten im Freien schlafen, sie erfroren, starben an Hunger oder Krankheit. Die Zahl der Deportierten wird auf 20 000 geschätzt.

Am 20. Januar 1917 berichtete Pallavicini nach Wien: »Die Situation der Deportierten ist verzweifelt. Der Tod erwartet sie alle. Ich habe versucht, die Aufmerksamkeit des Großwesirs auf die Ereignisse zu lenken und zu betonen, wie traurig es wäre, wenn die Verfolgung des griechischen Elements die Form und die Dimensionen der armenischen Verfolgung annehmen würde.«

Ein weiteres schreckliches Beispiel bietet das Schicksal der Griechen aus Giresun und Tripolis, die in das verlassene Armenier-Dorf Birk deportiert wurden. Dort war das Grundwasser verseucht, mutmaßlich durch Leichengift. Von 13 000 Menschen überlebten 800, die anderen starben an der Ruhr, an Typhus und an der Pest. Griechische und armenische Historiker haben für diese Form der Deportationen den Begriff »white slaughter« geprägt, weiße Massaker. Statt die Opfer in einem blutigen, »roten Massaker« direkt zu töten, werden sie bei schlechten Witterungsbedingungen auf die Wanderung geschickt. Das Übrige erledigen die Umstände: Hunger, Kälte, Durst, Krankheiten und Räuberbanden. Über viele dieser Vertreibungsaktionen gibt der von Tessa Hofmann herausgegebene Band *Verfolgung, Vertreibung und Vernichtung der Christen im Osmanischen Reich 1912–1923* Auskunft.

***

Die russischen Kriegsschiffe hätten die Kinder von Ordu zu keinem späteren Zeitpunkt evakuieren dürfen. Die Chance für eine pontische Griechin, das Ende des Kriegs gesund zu erleben, sank nach jenem Zeitpunkt dramatisch. Dennoch hat meine Familie überlebt. Sie konnte offenbar in Ordu bleiben. Wo die anderen Kinder sich in dieser Zeit aufhielten, ist nicht bekannt. Hier offenbaren sich schmerzliche Lücken im Familiengedächtnis, die nicht mehr gefüllt werden können.

Meine Großmutter Alexandra, das 15-jährige Mädchen, hatte im georgischen Sochumi Schutz gefunden, das damals Teil des Zarenreichs war. Auch dort, im Norden des Schwarzen Meeres, hatten die Griechen in der Antike Kolonien gegründet. Sochumi – in der Antike Dioskurias und später Sebastopolis – war immer noch stark durch Griechen geprägt. Alexandra kam bei einer griechischen Familie unter, die sie als Hausmädchen einstellte.

Nach knapp einem Jahr ging sie nach Batumi. Warum? Vielleicht, weil in Sochumi infolge der Russischen Revolution Unruhen ausgebrochen waren. An der Grenze gab es Spannungen zwischen Bolschewiki, Abchasen und der Unabhängigkeitsbewegung Georgiens. Vielleicht musste ihre Gastfamilie fliehen. Vielleicht glaubte sie, dass sie in Batumi, das seit 1918 von Großbritannien besetzt war, sicherer wäre. Das stimmte wohl auch, jedenfalls bis 1921, als die Sowjets Georgien überfielen. Bis dahin herrschte auf diesem Fleckchen Erde zumindest eine kurze Weile lang so etwas wie Frieden.

Der Name der Stadt Batumi wird in der Überlieferung meiner Familie mit mehr Sympathie ausgesprochen als Sochumi. Das mag daran gelegen haben, dass Batumi reich war, ein Umschlagplatz für Erdöl, und die Griechen hier besonders wohlhabend waren. Batumi war ebenfalls eine griechische Kolonie gewesen. Der Name der Stadt stammt aus dem Griechischen, von »batis« für »tief«, was mit dem tiefen Wasser im Hafen zu tun haben soll. Und Batumi war dem Zuhause ein wenig näher, nicht nur räumlich, auch kulturell.

Alexandra wurde wieder als Hausmädchen an eine griechische Familie vermittelt. Erst viel später, vielleicht über einen Briefkontakt mit der Familie, stellte sich heraus, dass es sich sogar um entfernte Verwandte gehandelt haben muss. Obwohl man sich persönlich nie kennengelernt hatte, konnte in meiner Familie nicht oft genug betont werden, wie leid es den Griechen in Batumi im Nachhinein getan haben müsse, eine Verwandte wie ein Hausmädchen behandelt zu haben.

Alexandra, stelle ich mir vor, ergab sich in ihr Schicksal und wartete ab, was die Zukunft bringen würde. Wenn sie abends am Meer saß und sinnierte, konnte sie sich einbilden, dort hinten am Horizont den Berg zu sehen, der hinter ihrem Viertel emporragte. Schloss sie ihre Augen, hörte sie das Rauschen der Bäche von Ordu und sah die üppigen, grünen Auen, ihre Eltern, ihr Haus, ihre Freundinnen, die Psomiadis-Schule, die Kirche der Hypapante und erinnerte sich an den feinen Sand, den sie unter ihren Füßen spürte, wenn sie jeden Morgen zum Schwimmen an den Strand hinunterstieg. Vielleicht fragte sie sich, ob ihre Pantoffeln noch vor ihrer Tür standen.

* * *

Der österreichische Generalkonsul Ernst von Kwiatkowski beobachtete im Sommer 1917 – nach dem Zusammenbruch der Zarenherrschaft in Russland und einer Umbildung der jungtürkischen Regierung – »eine mildere Stimmung« gegenüber den Pontos-Griechen. So wurde auch der Beamte, der die Deportationen organisierte, abberufen. Doch als griechische Freischärler im Oktober 1917 ein türkisches Dorf überfielen, ging es erneut los: Der Metropolit von Samsun, der nach dem osmanischen Millet-System die Verantwortung für die griechische Bevölkerung trug, wurde umgehend nach Konstantinopel abberufen. Zugleich wurde die rücksichtslose Räumung aller griechischen Dörfer rund um den überfallenen türkischen Ort angeordnet, die noch im März 1918 andauerte. Hoffnung und Verzweiflung wechselten sich bei den Pontos-Griechen ab.

Auf 70 000 Menschen schätzte Generalkonsul Kwiatkowski die Zahl der bis 1918 am östlichen Schwarzen Meer ausgewiesenen oder umgesiedelten Menschen. Mehr als die Hälfte davon seien dabei umgekommen, »da die Maßregel in der ungünstigsten Jahreszeit«, also im Winter 1917/18, »zur Durchführung gelangte.«

Im September 1918 rechtfertigte der deutsche Konsul in Trabzon Heinrich Bergfeld die Deportationen ganzer griechischer Familien und stellte dabei den direkten Bezug zu den Armeniern her: »Bei der Haltung und der Gesinnung der Armenier zu Beginn des Krieges war ihre Aussiedelung und zwar nicht nur diejenige der Männer, sondern der ganzen Familien, eine militärische Maßnahme von zwingender Notwendigkeit«, so Bergfeld. »Denn die griechische Bewegung an den Küsten des Schwarzen Meeres hat bewiesen, dass die Tätigkeit der Banden nicht auszurotten ist, so lange diese bei ihren in der Gegend ihres Auftretens wohnenden Konnationalen Unterstützung, Unterkunft und Nahrung finden.«

Im russisch besetzten Trabzon tobte derweil der Hass zwischen den ethnischen Gruppen. Vor allem die Armenier, von denen viele in der russischen Armee dienten, trieb die Rache für den Völkermord an. Sie vertrieben muslimische Einwohner und plünderten ihre Häuser. Die Berichte des russischen Kommandanten Sergej Rudolfowitsch Minzlow stellen die Situation in der Stadt während dieser Jahre als sehr schwierig dar. Die Einwohner litten unter der Situation des Eingeschlossenseins – die Stellungen der osmanischen Armee waren nur 15 Kilometer entfernt. Die Ernte konnte nicht eingefahren werden, Minzlow berichtet von Hunger, Viehseuchen, Malaria, Typhus und Cholera. Lethargie erfasste die verbliebenen Einwohner der Stadt, die meisten davon Griechen. Muslime lebten in ständiger Angst.

Am 25. Februar 1918 fiel Trabzon wieder an das Osmanische Reich. Mit den armenischen Truppen flohen auch viele Griechen aus der Stadt. Kurz darauf besuchte Paul Weitz die Stadt auf seiner erwähnten Reise. »Es herrschte, obschon kaum vier Wochen seit der Wiederbesetzung durch die Türken verstrichen waren, reges Leben im Bazar«, so beginnt sein Bericht. »Mehrere tausend ottomanische Griechen waren zurückgekehrt. In den Geschäften herrschte ein lebhafter Handel mit Seife, Thee, Zucker, Petroleum, hauptsächlich Artikel, welche die Russen zurückge-

Erzbischof Chrysanthos, circa 1920

lassen hatten.« Und weiter: »Armenier waren nicht mehr vorhanden. Das armenische Viertel stand als einziges fast vollkommen verwüstet da. Ein kleiner Bruchteil Armenier konnte sich noch kurz vor dem Eintritt der Türkei in den Weltkrieg in die Batumer Gegend hinüberretten. Ein anderer grösserer Bruchteil wurde in das Innere verschleppt und fand da den Tod zumeist infolge von Entbehrungen, der Rest wurde in Trapezunt niedergemetzelt, als die Nachrichten vom Verrat der Armenier im Van-Gebiete eintrafen.« Nur eine in Trabzon verbliebene Armenierin, Tochter eines Arztes, sei dem Tod entgangen, weil sie im letzten Moment von einem Schweizer Bürger namens Fleury, Besitzer eines Hotels in Trabzon, geheiratet worden sei.

Weitz lernte bei seinem Aufenthalt auch den griechischen Erzbischof Chrysanthos kennen, von dem er sehr angetan war – ein Mann von »hoher Bildung und dem allergrößten Takte«. Chrysanthos hatte in Deutschland studiert und sprach sehr gut

Deutsch. »Seine ehrliche Sympathie für Deutschland wurde mir von den verschiedensten Seiten bestätigt. Von den Türken wird er als Freund der Türken reklamiert. Jedenfalls verstand er, ihr Vertrauen zu gewinnen und vermochte dadurch die grosse blühende Diözese von Trapezunt, welche auf alter historischer Vergangenheit beruht, vor dem gänzlichen Untergang zu retten. Ich habe seinen Namen in allen Lagern, von allen Nationalitäten und Konfessionen mit aufrichtigem Respekt nennen gehört.«

Diesen Respekt verdankte Chrysantos, der bürgerlich Charilaos Filipidis hieß, seinem Auftreten in der Zeit der russischen Besatzung. Er hatte sich für orthodoxe Griechen und Muslime gleichermaßen eingesetzt. So schritt er ein, wenn russische Kommandanten, die armenischer Herkunft waren, Rache an den Türken nahmen. Als nach der Oktoberrevolution 1917 die russischen Truppen abzogen, rückten armenische Freiwilligenregimenter in Trabzon ein. Sie hätten dort, so Weitz, »fast täglich Muslime massakriert«. Dem griechischen Erzbischof aber sei es gelungen, »durch geschickte Verhandlungen den Blutdurst der Armenier zu besänftigen«.

Schmach, Verzweiflung, Hoffnung

Das Ende des Kriegs ist erst der Anfang

Am 30. Oktober 1918 unterzeichneten der osmanische Marineminister Rauf Orbay und der britische Admiral Somerset Gough-Calthorpe an Bord der HMS Agamemnon das Abkommen über den Waffenstillstand von Mudros. In den nächsten zwei Jahren sollte es die politischen Rahmenbedingungen im Osmanischen Reich diktieren. Am 11. November 1918 unterschrieb auch Deutschland einen Waffenstillstandsvertrag. Der Große Krieg war zu Ende. 17 Millionen Menschenleben hatte er gekostet, 40 Staaten waren am Waffengang beteiligt.

Die Kapitulation des Osmanischen Reichs besiegelte das Ende der Jungtürken. Die Regierung von Talât und Enver wurde gestürzt, am 11. November übernahm erneut diejenige liberale Regierung die Macht, die 1913 von den Jungtürken abgesetzt worden war. Sie schob die Verantwortung für die Niederlage des Osmanischen Reichs auf die »drei Paschas« Enver, Mehmet Talât und Cemal. Die Briten drängten darauf, den Führern der jungtürkischen Bewegung wegen des Genozids an den Armeniern den Prozess zu machen – vor einem osmanischen Kriegsgericht und nach osmanischem Recht. Doch die meisten Verantwortlichen waren längst geflohen. Die »drei Paschas« hatten sich in der Nacht vom 2. auf den 3. November 1918 an Bord eines deutschen U-Bootes nach Odessa abgesetzt. Mehmet Talât reiste von dort aus weiter nach Berlin, wo sich viele ehemalige Komitee-Angehörige wiedertrafen, darunter Doktor Nazim, Bahattin Şakir und Cemal Azmi, der »Schlächter von Trapezunt«, wie ihn Armenier und Griechen nennen.

Aus dem Exil versuchten sie, weiter politischen Einfluss zu nehmen. So schrieb Talât, der ehemalige Innenminister, Briefe an Mustafa Kemal. Bis zum 15. März 1921. An diesem Tag, gegen elf Uhr morgens, tritt auf der Hardenbergstraße in Berlin-Charlottenburg ein junger Mann auf ihn zu, zieht eine Waffe und erschießt ihn. Passanten gehen auf den Mann los, kurze Zeit später wird er verhaftet. In einem aufsehenerregenden Prozess spricht das Berliner Landgericht den angeblichen armenischen Studenten Soghomon Tehlirian frei. Die Geschworenen sind derart bewegt von der traurigen Familiengeschichte des Angeklagten und der Monstrosität des Genozids, dass sie Tehlirian »Unzurechnungsfähigkeit« zubilligen.

Erst später kommt heraus, dass Tehlirian weder Student noch ein spontaner Einzeltäter war. Bevor er nach Berlin reiste, hatte er in Istanbul bereits einen Armenier erschossen, einen Kollaborateur, der die Liste mit den armenischen Intellektuellen erstellt hatte, die am 24. April 1915 verhaftet und ermordet wurden. Tehlirian war Mitglied der »Operation Nemesis«, einer armenischen Geheimorganisation, die sich zum Ziel gesetzt hatte, die Verantwortlichen am Völkermord aufzuspüren und zu richten.

Cemal Azmi betrieb zu dieser Zeit in der Charlottenburger Uhlandstraße einen Tabakladen, der als Treffpunkt der jungtürkischen Exilanten diente. Ihn ereilte ebenfalls die Rache der »Nemesis«. Zwei Attentäter erschossen ihn und seinen Spießgesellen Bahattin Şakir am 17. April 1922 nahe dem Kurfürstendamm. Azmi und Şakir wurden auf dem muslimischen Friedhof in Berlin beigesetzt, ihre Gräber liegen heute im Hof der Sehitlik-Moschee am Tempelhofer Feld. »Ermordet von armenischen Terroristen«, steht in goldener Schrift auf den brandneuen Grabsteinen aus Marmor. Azmis letzte Ruhestätte wird von der türkischen Gemeinde in Ehren gehalten. In seiner Heimat ist er eine geachtete Persönlichkeit. In Trabzon ist sogar eine Grundschule nach ihm benannt.

1922 ermordeten armenische Attentäter schließlich Cemal Pascha und seinen Sekretär Nusrat Bey in Tiflis. İsmail Enver Pascha entging den Rächern jedoch. Er schloss sich Aufständischen in Tadschikistan an, wo er 1922 in einem Gefecht mit Truppen der Roten Armee fiel. Keiner der »drei Paschas« erlebte die Neugründung der Türkei.

***

Im Osmanischen Reich hatte mit der Kapitulation eine graue Zwischenzeit begonnen, ein stetes Hoffen und Bangen für Türken wie Griechen. Vieles schien möglich. Das jungtürkische Komitee für Einheit und Fortschritt war aufgelöst, und auch der Sultan hatte keine wirkliche Macht mehr. Die Hauptstadt Konstantinopel war von den Siegermächten besetzt, außerdem alle strategisch wichtigen Orte rund um das Marmarameer. Die Alliierten kontrollierten den gesamten militärischen Bereich, die Häfen, Eisenbahnverbindungen, den Funkverkehr und die gesamte Flotte an der anatolischen Küstenlinie. Einen funktionierenden Sicherheitsapparat gab es nicht. Regionalverwaltungen übten die Macht aus. In ländlichen Regionen übernahmen vielerorts irreguläre Banden das Regiment, die ihren Lebensunterhalt mit Überfällen auf Dörfer bestritten.

Der 15. Mai 1919 muss den griechischen Bewohnern Smyrnas wie ein Wunder erschienen sein: Drei Regimenter der griechischen Armee mit ihren blau-weißen Standarten marschierten in die Hafenstadt ein. Tausende Griechen standen am Straßenrand und jubelten. Als die Soldaten in Richtung des im türkischen Viertel gelegenen Regierungshauses gingen, wurden sie beschossen. Sie reagierten übertrieben, wie der US-Konsul George Horton fand. »Die Griechen nahmen eine Anzahl von Gefangenen mit, die sie in Sichtweite der Alliierten und der amerikanischen Kriegsschiffe den Kai hinunter führten. Die Gefangenen hielten ihre Hände in die Höhe.« Mehrere dieser Türken wurden von den griechischen Soldaten mit Bajonetten erstochen – »eine mörderische, verächtliche und idiotische Handlung«.

Die Griechen annektierten Smyrna nicht aus eigenem Antrieb. Sie waren nach dem Waffenstillstand von Mudros, noch während der Verhandlungen um einen Friedensvertrag, dazu aufgefordert worden. Die Entente hatte sich zerstritten: Amerikaner, Briten und Franzosen fürchteten, die auf der Dodekanes-Inselgruppe postierten Italiener könnten nach Kleinasien übersetzen und dort eine Besatzungszone errichten – was sie im April 1919 auch taten. Frankreich und England, die Syrien und den Irak unter sich aufgeteilt hatten, verfügten kaum noch über einsatzbereite Regimenter, um dies zu verhindern. Also mussten die Griechen einspringen. Der Historiker und Journalist Karl-Heinz Janßen kolportierte in einem Artikel in der Zeit ein Gespräch vom 6. Mai 1919, in dem der britische Premier David Lloyd George den griechischen Ministerpräsidenten Venizelos um Truppen gebeten haben soll. »Gewiss doch«, habe Venizelos geantwortet. »Aber wozu?« Lloyd George: »Präsident Wilson, Monsieur Clemenceau und ich haben uns heute entschlossen, daß Sie Smyrna besetzen sollen.«

Mit der Besetzung Smyrnas und seiner Umgebung hatten die Griechen den Status Quo hergestellt, der in den Entwurf zum Friedensvertrag hineindiktiert worden war. Danach sollte die Region fünf Jahre lang von Griechenland kontrolliert werden, anschließend sollte eine Volksabstimmung über die künftige nationale Zugehörigkeit entscheiden. Der Vertrag war noch nicht unterzeichnet, dennoch brach unter den Griechen und Armeniern von Smyrna ein kollektiver Siegestaumel aus. Zwei Drittel der städtischen Bevölkerung waren Nichtmuslime, Türken waren in der Minderheit. Und nun gehörte Smyrna zu Griechenland!

Die Stadt wurde triumphal in ein Meer von blau-weißen Fahnen getaucht. »Wir meinten, wir seien die glückliche Generation der türkischen Untertanen, die jetzt die Zinsen für 500 Jahre Blut und Unterdrückung kassierte«, lässt die griechische Journalistin und Schriftstellerin Dido Sotiriou den Protagonisten in ihrem Roman *Blutige Erde* sagen, der auf Deutsch unter dem sperrigen Titel »Grüß mir die Erde, die uns beide geboren hat« erschienen ist.

Sotiriou, die selbst aus dem kleinasiatischen Aydin stammte und im Kindesalter nach Griechenland übersiedeln musste, beschreibt in ihrem Buch plastisch das Wechselbad jener Zeit, das von himmelhochjauchzender Hoffnung bis zu tiefer Verzweiflung reichte. Die Grundlage der Geschichte bildete ein Heft mit Erinnerungen, das ihr der Gewerkschafter Manolis Axiotis in die Hand gedrückt hatte. Der Sohn eines Bauern wuchs nahe dem antiken Ephesos auf. Er erlebte die Zeit der Balkankriege und der Mobilmachung mit, wurde in ein Arbeitsbataillon einberufen, desertierte und geriet in türkische Gefangenschaft. Das Ende des Kriegs erlebte er in Smyrna.

***

Die Verhandlungen um einen Friedensvertrag in den Vororten von Paris zogen sich endlos dahin. An der Konferenz nahmen 32 Staaten teil, wobei die vier Siegermächte Großbritannien, Frankreich, Italien und die später in den Krieg eingetretenen USA die maßgeblichen Verhandlungsführer waren. Während bereits am 28. Juni 1919 der Versailler Vertrag zwischen der Entente und dem Deutschen Reich unterzeichnet wurde, sollte es zwei Jahre dauern, bis ein erster Friedensvertrag mit dem Osmanischen Reich ausgehandelt war.

Am 10. August 1920 wurde der Vertrag von Sèvres unterschrieben, als letzter der Pariser Vorortverträge. Die Türken waren entsetzt. Große Gebiete des Osmanischen Reichs, in denen orthodoxe Christen die Bevölkerungsmehrheit bildeten, wurden unter griechische Verwaltung gestellt. Griechenland erhielt ganz Ostthrakien, rückte also mit seiner Grenze beinahe an die Vororte von Konstantinopel heran; außerdem die Zone von Smyrna. Der Vertrag von Sèvres schuf ein autonomes Kurdistan und ein unabhängiges Armenien, das große Teilen Anatoliens umfasste – unter anderem auch Trabzon. Die arabischen Provinzen gingen, wie schon vier Jahre früher im geheimen Sykes-Picot-Abkommen beschlossen, an Frankreich und Großbritannien.

Der Vertrag war ein klarer Affront gegen die türkischen Muslime, ein »Versuch der Siegermächte, die Orientalische Frage auf Grundlage der macht- und kolonialpolitischen Eigeninteressen des 19. Jahrhunderts zu lösen«, so der Völkerrechtler Roland Banken. Ziel des Vertrages sei nicht etwa ein Ausgleich gewesen, sondern die Durchsetzung der Interessen der Siegermächte – Englands, Griechenlands, Frankreichs, Russlands. Das Osmanische Reich wurde dem »Diktatfrieden« gemäß zerstückelt und aufgeteilt. Doch der Vertrag von Sèvres sollte nie in die Realität umgesetzt werden. Der Retter der Türkei stand schon bereit.

***

Einen Tag nach dem Einmarsch der Griechen in Smyrna, bestieg Mustafa Kemal Pascha in Konstantinopel das Dampfschiff Bandirma. Nach dreitägiger Reise erreichte er am 19. Mai 1919 die Schwarzmeerstadt Samsun, begleitet von etwa 50 Armeeangehörigen. Der General trug ein Schreiben des Sultans mit sich, das ihm den Oberbefehl über die osmanische Armee in Anatolien übertrug. Der Sultan hatte keinen Grund, seinem Bevollmächtigten zu misstrauen. Seit seiner Zeit als Befehlshaber in der Abwehrschlacht um die Halbinsel Gallipoli galt Kemal als Kriegsheld. An der strategisch entscheidenden Zufahrt in die Dardanellen, dem Tor zum Bosporus, hatte er den ersten Großangriff der Westmächte abgewehrt. Die Verluste waren allerdings enorm: Auf osmanischer Seite kamen 56 000 Soldaten ums Leben, die Entente verlor 44 000 Mann. In der Türkei steht die Schlacht noch heute für Patriotismus und Opferbereitschaft. »Ich befehle euch nicht zu kämpfen, sondern zu sterben«, soll Mustafa Kemal seinen Leuten mit auf den Weg gegeben haben.

Laut Befehl des Sultans sollte Mustafa Kemal in Anatolien die Autorität des Sultans durchsetzen und die innere Sicherheit wiederherstellen. Dazu gehörte die Entwaffnung der Cetler, der türkischen und griechischen Freischärler-Banden, die sich im Hinterland von Samsun Gefechte lieferten und die Zivilbevölkerung terrorisierten. Dass die Hohe Pforte zur Befriedung ausgerechnet Mustafa Kemal auserkoren hatte, sollte sich als »krasser Fehler« erweisen, schreibt der Atatürk-Biograf M. Şükrü Hanioğlu.

***

Seit der Kapitulation der Osmanen verspürten vor allem die Griechen Rückenwind. Viele kehrten nach dem Krieg aus dem Exil oder aus den anatolischen Lagern, in die sie deportiert worden waren, in ihre Städte und Dörfer zurück und sonnten sich in der Gewissheit, zu den Siegernationen zu gehören. Dazu kam die unverhohlene Sympathie aus dem Ausland für die griechische Sache. Auch am Schwarzen Meer trugen die Griechen ein neues Selbstbewusstsein zur Schau. In ihren Vierteln wehten griechische Flaggen oder die Fahne des Pontos. Während die einen einen unabhängigen Kleinstaat forderten, sprachen sich andere für den Anschluss an ein unabhängiges Armenien aus. Viele Griechen hofften, sich endlich vom Joch der Osmanen befreien und die Türken dorthin zurückdrängen zu können, woher sie einst gekommen waren: ins Innere Anatoliens.

Am selben Tag, an dem Mustafa Kemal in Samsun landete, rief ein Komitee von Pontos-Griechen in Trabzon die unabhängige »Pontische Republik« aus. Die Bewegung war klein und, wie sich später zeigen würde, ohne internationalen Rückhalt. Dennoch sollte sie nationalistischen Türken einen Anlass für neue Gewalt liefern.

Anfang 1918 hatte in Marseille der erste »Pontische Kongress« stattgefunden, der die Unabhängigkeit der Region vorbereiten sollte. Organisator war der aus Giresun/Kerasunt stammende Pontos-Grieche Konstantin Konstantinides, der in Frankreich mit dem Im- und Export von Haselnüssen und anderen Trockenfrüchten ein Vermögen gemacht hatte. Konstantinides hatte Werbematerial mit den Umrissen der neu zu gründenden Republik drucken lassen, die er mit Unabhängigkeitsparolen in griechischer und französischer Sprache versah und an Griechen in aller Welt versandte mit der Aufforderung, die Unabhängigkeitsbewegung zu unterstützen. Er lud einflussreiche Pontos-Griechen nach Marseille ein, um der Idee der unabhängigen »Republik Pontos« Gestalt zu geben. Mit dabei war Erzbischof Chrysantos aus Trabzon.

Im Januar 1919 präsentierte eine Delegation pontischer Griechen auf der Pariser Friedenskonferenz detaillierte Pläne für eine unabhängige Republik an der östlichen Schwarzmeerküste. Als Hauptstadt war Trabzon vorgesehen. Das Staatsterritorium sollte im Süden durch das pontische Gebirge eine natürliche Grenze haben und im Westen bis nach Samsun reichen. Damit hätte die Republik etwa die Ausmaße des byzantinischen Komnenen-Reichs gehabt, des Kaiserreichs von Trapezunt.

Stephen Bonsal, Korrespondent der *New York Times,* arbeitete während der Konferenz als privater Übersetzer des US-Präsidenten Woodrow Wilson und verfügte über ein eigenes Büro in Versailles. In seinen Erinnerungen erzählt er von seiner Begegnung mit einer pontos-griechischen Delegation. Die Passage ist es wert, ausführlicher wiedergegeben zu werden, nicht allein deshalb, weil sie unterhaltsam zu lesen ist, sondern weil sie beispielhaft die damals vorherrschenden Klischees und die Hybris gegenüber den Volksgruppen im Orient aufzeigt.

»Drei sehr seltsame Männer sind gestern früh in mein Büro gekommen«, schreibt Bonsal. »Ihre dunklen, mysteriösen Gesichter und ihr verstohlener Schritt erregten den Verdacht unserer Wächter, aber sie zeigten ein Schreiben von Venizelos vor [dem damaligen griechischen Ministerpräsidenten, d. A.], das ihre Mission authentifizierte. Aber bei näherer Betrachtung des Briefes schien er in zurückhaltenderen Worten abgefasst als üblich.« Zwar sei, habe Eleftherios Venizelos in dem Schreiben mitgeteilt, noch nicht entschieden, ob die Belange dieser Gruppe im Friedensvertrag von Sèvres berücksichtigt würden, aber zumindest werde er ihre Bitte um materielle Hilfe unterstützen: »Diese

Werbepostkarte von Konstantin Konstantinides mit den Umrissen der »Pontischen Republik«, 1917

Verwandten brauchen dringend Lebensmittelhilfen, und ich schreibe in dem Wissen, dass ihre unglückliche Lage Sympathie in Amerika erregen wird, woher allein Hilfe kommen kann.«

Bonsal brachte die Delegierten anschließend zu Herbert Hoover, dem einflussreichen Vorstand der American Relief Administration, die Lebensmittelhilfen für Kriegsopfer bereitstellte. »Er empfing uns mit seinem grimmigsten Blick.« Die Delegierten erklärten auf Italienisch, der zivile Schiffsverkehr auf dem Schwarzen Meer sei durch den Krieg zum Erliegen gekommen, daher könnten keine Nahrungsmittel aus Südrussland nach Trabzon gelangen. Der Landweg sei indes durch die irregulären Banden bedroht, so dass die Bauern nicht wagten, ihre Produkte in die Stadt zu bringen. »Mit einem verächtlichen Lächeln hörte Hoover zu, und dann, gerade, als ich glaubte, er würde uns alle durch das offene Fenster neben seinem Schreibtisch hinauswerfen, sagte er: ›Sag ihnen, ich werde ihnen Lebensmittel geben. Sie müssen morgen um Neun hier sein – und wir werden die Details besprechen.‹«

Dieser Termin habe Bonsal bei den pontischen Delegierten den Beinamen »Stephen, girlandengekrönter Sohn des Hermes« eingebracht, kommentiert er süffisant. Und Hoover, den späteren US-Präsidenten, hätten sie als den »greatest man« seit Alexander dem Großen gepriesen. Sie seien derart erregt gewesen, dass Bonsal sie nicht alleine hinaus auf die Straße habe schicken wollen. Er habe sie dann in ein Boulevard-Café begleitet und »Getränke bestellt, von denen ich hoffte, dass sie sich als beruhigend erweisen würden«. Dort habe man sich weiter unterhalten. Bonsal persifliert den Sprachduktus der Pontos-Griechen. »Wir vertreten die älteste griechische Überseekolonie der Welt«, habe ein Delegierter erzählt. »Sie ist mehrere Jahrhunderte älter als Marseille, das nur einen Abglanz davon darstellt.« Die »wahrhaft attische Atmosphäre unserer edlen Stadt Trapezunt« habe »keine barbarische Horde« je zerstören können. Dabei, so der Delegierte, »sollte diese Stadt wohl besser Xenophonopolis heißen. Denn als Xenophon seine Männer aus dem persischen Feldzug dorthin führte, freuten sie sich über den Anblick des Pontischen Meeres. Hier, sagte Xenophon damals, will ich eine Stadt gründen, ein Zuhause für die Übersee-Griechen, ein Bollwerk des Hellenismus gegen die Barbaren an den dunklen Ufern des Großen Meeres.«

Hier kam der Mann auf einen Verräter in den Reihen von Xenophons Soldaten zu sprechen. Dessen Name könne nicht erwähnt werden, ohne ausspucken zu dürfen. »Woraufhin alle Delegierten gleichzeitig ausspuckten.« Dieser üble Verräter habe nämlich mitnichten die Gründung einer edlen Stadt im Sinn gehabt, sondern nur sein eigenes Wohl. »So wurde der große Plan aufgegeben, und Xenophon kehrte zurück nach Sparta, wo er, gebrochen über das Versagen seines Projekts, der Jagd und der Aufzucht von Hunden frönte und Geschichten schrieb.«

Bonsal, der mit klassischer Bildung gerüstete Amerikaner, will die Delegierten auf einen Widerspruch in ihrer Erzählung hingewiesen haben. So habe er gefragt, ob an jener Stelle, wo Xenophon die Stadt gründen wollte, damals wirklich nur ein einsamer Strand lag. Nein, habe ein Delegierter berichtigt, so sei es nicht gewesen: »Unsere edle Stadt war eine griechische Kolonie seit Anbeginn der Geschichte, lange vor Troja.« Daraufhin sei es zu einem erbitterten Streit unter den Delegierten gekommen. Bonsal habe ihnen anschließend empfohlen, ihre Verhandlungsposition mit dem Hinweis auf Xenophon zu stärken. Der Verweis auf den antiken Autor und Heerführer werde ihrem Anliegen bei Hoover Priorität einräumen.

In Wirklichkeit standen die Pontos-Griechen in Sèvres auf verlorenem Posten – mit ihren Bitten um Lebensmittelhilfen, aber auch bei den Verhandlungen um eine autonome Republik. Bonsal schreibt, er habe von Eleftherios Venizelos persönlich erfahren, dass dieser den Pontiern nicht beistehen werde. Mit Thrakien und Kleinasien seien die griechischen Ansprüche schon ausgefüllt. Unter der Hand habe ihm der griechische Ministerpräsident mitgeteilt, die finanziellen Mittel aus dem Pontos zur Unterstützung der griechischen Kriegskasse seien zu gering, um sich ernsthaft mit dem Thema zu beschäftigen. »Es waren unsere Landsleute in Kairo und Konstantinopel, in Liverpool und in Norfolk, Virginia, die uns über Wasser gehalten haben«, habe Venizelos ihm verraten. Der pontischen Delegation habe er mitgeteilt, sie solle wieder abreisen.

So kam es, dass im Vertrag von Sèvres vom Pontos keine Rede ist. Die »Megali Idea« von Eleftherios Venizelos ließ einer unabhängigen »Republik Pontos« keinen Platz. Viele Pontos-Griechen fühlten sich von ihrem Mutterland verraten. Auch von russischer Seite erhielten sie keine Unterstützung.

***

Fast 100 Jahre später sammeln sich einige Dutzend dunkel gekleidete Menschen auf dem Friedhof der Luisengemeinde in Berlin-Westend. Die Schatten der Bäume sind schon lang, als sich eine Prozession in Gang setzt. Vorneweg marschieren drei Musiker, zwei spielen die Lyra, die traditionelle Violine aus dem Schwarzmeergebiet. Der dritte schlägt in feierlichem Rhythmus die Trommel. Dahinter gehen zwei Männer, die einen Kranz halten. Ihnen folgen schweigend etwa 30 Männer und Frauen. Ein Mann singt leise, wie für sich selbst. Es ist der 19. Mai.

In der Türkei und in Griechenland hat dieses Datum eine völlig unterschiedliche Bedeutung, dabei erinnern beide Nationen an dasselbe Ereignis: die Landung Mustafa Kemals in Samsun am 19. Mai 1919. Die Türken feiern sie als den Beginn ihres nationalen Befreiungskampfs, die Griechen verbinden damit den Beginn der Vertreibung und Ermordung der pontischen Griechen. Mustafa Kemal gilt ihnen als einer der Hauptverantwortlichen für das, was ihre Vorfahren erlitten haben. Ein Feiertag ist der 19. Mai in Griechenland aber nicht. Aus diplomatischer Rücksicht auf den Nachbarn, so ist zu hören, halten sich griechische Politiker an diesem Tag lieber zurück – steckt doch im Gedenken der Pontos-Griechen am 19. Mai stets auch ein Vorwurf an den hoch verehrten Vater der Türken.

Seit 2015 gibt es an der Berliner Friedhofsmauer ein Mahnmal, eine Stele mit Aufschriften in mehreren Sprachen. An der »Ökumenischen Gedenkstätte für Genozidopfer im Osmanischen Reich« sollen die Nachfahren der Armenier, Griechen, Assyrer, Nestorianer und anderer christlicher Volksgruppen, die damals der Verfolgung ausgesetzt waren, gemeinsam gedenken können. Steinplatten vor dem Mahnmal sind mit den Namen jener Orte beschriftet, in denen damals Deportationen und Massaker stattgefunden haben. Die Heimatstadt meiner Großmutter Alexandra ist auch dabei. »Ordu« steht in lateinischer Schrift auf dem Stein, darunter in griechischer Schrift: »Kotyora«.

Die beiden Männer lehnen den Kranz an die steinerne Stele.

Nur der klagende Klang der Lyra und das regelmäßige Schlagen der Daouli-Trommel sind zu hören. Der Sänger hebt seine Stimme. »Ich habe meine Heimat verloren«, singt er auf Griechisch. »Ich habe geweint und um mich geschlagen. Ich kann sie nicht vergessen.«

Anschließend hält ein orthodoxer Priester eine Rede auf Deutsch und Griechisch. Darin betont er, dass dieses Gedenken wichtig sei, aber auch das Vergeben und die Versöhnung einschließen müsse. »Die Gräber meiner Ahnen sind verloren«, singt der Mann leise zur melancholischen Musik, »aber ich werde sie nicht vergessen«.

***

Als die Inhalte der Pariser Vorortverträge durchsickerten, erhielt die Bewegung der türkischen Nationalisten starken Zulauf. In Konstantinopel, das von den Siegermächten besetzt war, demonstrierten Zehntausende gegen die schwache osmanische Regierung. Im Hinterland Anatoliens organisierte sich derweil der türkische Widerstand gegen den »Diktatfrieden«. Nationalräte wurden gegründet, die sich als lokale Gegenregierungen zur Hohen Pforte verstanden. Diese zu entmachten, war Mustafa Kemal nach Samsun entsandt worden. Stattdessen machte sich der Generalinspekteur selbst daran, eine Gegenregierung aufzubauen. Telegramme aus Konstantinopel mit Rückrufen ignorierte er. Als er aus der Armee entlassen wurde, legte er seine Uniform ab. Kemal berief nun selbst Nationalkongresse in mehreren anatolischen Städten ein, die er schließlich am 23. April 1920 als Vorsitzender der Großen Nationalversammlung in Ankara zusammenführte.

Die Stadt lag in sicherer Entfernung vom besetzten Konstantinopel, zudem war sie auch ein ideologischer Gegenentwurf zu der reichen Sultansmetropole. Dem Sultan warfen die Nationalisten Verrat vor. So unterschiedlich die ethnischen und gesellschaftlichen Gruppen waren – gemeinsam waren ihnen die Ablehnung des Friedensvertrags von Sèvres und die Tatsache, dass sie Muslime waren. Auch türkische Intellektuelle schlossen sich Mustafa Kemal und seinen Leuten an. Alle gemeinsam wollten sie kämpfen: gegen die Zerstückelung Anatoliens durch die Siegermächte und für die Einheit der muslimischen Anatolier. Langsam, aber sicher bildete sich im Hinterland Anatoliens ein neuer, ein türkischer Staat heraus.

Mustafa Kemal wurde zur zentralen Führungsperson – auch, weil er meist die richtigen Kompromisse machte. Gegenüber den Besatzungsmächten akzeptierte er das Kriegsgericht für seine einstigen jungtürkischen Kameraden. Die Führer der irregulären Banden baute er zur Schutzmacht der muslimischen Bevölkerung auf und integrierte sie in seine Armee. Er, dessen Raki-Konsum legendär war, erklärte sich gegenüber den konservativen Muslimen und den muslimischen Geistlichen bereit, ein totales Alkoholverbot zu akzeptieren. Und obwohl er aus seiner Abneigung gegen jedwede Religion kein Hehl machte, bediente er sich zeitweise sogar islamischer Propaganda. Alles war einem politischen Ziel geschuldet: Mustafa Kemal wollte die Reste des Osmanischen Weltreichs einen und einen modernen, republikanischen Nationalstaat erschaffen.

***

Griechenland hatte inzwischen seine Besatzungszone auf das Gebiet rund um Smyrna ausgedehnt, das ihm der noch nicht unterzeichnete Vertrag von Sèvres zusicherte. Die »Zone von Smyrna« reichte im Norden bis nach Ayvalik gegenüber der Insel Lesbos, im Süden endete sie bei Aydin, wo sie an die italienische Besatzungszone angrenzte.

Auch während der Besatzung konnte jedoch von Frieden keine Rede sein. Aus dem Hinterland stießen türkische Freischärler, die sich Kuvayı Milliye (Nationalkräfte) nannten, immer wieder in die von den Griechen besetzten Gebiete hinein und verübten Überfälle auf Soldaten. Strafexpeditionen der Griechen ins Hinterland folgten.

Der britische Premierminister David Lloyd George, 1922

Ab Sommer 1920 – inzwischen waren an den Grenzen der besetzten Zone reguläre Truppen der Armee von Mustafa Kemal stationiert – rief Eleftherios Venizelos die griechische Bevölkerung in Smyrna zu den Waffen. Der griechische Ministerpräsident Venizelos wollte eine historische Chance nutzen: Mit geringem militärischem Aufwand, glaubte er, müsse es möglich sein, die türkische Nationalbewegung zu zerschlagen und die Stärke des eigenen Landes zu beweisen. Ein griechisches Konstantinopel – diesem Traum ordnete der inzwischen eher wie ein Diktator agierende Venizelos alles andere unter.

Lloyd George höchstpersönlich räumte die Skepsis der anderen Siegermächte gegenüber dem militärischen Abenteuer aus. Seine enge Freundschaft mit Venizelos mag dazu beigetragen haben, dass er die Schlagkraft der griechischen Armee maßlos überschätzte. Gegenüber den Türken hegte der britische Premier eine tiefe und offensichtlich rassistische Abneigung. Atatürk-Biograf Hanioğlu zitiert Lloyd George folgendermaßen: »Es hat keinen einzigen Fall in ganz Europa, Asien oder Afrika gegeben, in dem nicht eine türkische Machtübernahme eine Verringerung des materiellen Wohlstands – und auch der Kultur – in dem betreffenden Lande nach sich gezogen hätte; noch ließe sich ein Fall benennen, in dem nicht ein Abwerfen des türkischen Jochs zu einem sofortigen Aufschwung der Wirtschaft und des geistigen Lebens geführt hätte.«

Und so begann der griechisch-türkische Krieg, der in seiner Erbitterung sogar die Balkankriege in den Schatten stellen sollte.

Die Begeisterung der kleinasiatischen Griechen hielt sich angesichts der Aushebung in Grenzen. Beinahe jede Familie hatte Opfer zu beklagen. Die meisten jungen Männer hatten in den Amele Taburları gedient, den Arbeitsbataillonen der Osmanischen Armee, viele waren krank. Dido Sotiriou erzählt, die griechisch-orthodoxe Kirche habe Druck auf die Familien ausgeübt – wer sich der Aushebung entziehen wollte, sei als Verräter gebrandmarkt worden. Denn jetzt ging es ja um das »Mutterland«.

Die griechischen Truppen rückten zunächst schnell ins Hinterland vor. Am 30. Juni 1920 eroberten sie Balıkesir, kurz darauf Bursa. Nun waren die Türken in der Defensive, sie bangten und zitterten in ihren Dörfern um ihr Eigentum, ihre Unversehrtheit, ihr Leben.

In Griechenland war zwischenzeitlich König Konstantin nach einer Volksabstimmung aus dem Exil zurückgekehrt, Venizelos wurde abgewählt. Konstantin übernahm den Oberbefehl über die Streitkräfte und begab sich an die Front nach Kleinasien. Obwohl seine Partei im Wahlkampf noch versprochen hatte, den Krieg zu beenden und die griechischen Soldaten heimzuholen, befahl er seinen Truppen im August 1921 eine Großoffensive auf Ankara. Er wollte mit dem Spuk um Mustafa Kemal endgültig aufräumen, und zwar ohne Rücksicht auf Verluste.

Blutige Erde

Die Auslöschung der Pontos-Griechen

Es ist Mittag, und ich befinde mich in einem nur von wenigen Kunden besuchten Baumarkt in der Düz Mahalle, dem Geschäftsviertel von Ordu. Obwohl es kurz vor Mittag ist und die Sonne hoch am Himmel steht, herrscht in der Halle mit ihren schmalen Oberlichtern ein diffuses Zwielicht. Der Baumarkt gehört Tansel. Zwischen den Hochregalen, in denen Steine, Eisenstangen, Gipskartonplatten und Säcke mit Spachtel, Beton und anderen Baumaterialien lagern, steht ein Schreibtisch mit einem Computerbildschirm, auf dem eine Animation flimmert: Vor einer türkischen Flagge, die in digital abgehackten Sequenzen weht, ist das Bild eines Mannes in heldenhafter Pose montiert. Das Kinn gereckt, schaut er herausfordernd in die Kamera. Er trägt einen imposanten Schnauzbart und hat ein schwarzes Tuch um den Kopf gebunden. In der rechten Hand hält er ein Gewehr, über der Schulter trägt er einen Patronengürtel. Seine linke Hand liegt lässig auf dem Knauf eines Dolches, der wiederum in einem ornamental verzierten Köcher am Gürtel steckt. Während ich das Bild betrachte, sind drei Augenpaare auf mich gerichtet: Tansel, sein Cousin und sein Freund beobachten mich gespannt. Offenbar wollen sie meine Reaktion testen. Ich bleibe ruhig. Natürlich weiß ich, wen das Bild zeigt: Topal Osman.

Die drei lachen verlegen. Tansel beginnt, sich wortreich zu entschuldigen. Ihm sei bewusst, dass der türkische Volksheld nicht unumstritten sei. Ob ich wisse, dass seine Heimatstadt Giresun ihm ein Denkmal errichtet habe? Ich wusste es nicht. Topal Osman soll ein Volksheld sein? Armenier, Griechen, Bulgaren – alle haben ihn gefürchtet wie den Teufel persönlich. Ich kannte seinen Namen als Kinderschreck, ein Bandit, der das Machtvakuum im Ersten Weltkrieg ausnutzte, um mit seiner Privatarmee Wehrlose auszurauben und skrupellos abzuschlachten.

In der Türkei ist die Wahrnehmung eine völlig andere. Unter den Anhängern der Regierungspartei AKP ist sie sogar eindeutig positiv. So schreibt etwa die AKP-nahe türkische Tageszeitung *Sabah,* Topal Osman »Ağa« sei ein »republikanischer Märtyrer«. Ağa ist ein Kommandeurstitel. Nicht nur viele Menschen in Armenien und Griechenland, auch Historiker aus England und den USA aber zeichnen ein deutlich anderes Bild von Topal Osman.

Wer war Topal Osman wirklich? 1883 wurde er als Osman Feridunoğlu, also Sohn des Feridun, in Giresun geboren, das damals 25 000 Einwohner hatte. Giresun liegt östlich von Ordu, die beiden Städte teilen sich heute einen Flughafen. Auch dort gab es, wie in beinahe allen Schwarzmeerstädten, eine starke griechische Minderheit, die im Wesentlichen vom Anbau und Handel mit Tabak und Trockenfrüchten lebte.

Giresun hatte im 19. Jahrhundert, wie viele Schwarzmeerstädte, eine beträchtliche Anzahl von Flüchtlingen aus dem Kaukasus aufgenommen. Auch Osmans Familie war kaukasischer Herkunft, häufig wird sie den »Tscherkessen« zugeordnet. Zu der Fluchtbewegung war es infolge von Aufständen im Kaukasus gekommen, die sich gegen die Expansion des russischen Zarenreichs richteten. Der als »islamischer Aufstand« oder »Kaukasuskrieg« bezeichnete Guerillakrieg dauerte mehrere Jahrzehnte, bevor die Russen am Ende die Oberhand gewannen. Bis zu einer Million Tscherkessen, Abchasen und andere muslimische Kaukasier wurden gezwungen, ihre Heimat zu verlassen. Hunderttausende sollen unterwegs umgekommen sein.

Die Menschen wurden gemäß eines Vertrages zwischen Zar Alexander II. und dem osmanischen Sultan Abdül Aziz I. ins Osmanische Reich umgesiedelt, viele davon erhielten Land an der südlichen Schwarzmeerküste. Dabei wurden vor allem die Angehörigen des Stammes der Tscherkessen, die als besonders wild und aufsässig galten, in kleine Gruppen aufgeteilt und auf verschiedene Orte verstreut. Einige von ihnen gelangten sogar bis in den Kosovo, wo sie eigene Dörfer gründeten. Bis heute pflegen sie ihre Identität als »Kosovo-Tscherkessen«.

Unter den Osmanen war es üblich, alle exilierten Nordkaukasier als Tscherkessen zu bezeichnen. Ob Osman also wirklich dem tscherkessischen Volk angehörte oder vielleicht eher dem Stamm der Abadsechen, Schapsugen oder Ubychen, die ebenfalls darunter subsummiert wurden, ist kaum mehr nachzuvollziehen. Jedenfalls sollen Tscherkessen bei den Başı Bozuk, den irregulären Truppen des Sultans, eine tragende Rolle gespielt haben. Die Größe dieser irregulären Truppen beziffert das Historiker-Ehepaar Stanford und Ezel Shaw auf rund 65000 Mann, ohne diese Zahl jedoch belegen zu können. Dazu gehörten neben Tscherkessen aus dem Kaukasus auch Tataren aus der Dobrudscha, Albaner, Turkmenen und auch Kurden aus Ostanatolien. Unter ihnen waren junge Männer, die sich beweisen wollten, Waisen, Waffennarren und Kriminelle. So oder ähnlich muss man sich wohl auch Osmans Bande vorstellen.

Osman hatte sich als Freiwilliger beim jungtürkischen »Komitee für Einheit und Fortschritt« gemeldet und wurde als Soldat bei der »Sonderorganisation« eingesetzt, der Teşkilât-ı Mahsusa. Er gehörte also zu denjenigen, die in den Balkankriegen die osmanischen Truppen bei der Verteidigung der türkischen Bevölkerung in Thrakien und Makedonien unterstützten. Mit zum Auftrag gehörte die Vertreibung der griechischen und bulgarischen Einwohner, in der Regel durch Überfälle auf deren Dörfer, Brandschatzung und brutale Massaker. Bei einem der Einsätze wurde Osman am Fuß verletzt, seitdem litt er unter einer Gehbehinderung und wurde »Topal« genannt, »der Lahme«.

Nach den Balkankriegen baute Topal Osman seinen eigenen Trupp auf. Manche seiner Männer hatten in der osmanischen Armee gedient, andere waren desertiert. Alle trugen als Kennzeichen ein um den Kopf gewickeltes schwarzes Tuch, einen Patronengürtel und den buschigen Schnauzbart nach Art der Janitscharen.

Bevor Topal Osman und seine Bande zum Schrecken der Pontos-Griechen wurde, erwarb er sich zweifelhaften Ruhm als Akteur bei den Deportationen und Massakern an den Armeniern. Meine Kollegin Hatice Aksoy, deren Familie ebenfalls aus Ordu stammt, hat mir hierzu eine bemerkenswerte Quelle erschlossen: Halil Erhan, ein Lehrer aus Giresun, hat die Lebensgeschichte seines Großvaters aufgeschrieben. Sein Buch ist in türkischer Sprache erschienen und erzählt unter anderem, wie der Großvater in jungen Jahren von Topal Osman zwangsrekrutiert wurde mit der Drohung, wenn er nicht mitkomme und an seiner Seite kämpfe, werde seine Familie dafür büßen. Osman habe viele große und kräftige Männer wie ihn rekrutiert, erinnert sich der Großvater. Auch in den Gefängnissen warb er um Gefolgsleute, offenbar mit Unterstützung der lokalen Behörden. Er habe ihnen versprochen, die Christen zu verjagen und ihr Land unter seinen Männern aufzuteilen.

Von 1915 bis zur Hinrichtung Osmans im Jahr 1923 war der Großvater bei der Bande und nahm an den meisten Aktionen teil. In dieser Zeit avancierte er zu Topal Osmans Leibwächter, diente seinem gehbehinderten Chef als Stütze und trug ihn in schwierigen Situationen auf dem Rücken.

Im Juni 1915 war Erhans Großvater am Massaker von Şebinkarahisar beteiligt. Dort hatten die Armenier des Dorfes Widerstand gegen ihre Deportation geleistet. Die Männer verschanzten sich in einer außerhalb gelegenen Festung. Gegen die 1000 osmanischen Soldaten und Freischärler, die heranrückten, hatten sie jedoch keine Chance. Nachdem die Männer niedergemetzelt waren, wurden die im Dorf verbliebenen Frauen, Kinder und Alte ermordet – mutmaßlich von Topal Osmans Leuten. Erhan zitiert seinen Großvater so: »Wir haben angefangen, niederzubrennen und zu zerstören, ungeachtet der Tatsache, ob Kind oder Kegel, Jung oder Alt, Frau oder Mädchen. Die wir auf den Straßen antrafen, töteten wir. Wenn sich jemand in den Häusern und Kirchen versteckte, haben wir ihn mit Benzin übergossen und angezündet.«

Der Enkel fragt den alten Mann, welche Bilder ihm aus jener Zeit in Erinnerung geblieben sind. »Als wir die Armenier in Şebinkarahisar erledigt hatten, konzentrierten wir uns auf ihre Dörfer«, berichtet der alte Mann. »Nachdem wir die Jungen und Männer des Dorfes getötet hatten, brachten wir die übrigen etwa 200 Kinder, Frauen und Alte an einen Abgrund in der Nähe des Dorfes, schlugen mit Spitzhacken ihre Köpfe ein und ließen sie in den Graben rollen. Als die Leichen übereinander gestapelt waren, deckten wir sie mit aus der Umgebung mitgebrachten Zweigen ab und steckten sie in Brand.« Alsdann hätten sie den Ort verlassen und seien in ein anderes Dorf gezogen. Als sie nach zwei oder drei Stunden an den Ort zurückkehrten, bot sich den Männern ein grauenerregendes Bild: »Wir sahen einen jungen Mann, der – Gesicht, Augen, der ganze Körper verbrannt, wie Kohle und Teer –, die Hände in der Luft, wie ein Gespenst auf verkohlten Leichen winselnd umherirrte. Wir dachten, der Mann sei von den Toten auferstanden, und vor lauter Furcht zitterten wir. In diesem Augenblick hörte man die schneidende Stimme von Osman Ağa: Tötet ihn!«

Ein anderes Mal trieben sie die Einwohner eines Dorfes ins Hinterland, 100 bis 150 Kinder, Frauen und Alte. »Es hatte geregnet, und es begann zu dämmern. Wir kamen an eine Holzbrücke über einen Bach, der in den Aksu-Fluss mündet.« An der Kızıltaş Köprüsü, der Rotsteinbrücke, ließ Osman Ağa die Armenier sich in einer Reihe aufstellen. Auf der Mitte der Brücke platzierte er einen Mann mit einem Beil und erteilte ihm den Befehl: »Schlag ihnen den Schädel ein und wirf sie in den Fluss.« Die Armenier begannen zu schreien und zu flehen, unerträglich und herzzerreißend. Zwei starke Banditen griffen die Kinder, die Frauen und die Alten an den Armen und brachten sie vor den Mann mit dem Beil. Wer einen Schlag damit auf den Kopf bekam, wurde in den Bach geworfen, einer nach dem anderen. »In dem durch den Regen aufschäumenden Wasser gingen die Menschen verloren und verschwanden dahin.«

Topal Osman, 1912

Trotz stärkster Gewissensbisse stand eine Flucht niemals zur Debatte: »Ich blutete innerlich, und in diesem Augenblick brannte auch ich. Aber es gab nichts, was ich tun konnte. Wenn ich widersprochen hätte, dann hätte Osman Ağa auch mich töten lassen.« Und: »Aus Osman Ağas Bande floh man nicht. Wenn es vorkam, wurde sowohl der Geflüchtete als auch seine Familie getötet.« Noch heute verfolgten ihn die Bilder des Grauens: »Das Flehen der Menschen, die ihre Hände aus den mit Eisen vergitterten Fenstern zu uns streckten, während ihre Rücken bereits entflammten und brannten, die riesigen, zu platzen drohenden Augen. Wie Pfeile der Gewissenlosigkeit. Das alles werde ich niemals vergessen!«

Halil Erhan ist der Enkel eines Täters – und eines Opfers zugleich: Während ein Großvater Leibwächter des Schlächters Topal Osman war, entpuppte sich der andere später als zurückgelassenes Kind einer armenischen Familie. Diese scheinbar völlig widersprüchliche Kombination ist in der Türkei wahrscheinlich gar nicht so selten. Nur möchte darüber kaum jemand sprechen.

Wie viele Jungtürken, so sollte sich auch Topal Osman 1919 wegen des Völkermords an den Armeniern vor einem osmanischen Kriegsgericht verantworten. Stattdessen verschanzte er sich mit seinen Leuten in den Bergen des Pontos. Dort kannte sich der Mann aus Giresun bestens aus. Seine Bande verübte aus dem Hinterhalt Raubüberfälle auf Flüchtlingstrecks und Dörfer im Hinterland. Wo es noch Männer im wehrfähigen Alter gab, wo sich Deserteure versteckten, verteidigten sie ihre Familien. Doch in vielen Dörfern lebten nur noch Alte, Frauen und Kinder.

Viele Führer der in jener Zeit weit verbreiteten Cetler stellten ihr verbrecherisches Tun als Dienst an der Nation dar – die Überfälle, Vertreibung und Massakrierung von Nichtmuslimen sollten der türkischen Sache dienen. Mustafa Kemal erkannte das militärische Potenzial der Banden und stellte sie in die Dienste der türkischen Nationalbewegung. Einer der ersten, mit denen er einen Deal aushandelte, war Topal Osman. Die Unterredung zwischen den beiden fand am 29. Mai 1919 im pontischen Ort Havza statt – nur zehn Tage nach der Ankunft Mustafa Kemals in Samsun. Den Inhalt dieses Gesprächs haben die türkischen Schriftsteller Cemal Şener und Hasan Izettin Dinamo in ihren literarischen Werken über den Gründungsmythos der modernen Türkei ausgemalt. Beide verpassen dem Dialog die kategorische Dramatik des »Sie oder Wir«: entweder die Griechen oder die Türken.

»Sobald wir Anzeichen dafür erhalten, dass sie gegen das Gesetz handeln, werden wir sie alle erledigen«, eröffnet Mustafa Kemal dem Bandenchef laut Hasan Izettin Dinamo. Anschließend bietet der Kriegsheld dem Freischärler an, er werde aus seiner »unorganisierten Bande« ein militärisch ausgebildetes Bataillon machen. Dessen Oberbefehlshaber soll er, Osman, sein. Die Antwort: »Machen Sie sich keine Sorgen, mein Pascha. Ich werde diese Pontos-Griechen derart ausräuchern, dass sie in ihren Höhlen wie Hornissen ersticken.«

Ob das Gespräch wirklich so ähnlich abgelaufen ist oder ob es der Phantasie des Literaten entsprungen ist, spielt keine Rolle. Die Konsequenzen sind entscheidend: Mustafa Kemal ernannte Topal Osman erst zum Oberst, später machte er ihn zum Befehlshaber seiner Leibgarde. Außerdem ernannte er ihn zum Bürgermeister seiner Heimatstadt Giresun. All das erfüllte seinen Zweck: Mustafa Kemal konnte eine Vielzahl Bewaffneter in seinen Dienst stellen. Der Preis war, dass die Banden nun im Namen der türkischen Nationalbewegung mordeten, massakrierten, deportierten, plünderten und raubten.

In der aufgeheizten Stimmung hatten sich auch unter den Griechen bewaffnete Gruppen gebildet. Sie nahmen sich der Verteidigung ihrer Dörfer an, überfielen und plünderten aber auch muslimische Dörfer. In der türkischen Geschichtsschreibung werden diese irregulären christlichen Banden, in denen sich überlebende Armenier und Griechen organisierten, als Grund für die nun folgende letzte große Offensive gegen die Griechen des Pontos genannt. Aber stellten diese Banden wirklich eine derart ernste Bedrohung für die reguläre kemalistische Armee dar? Hatte sich in den pontischen Bergen eine Guerilla verschanzt, die den türkischen Soldaten ernsthaft gefährlich hätte werden können?

Die Genozid-Forscherin Tessa Hofmann hält dies für unglaubhaft. Zwar kamen über Griechenland und Russland nachweislich Waffen ins Land, doch die wenigen kampferfahrenen Griechen waren zuletzt in den Balkankriegen eingesetzt worden. Seither war fast ein Jahrzehnt vergangen. Jüngere Griechen, Deserteure, die aus den Arbeitsbataillonen geflüchtet waren, hatten kaum Erfahrung im Umgang mit Waffen. Die Griechen hätten also weder ausreichend Waffen besessen noch seien sie ausreichend ausgebildet gewesen, um eine ernste Gefahr für die Kemalisten darzustellen, von denen viele Armeeangehörige waren –

nicht zuletzt Mustafa Kemal selbst. »Um die Staatsmacht zu bekämpfen, dazu reichten die Kräfte nicht«, resümiert Hofmann. Jeder Überfall griechisch-armenischer Banden auf Muslime zog drakonische Strafaktionen gegen ganze Dörfer und Regionen nach sich. Es ging um Vergeltung – und um die ethnische Säuberung von »nichttürkischen«, also nichtmuslimischen Bevölkerungsgruppen.

Wie andere Anführer irregulärer Banden verstand auch Topal Osman die Aufwertung seiner Position durch Mustafa Kemal als Freibrief für sein blutrünstiges Geschäft. Die organisierte Vertreibung und Ermordung der übrig gebliebenen Griechen des Pontos-Gebiets begann laut dem griechischen Historiker Konstantinos Fotiadis im Februar 1920 in der rund 50 Kilometer westlich von Samsun gelegenen Stadt Bafra. Irreguläre Truppen, darunter auch Männer aus Topal Osmans Armee, schlossen die 6000 griechischen Einwohner in ihre Kirchen ein und verbrannten sie bei lebendigem Leib. Es folgte ein Angriff auf die benachbarte Gemeinde Alazam. 2500 christliche Bewohner wurden abgeführt und vor der Stadt erschossen.

Ein Jahr später verschob Topal Osman seine Aktivitäten auf die Küstenstädte, wo er gezielt ethnische Säuberungen durchführte. So berichtete die *New York Times* am 10. Juli 1921, wie Osmans Bande in der Hafenstadt Samsun vorging. Danach preschte Topal Osman mit seinen Reitern mitten in die Feierlichkeiten des Fastenbrechens nach dem Ramadan. Zehn Griechen ließ er umbringen, bevor er die Räumlichkeiten der American Tobacco Company umstellte, in denen überwiegend Griechen arbeiteten. Die griechischen Angestellten, 800 an der Zahl, ließ er verhaften. Anschließend umzingelte er das griechische Viertel, nahm weitere 1500 Griechen gefangen und ließ sie in Gruppen ins Landesinnere deportieren. Wer sich weigerte, wurde erschossen.

Anschließend kamen die Dörfer im Hinterland an die Reihe. Donald M. Hosford, ein Lehrer am Anatolia College in Merzifon, beschrieb die Lage in der Provinz Samsun vor seiner finalen Abreise am 5. Oktober 1921 so: »Alle griechischen Männer der Region wurden deportiert. Aus den meisten Dörfern hatte man auch die griechischen Frauen und Kinder deportiert und die Dörfer zerstört. Während meines Aufenthalts in Samsun erhellte jede Nacht ab einem bestimmten Zeitpunkt ein anderes brennendes Dorf den Horizont.«

Ebenfalls im Juli überfiel Osman mit seinen Männern Tripolis, auf Türkisch Tirebolu, in der Provinz Giresun. Dort ließ er die gesamte männliche Bevölkerung deportieren. »Von den 2500 Griechen in Tirebolu blieben nur 200 Frauen und Kinder übrig«, so ein Bericht des Zentralrats der Pontos-Griechen, der nach dem Ersten Weltkrieg Augenzeugenberichte über die Gräueltaten sammelte. Im Umland Giresuns habe der Bandenchef mehr als zwei Dutzend griechische Dörfer niedergebrannt. Die Männer seien bereits deportiert worden, heißt es, die Einwohner hätten nur aus Frauen und Kindern bestanden. Sie seien in ihre Häuser eingesperrt und verbrannt worden. Viele dieser Berichte sind durch unabhängige Quellen belegt.

In Havza soll Topal Osman Frauen und Kinder am Ufer des Flusses zusammengetrieben, sie ermordet und ins Wasser geworfen haben. Auch Vergewaltigungen waren an der Tagesordnung. Von seinem Überfall auf das Dorf Kirli ist überliefert, dass er nach der Schwiegertochter eines Dorfvorstehers verlangt habe. Als sie sich weigerte, habe er den Dorfvorsteher mit seinen vier Kindern umgebracht.

In Merzifon sollen Osman und seine Männer die Ausgänge der Häuser im griechischen und armenischen Viertel verbarrikadiert und die Gebäude anschließend angezündet haben. 1800 Häuser seien niedergebrannt worden, die Bewohner umgekommen. Augenzeugen berichteten zudem von Vergewaltigungen und Massakern. »Während sie diese Grausamkeiten durchführten, hätten sie ihre Opfer angeschrien: ›Wo sind die Engländer, die Amerikaner und dein Christus, um dich zu retten?‹«, so Zeugenberichte, die der Zentralrat der Pontos-Griechen veröffentlichte.

Dass es Topal Osman und seinen Männern neben der ethnischen Säuberung der Region auch um persönliche Bereicherung ging, macht ein Bericht des britischen *Daily Telegraph* vom 8. September 1920 deutlich. Demnach habe Topal Osman alle »Christen« – zu diesem Zeitpunkt waren es nur noch Griechen – seiner Heimatstadt Giresun verhaften lassen. Jeden Tag lasse er fünf Männer hinrichten. Als aber die Verbliebenen eine Summe von umgerechnet 300 000 britischen Pfund aufbrachten, konnten sie ihr Leben retten.

Riza Nur, ein liberaler Politiker und später Mitglied der türkischen Delegation, die den Friedensvertrag von Lausanne aushandelte, zitiert in seinen Erinnerungen Topal Osman folgendermaßen: »Ja, ich nehme Geld, aber ich habe keinem Moslem auch nur ein Samenkorn weggenommen. Alles, was ich nahm, gehörte den Giaurs [Ungläubigen, also Christen d. A.]. Für mich sind das Blutsauger, Banditen, Ungeziefer. Ich bekämpfe sie als Feinde, weil sie sich sonst in die Berge zurückziehen und den Menschen schaden, weil sie ihnen Essen, Kleidung und Geld stehlen. Diese Griechen sind schlecht, und es ist nur richtig, ihnen ihr Geld und ihr Leben zu nehmen.«

Fanden all diese Gräueltaten mit Wissen, mit Billigung oder gar infolge einer Anordnung der Kemalisten in Ankara statt? Wusste Mustafa Kemal, der spätere Atatürk, Bescheid über die Verbrechen des Giresuner Bürgermeisters? Die Jungtürken um Talât Pascha hatte Mustafa Kemal als »Mörder« bezeichnet, als er vom Ausmaß der Armenier-Deportationen hörte. Wie er nun über die Massaker an den Griechen dachte, ist nicht bekannt. Mustafa Kemal hielt sich im Hintergrund.

Laut dem griechischen Historiker Konstantinos Fotiadis terrorisierten türkische Freischärler, allen voran Topal Osman, schon lange vor dem Aufstieg der türkischen Nationalbewegung willkürlich griechische Dörfer im Pontos-Gebiet. Den Charakter einer »Eliminierung« aber erhielten die Überfälle, Vertreibungen und Massaker erst mit der Ankunft Mustafa Kemals und dessen

Pakt mit Topal Osman und anderen türkischen Freischärler-Gruppen. Der Autor Sait Çetinoğlu weist darauf hin, dass Topal Osman später das Kommando der Leibgarde übernehmen durfte. Seine Aktionen müsse er demnach zumindest mit Billigung der kemalistischen Regierung in Ankara durchgeführt haben. In einer kurzen Biografie auf der offiziellen Website der Stadt Giresun, die Topal Osman als Helden verehrt, steht: »Nach dem Treffen mit Mustafa Kemal handelte er gemäß den Anweisungen von Atatürk.«

Das Ende des Topal Osman kam 1923, da war er 40 Jahre alt. Der Abgeordnete Ali Şükrü Bey aus Trabzon hatte sich in der türkischen Nationalversammlung als scharfzüngiger Gegner Mustafa Kemals profiliert. Als dessen Leibwächter, der Topal Osman zu jener Zeit war, sah er sich offenbar in der Pflicht, den Mann zum Schweigen zu bringen. Was bekannt ist: Ali Şükrü verschwand am 27. März; drei Tage später appellierte sein Bruder an den Ministerrat, eine Suche zu starten. In der Nähe von Osmans Landhaus stieß dann ein Hirte auf die auf einem Feld vergrabene Leiche Ali Şükrüs. In seiner geballten Faust fand man Reste von Korbgeflecht. Die Mordkommission ermittelte, dass sie von einem Stuhl in Topal Osmans Haus in Ankara stammen mussten.

Als die Polizei Topal Osman am Abend des 1. April verhaften wollte, verbarrikadierte sich dieser mit seiner Truppe in seinem Haus. Beim anschließenden Gefecht wurde ein Soldat erschossen. Die Polizisten stürmten das Gebäude, töteten zahlreiche Mitglieder von Osmans Truppe und dann den Bandenchef selbst. Nachdem er offiziell für den Mord an Ali Şükrü verurteilt worden war, wurde sein Leichnam exhumiert und das Urteil an ihm vollstreckt: Der ehemalige Leibwächter Atatürks wurde enthauptet und ohne Kopf auf dem Platz vor dem Parlament in Ankara aufgehängt.

Um den ersten politischen Mord der jungen Republik ranken sich noch heute viele Spekulationen. Manche glauben, Topal Osman habe den unliebsamen Zeitgenossen eigenmächtig umgebracht. Andere sind der Ansicht, Mustafa Kemal persönlich habe die Ermordung Ali Şükrüs beauftragt. Anschließend habe er den Verdacht auf Topal Osman gelenkt, um ihn loszuwerden. Dieser sei Atatürk aufgrund seines Jähzorns, seiner Eigenmächtigkeit und Unberechenbarkeit zur Belastung geworden. Und welche Rolle könnte gespielt haben, dass Ali Şükrü ein zum Islam konvertierter Pontos-Grieche war? Gab es womöglich noch andere, persönliche Gründe für den Mord?

Die Karriere des Topal Osman zeigt jedenfalls, welch schwere Erblast Atatürk auf dem Weg zur Neuordnung des Staates angesammelt hatte. In der Zivilgesellschaft wurden Mörder und Warlords wie Topal Osman nicht mehr gebraucht. Atatürk musste mit diesen irregulären Elementen, die sich den Institutionen nicht unterordnen konnten, brechen und das auch öffentlich zeigen.

Das Schweigen, heißt es, ist der Feind der Versöhnung. Auch über Topal Osman wurde in der Türkei lange Zeit geschwiegen. In seinem Fall wäre es allerdings besser dabei geblieben. Noch im Jahr 1981 ging die Türkische Historische Gesellschaft gegen den Versuch seiner Heimatstadt Giresun vor, ihn mit einer Statue zu ehren. Die Haltung änderte sich zwei Jahre später, als Ahmet Kenan Evren, der General, der den Militärputsch von 1980 anführte, der Stadt einen offiziellen Besuch abstattete. Er hielt eine Lobrede auf Topal Osman und würdigte ihn als Patrioten. 2007 errichtete ihm seine Heimatstadt mit Unterstützung einiger Kaufleute ein Denkmal, ein Ehrengrab und ein Museum. Der blutrünstige Bandenchef wurde zum Helden stilisiert.

Heute wird »Osman Ağa«, obwohl als Mörder verurteilt, von vielen Türken verehrt. Der bekannte türkische Kolumnist Emin Çölaşan bezeichnete ihn 1995 in der Tageszeitung *Hürriyet* als »Held aus Giresun«. Osman habe die Region nach »langen Mühen von den Pontos-Griechen gesäubert«. Kritische türkische Historiker, griechische und internationale Historiker sind sich dagegen in einer ganz anderen Einschätzung Topal Osmans weitgehend einig. Er sei der »Schlächter von Armeniern und Pontos-

Griechen« gewesen, formulierte es der türkische Historiker Taner Akçam. »Einer der Hauptverantwortlichen am Genozid an den Pontos-Griechen«, meint Tessa Hofmann von der Berliner Arbeitsgruppe Anerkennung gegen Genozid für Völkerverständigung. Und der Orientalist Andrew Mango bezeichnet ihn in seiner Atatürk-Biografie als »Sadisten«, der gezielt Armenier und Griechen getötet habe, ein »Inbegriff von Brutalität«.

***

Zack. Mein Stift fällt auf die Erde, den ich gedankenverloren in meiner Hand hin und her gedreht habe. Die Animation von Topal Osman ist verschwunden, der Bildschirmschoner des Computers im Baumarkt von Ordu zeichnet bunte Kringel. Tansel, sein Cousin und der Freund stehen immer noch im Kreis um mich herum. Dann ruft ein Kunde aus dem Lager, und die drei Männer lösen sich aus ihrer Erstarrung. Die Mittagssonne heizt die Lagerhalle bedenklich auf. Mir rinnt der Schweiß in Bächen herunter.

»Ordu hat Topal Osman widerstanden«, erzählt Tansel. »Er zog mit seiner Truppe vor die Stadt, aber der Bürgermeister hat ihn nicht hineingelassen.«

Er sagt es ohne Attitüde, ganz sachlich. Sein Gesicht bleibt unbewegt. Ein bemerkenswerter Mann, denke ich in diesem Moment. Ich habe erlebt, wie stark die Emotionen bei Türken und Griechen sein können, wenn es um die Deutung der Geschichte ihrer Nationen geht. Tansel aber schaut ganz unbewegt auf die Ereignisse. Er ist kein Wissenschaftler, dabei aber erstaunlich frei von Klischees und ideologischen Einflüsterungen. Ihm geht es offenbar tatsächlich um die Wahrheitsfindung. Aber stimmt auch, was er sagt?

Griechische Zeitzeugen berichten übereinstimmend, dass Topal Osman am 20. Dezember 1921 mit etwa 100 Reitern in Ordu eingetroffen und von den dortigen Behörden empfangen worden sei. Ein Bericht von jenem Tag ist von Sofia Dimarchos überliefert, Tochter protestantischer Griechen aus Ordu, die später nach

Australien ausgewandert sind. Aufgeschrieben hat ihn der aus dem Pontos stammende Australier Sam Topalidis. Dimarchos erinnerte sich, dass Topal Osman in einem Telegramm an den muslimischen Bürgermeister von Ordu angekündigt habe, er wolle den Ort von Griechen »säubern«. Ihre Mutter habe davon erfahren, weil der Bürgermeister ein Freund der Familie gewesen sei. Der Bürgermeister habe Osman zurückgeschrieben: »Sollte unter den Griechen in Ordu wirklich aufgeräumt werden müssen, dann werde ich es selbst tun.« Ob Osman anschließend in der Stadt war oder nicht, bleibt unklar, Dimarchos erwähnt das nicht. Der Zentralrat des Pontos hingegen zitiert Zeugenaussagen, nach denen Topal Osman mit seinen Reitern durch die Straßen gezogen sei und griechische Geschäfte geplündert habe. Zwei Griechen habe seine Bande auf der Straße aufgegriffen und mitgenommen.

Schaut man sich im Internet die türkischsprachigen Artikel über Topal Osman an, ist es überall das Gleiche: Er wird gefeiert, Straßen werden nach ihm benannt, sogar in Istanbul. Und seine Heimatstadt Giresun richtet zu seinem Geburts- und Todestag Gedenkfeiern aus, um seinen »Einsatz gegen die separatistischen Elemente und für den nationalen Kampf« zu würdigen. So begründete es etwa Sabri Öztürk, der AKP-Vorsitzende von Giresun, zum 89. Todestag Osmans. Für die Aussöhnung zwischen Türken und Griechen ist das keine gute Nachricht. Ebenso wenig für die Republik Türkei selbst: Wenn das identitätsstiftende Narrativ eines Landes den Massenmord verherrlicht, dann stimmt etwas Grundlegendes nicht. Oder, wie es der Istanbuler Journalist Hrant Dink ausdrückte, der 2007 ermordet wurde, weil er Armenier war: »Wenn du deine Identität nur durch ein Feindbild aufrechterhalten kannst, dann ist deine Identität eine Krankheit.«

***

Während Topal Osman unter den Pontos-Griechen wütete, mordete und vergewaltigte, gerieten deren Notabeln in die Mühlen einer neuen Justiz. Die türkischen Nationalisten unter Mustafa

Kemal hatten im Hinterland sogenannte »Unabhängigkeitsgerichte« (İstiklal Mahkemeleri) eingerichtet, vor denen Fälle von Vaterlandsverrat, Fahnenflucht, Gefährdung der staatlichen Sicherheit und Spionage verhandelt wurden. Im Pontos wurden die Prozesse in der Stadt Amasya durchgeführt. Führende Pontos-Griechen wurden festgenommen und dort angeklagt. Viele der Angeklagten waren weder für eine Vertreibung der Muslime eingetreten noch galten sie als militant. Doch sie hatten sich während des Machtvakuums politisch für eine unabhängige Republik Pontos eingesetzt. Nach kurzem Prozess erfolgte das Urteil. Viele wurden hingerichtet.

Trotz des tiefen Bruchs zwischen den Volksgruppen befürworteten nicht alle Muslime die Verfolgung der Griechen. Das belegt das Schicksal des Matthaios Kofidis. Der Tabakhändler aus Trabzon war vor dem Krieg Abgeordneter im osmanischen Parlament gewesen, außerdem hatte er sich in der jungtürkischen Bewegung engagiert – als Grieche. Das gab es eben auch. Kofidis war Anhänger des »Orientalischen Ideals«, einer Ideologie, die das multiethnische Zusammenleben befürwortete. Statt die unabhängige Republik Pontos zu unterstützen, hatte Kofidis gehofft, das osmanische Millet-System wiederbeleben zu können.

Als im Frühjahr 1920 die türkisch-kemalistische Armee vor der Wiedereroberung Trabzons stand, verweigerte er sich der Forderung, einen bewaffneten Guerillakampf anzuführen. Er ahnte, dass der Kampf gegen die Kemalisten aussichtslos sein würde, und befürchtete die totale Zerstörung der Stadt. Bei der anschließenden Deportation der Griechen aus Trabzon starb sein Sohn. Er selbst wurde in Amasya zum Tod durch den Strang verurteilt und hingerichtet. Dieser Fall sorgte angeblich unter den Muslimen in Trabzon für Unmut gegenüber den Kemalisten, so dass sie sich anschließend weigerten, ihnen weitere Griechen auszuliefern.

Die Massaker an Griechen gingen auch im Jahr 1921 unvermindert weiter, fern von den Augen der Weltöffentlichkeit. Erst

Der Tabakhändler Matthaios Kofidis aus Trabzon, Datum unbekannt

unter der Wirkung einer Protestnote von griechischen Intellektuellen und Künstlern geriet das Schicksal der Pontos-Griechen in den Fokus von Politik und Medien. Die Verfasser des Schriftstücks vom 22. November fassten die »zweifellos belegten« Gräueltaten der Nachkriegszeit zusammen. Sie schlossen mit der Bemerkung, nicht nur die Ereignisse, sondern auch ihre Hinnahme durch Intellektuelle stellten eine Tragödie für die Menschheit dar.

Wer von den Einwohnern noch geblieben war, wurde im Winter 1921/22 auf Todesmärsche geschickt. Nachrichten darüber drangen erst viel später durch Berichte von ausländischen Delegationen und der US-amerikanischen Hilfsorganisation Near East Relief an die Weltöffentlichkeit. Die britische Tageszeitung *Daily Telegraph* berichtete rückblickend am 15. Mai 1922:

»Die gesamte männliche griechische Bevölkerung von Trapezunt und dem Hinterland wurde gesammelt, in sogenannte Arbeitsbataillone gesteckt und an weit entfernte Orte wie Kars und Sarikamış gebracht. Alte Männer, Frauen und Kinder wurden zu Fuß über Sivas nach Kayseri gebracht, dann zu Fuß wieder zurück und schließlich wurden sie nach Harput und Diyarbekir [Diyarbakır d. A.] geschickt, wo die zivilisierten Beobachter ihre Spur verloren.« Die Menschen mussten also zunächst über das Pontische Gebirge marschieren und dann noch viele Hundert Kilometer bis tief in kurdische Gebiete in Ostanatolien zurücklegen. Da die Deportationen im Winter durchgeführt wurden, seien die meisten Menschen erfroren. Der US-amerikanischen Hilfsorganisation Near East Relief sei nicht gestattet worden, eine Unterkunft für Kinder zu errichten, deren Eltern unterwegs gestorben waren. Stattdessen wurden die Kinder mit den anderen Deportierten weiter getrieben. Ein Arzt der Hilfsorganisation habe 150 Leichen auf der Straße zwischen Harput und Malatia gezählt. »Ein anderer Mitarbeiter sah und zählte 1500 Leichen auf der Straße nach Harput, 2000 Deportierte starben auf der Straße östlich dieses Ortes.« Ähnliche »Deportationskampagnen«, so der *Daily Telegraph,* seien in allen Teilen Kleinasiens von den nördlichen Hafenstädten bis zu den südöstlichen Bezirken durchgeführt worden.

İsmet Pascha, der später als İsmet İnönü Atatürk als türkischen Staatspräsidenten ablöste, soll auf einer Tagung der türkischen Nationalversammlung vom 21. Mai 1922 die Massaker an den Griechen zugegeben und begründet haben. Ein entsprechendes Protokoll hat Konstantinos Fotiadis übersetzt. Danach sagte İsmet Pascha vor den Delegierten: »Die Massaker an den Griechen passierten, als sie versuchten, eine Revolution anzuzetteln, viele Türken schlachteten, die Frauen entehrten und ihr Vermögen plünderten. Erst dann gab die Zentrale dem Kommandanten, aber auch dem Topal Osman Ağa den Befehl, Massaker durchzuführen. Die Griechen sind osmanische Untertanen und sollten als solche den Gesetzen des Staates gehorchen, so wie sie es auch früher getan haben, und die Ereignisse abwarten, ob die Türkei erhalten bleibt oder nicht.«

Inwieweit meine Großmutter solche Schreckensnachrichten aus ihrer einstigen Heimat verfolgte oder überhaupt mitbekam, darüber kann ich nur spekulieren. In meiner Familie jedenfalls war über die Deportationen und Massaker am Pontos nichts bekannt. In meinem deutschen Geschichtsunterricht wurde der Erste Weltkrieg nur oberflächlich behandelt. Die Namen Samsun oder Giresun sagten mir nichts, Trabzon kam allenfalls in einem kurzen Exkurs über die Kaukasusfront vor. Ganz ähnlich scheint es griechischen Schülern meiner Generation gegangen zu sein, wie Altersgenossen mir versicherten. Die größere griechische Öffentlichkeit erfuhr von dem Ausmaß der Verfolgungen erst im Jahr 2004, als Konstantinos Fotiadis im Auftrag der griechischen Regierung seine Studie *Der Völkermord an den Griechen des Pontos* vorlegte.

Der große Austausch
Zerstörte Hoffnung Konstantinopel

In den fünf Jahren zwischen dem Waffenstillstand von Mudros und dem endgültigen Friedensvertrag von Lausanne im Jahr 1923 war Konstantinopel die Wartehalle für Menschen aller Ethnien und Religionen aus dem Osmanischen Reich, die der Krieg zur Flucht gezwungen hatte. Da die Hauptstadt von den Siegermächten besetzt war, bot sie den Flüchtlingen Sicherheit. Auch meine Großmutter Alexandra machte sich auf den Weg dorthin, sobald sie die erlösende Nachricht erhalten hatte, dass ihre Familie in der »Polis«, wie die Griechen Konstantinopel kurz nannten, in der Stadt aller Städte, angekommen sei und auf sie warte. Im Sommer 1920 fuhr sie an Bord eines russischen Dampfers quer durch das Schwarze Meer von Ost nach West und erreichte den Hafen der großen Stadt am Bosporus.

Viele Pontos-Griechen hatten sich in Konstantinopel eingefunden. Smyrna und Umgebung waren unter griechischer Verwaltung, die Verhandlungen um den Friedensvertrag von Sèvres liefen zugunsten der Griechen, und so wuchs mit jedem Monat die Zuversicht der Vertriebenen, dass sie in ihre Heimat würden zurückkehren können. Auch meine Familie schöpfte Hoffnung, Ordu wiedersehen zu können.

Den Flüchtlingen muss Konstantinopel erschienen sein wie der Nabel der Welt. Sie müssen überwältigt gewesen sein von der Opulenz der Großstadt, in der schon ohne Flüchtlinge eine Million Menschen lebten, von der Farbenpracht der Völker, der Vielfalt der Sprachen und der auf den Straßen sichtbaren sozialen Unterschiede. Neben türkischen Herren mit Fez flanierten Europäer im Anzug mit Stock und Hut, dazwischen tummelten sich arabische Beduinen in der nachthemdartigen Galabya, ostanatolische Lastenträger, schwarz gekleidete griechische Priester mit langen Bärten, bettelnde Derwische, dunkelhäutige Roma, orthodoxe Juden mit Schläfenlocken, schwarz verschleierte Frauen.

Das Kulturleben war ebenso international. In Konstantinopel erschienen elf Tageszeitungen in türkischer, sieben in griechischer, sechs in französischer, fünf in armenischer Sprache, vier in jüdischem Ladino und anderen von den ortsansässigen Juden gesprochenen Sprachen sowie eine auf Englisch, die *Orient News,* die nach Kriegsende Sprachrohr der britischen Militärverwaltung war.

Die Besatzungsmacht zeigte sich in britischen, französischen und italienischen Soldaten, die meist zu dritt durch die Straßen patrouillierten. Griechenland war nur mit einer Wachmannschaft zum Schutz ihres Patriarchen im Stadtteil Fener vertreten. Dennoch hatten die Griechen auf ganzer Linie gesiegt, zumindest vordergründig. Ein griechisches Konstantinopel, die Wiederkehr von Byzanz, schien in Sichtweite.

Die Atmosphäre in der Stadt während dieser Zeit, als der Krieg verloren, der Frieden aber noch nicht gewonnen war, beschreibt meisterhaft der US-amerikanische Historiker Charles King. »Gegen das orientalisch geprägte Konstantinopel, den alten Stadtkern mit der Hagia Sophia, dem Topkapi-Palast und der Sultanahmed-Moschee, strahlte das europäisch geprägte Pera auf der anderen Seite des Goldenen Horns eine gewisse Noblesse aus«, schreibt er. »Waren die Häuser im alten Konstantinopel klein und gedrungen, die Gassen eng, fand man sich auf der anderen Seite der Galata-Brücke plötzlich in einem Viertel mit europäischen Bürgerhäusern, vergoldeten Hoftoren und großzügigen Promenaden wieder.«

Die heutige Istiklal Caddesi, »Straße der Unabhängigkeit«, hieß damals »Grande Rue«. Sie verläuft einmal durch ganz Pera, vorbei am Galata-Turm, durch das Botschaftsviertel und endet oben auf der Hügelkuppe am Taksim-Platz. Ein kurzer Spaziergang dort führte an einer griechisch-orthodoxen Kathedrale, einer Moschee und zwei katholischen Kirchen vorbei. »Bog man entlang der Wegstrecke in Seitensträßchen ab, stieß man auf weitere Kirchen diverser Glaubensgemeinschaften: armenischer Katholiken, armenischer Gregorianer, Chaldäer, Anglikaner und deutscher Protestanten. Vier Synagogen und mehrere Moscheen schmiegten sich an die Hänge, die den abschüssigen Weg durch das Viertel Galata säumten.«

Um den alten Stadtkern herum waren im Laufe der Jahrhunderte die Mahalles entstanden, die Stadtviertel, von denen jedes seinen eigenen ethnischen Charakter hatte. Griechen, Juden, Armenier, Albaner, Balkan-Slawen, Russen, Tscherkessen, Araber, Nordafrikaner und Westeuropäer blieben meistenteils unter sich. Die Mahalles, schreibt King, markierten »die geographischen Grenzlinien des Alltagslebens in der Stadt, aber auch die Konturen der Macht, die Verhältnisse zwischen Minderheiten und der Mehrheit, zwischen Muslimen und Minderheiten sowie zwischen städtischen Gemeinschaften«.

Die Griechen stellten etwa ein Drittel der Einwohnerschaft und bildeten die Wirtschaftselite. Sie kontrollierten beispielsweise den Fernhandel, betrieben Fabriken und waren im Gastgewerbe tätig. Laut King gehörten im Jahr 1922 mehr als 1100 von 1413 Restaurants der Stadt Griechen. Knapp 100 gehörten Muslimen, 57 Armeniern und 44 russischen Gastronomen. Ihre hohe gesellschaftliche Stellung habe die Nichtmuslime zu »natürlichen Rivalen« gemacht, Griechen und Armenier seien miteinander ausgekommen »wie Hunde und Katzen«, zitiert der US-Historiker den jüdischen Memoirenschreiber Eli Shaul. »Sie gingen einander aus dem Weg, suchten nach Gelegenheiten, einander zu verspotten, und gerieten sich manchmal in die Haare.«

Im Hotel »Pera Palace«, das Charles King zum Protagonisten seines Buches macht, kehrten nach dem Weltkrieg Journalisten, Politiker und Angehörige der internationalen Eliten ein. Ernest Hemingway gastierte dort, und General Mustafa Kemal traf sich dort mit Entscheidungsträgern der Besatzungsmächte. Zwei Monate lang versuchte sich der künftige Atatürk sogar als Herausgeber einer eigenen Zeitung – bis der Sultan den Kriegshelden nach Samsun schickte.

***

100 Jahre später hat Istanbul nichts von seiner Faszination eingebüßt. Ich erreiche die Landenge zwischen Asien und Europa von Ordu aus am frühen Abend per Inlandsflug. Vom östlich der Stadt gelegenen Flughafen Sabiha Gökçen aus nehme ich den Bus in die Stadt. Stunde um Stunde geht es im zähfließenden Verkehr die Küste des Marmarameeres entlang, vorbei an Hochhäusern, riesigen Moscheen und monumentalen Baustellen. Auf 15 oder 20 Millionen Einwohner wird die Metropole heute geschätzt. Der Bus kriecht durch staubige Stadtviertel, windet sich durch enge Kurven und erreicht schließlich die Bosporusbrücke. Der Ausblick auf das alte Konstantinopel ist atemberaubend. Am Horizont ragen die wuchtigen Kuppeln der Hagia Sophia und der Blauen Moschee empor, gebieterisch recken sie ihre Minarette gen Himmel, wie Monumente aus einer fernen Zeit. Die Sonne geht gerade unter, langsam glimmen die Lichter der Stadt auf.

Nicht weit von der Hagia Sophia, der einstigen Prachtkathedrale, liegt das Stadtviertel Fener, dessen schmale Gassen sich vom Goldenen Horn den Hügel hinaufziehen. Hoch oben thront noch immer das griechische Gymnasium von Istanbul, viele Treppenstufen tiefer verbirgt sich hinter hohen Mauern der Sitz des Patriarchen. Bartholomäus wird nicht nur von den griechisch-orthodoxen, sondern von weltweit etwa 350 Millionen Christen orthodoxer Konfession als Oberhaupt anerkannt. Sein offizieller Titel lautet deshalb: »Ökumenischer Patriarch von Konstantinopel«.

Die griechischen Einwohner der Stadt wurden bei den Osmanen »Phanarioten« genannt, nach dem griechischen Namen des Patriarchatsbezirks Fener: »Phanari«, Leuchtfeuer. Sie waren dem Sultan nicht nur treu ergeben, sie übernahmen auch wichtige politische Führungsaufgaben. In den westlichen Provinzen Walachei und Moldau stellten Phanarioten eine Zeit lang sogar die regionale Herrscherkaste. Ihre Nachkommen in Rumänien tragen ihre griechischen Nachnamen mit Stolz und betonen ihre Herkunft.

Heute hängt an beinahe jeder Hausfassade in Fener eine türkische Fahne. Ebenso wie sein Nachbarbezirk Balat, früher das Stadtviertel der sephardischen Juden, gilt es heute als sehr konservativ und islamisch-religiös. Frauen ohne Kopftuch sind in aller Regel Touristinnen. Vor dem Haupttor des Patriarchats, das seit der Hinrichtung des Patriarchen Gregorios und seiner Erzbischöfe im 19. Jahrhundert zugeschweißt ist, stehen Wachleute. Ich gehe durch den Seiteneingang, schlüpfe durch einen Metalldetektor und vorbei an einem gelangweilten Pförtner, der mich mit einer lässigen Handbewegung durchwinkt. Jenseits der hohen Mauern erwartet mich eine von Kiefern gesäumte Oase der Stille. Aus der Kirche im hinteren Teil des Geländes tönt der Gesang von Priestern, die Psalme rezitieren. Ich trete ein, als einziger Besucher.

Ein Priester schwenkt unter dem Klingeln kleiner Glöckchen ein Weihrauchgefäß und schreitet die Sitzreihen ab. Dazu spricht er ein Gebet in altgriechischer Sprache. Die Rituale stammen aus byzantinischer Zeit, sie werden seit mehr als 1000 Jahren so durchgeführt. Der Weihrauch steigt in Kringeln und Kreisen empor, bis er im Kirchenschiff eine behäbig wabernde Nebelwand bildet. Durch den Rauch erkenne ich goldene Kreuze an der Decke. Reich verzierte silberne Kirchenleuchter hängen herunter.

In Zeiten des globalen ökonomischen Wettbewerbs, des schnellen Wandels und der stetigen Neuerfindung des Selbst werden Orte wie dieser immer seltener aufgesucht. Begriffe wie »Tradition« oder »Brauchtum« werden belächelt und mit Stillstand oder gar Rückschritt verbunden. Natürlich: Es gibt keine Bestandsgarantie, kein ehernes Recht. Grundsätze müssen in allen Bereichen immer wieder hinterfragt werden, auch in den konservativen Kirchen. Doch selbst wer mit Religion wenig anfangen kann, müsste sie zumindest als Ausdruck kultureller Identität schätzen und ihren Verlust bedauern.

Im Eingangsbereich des Gebäudes, in dem die Büros untergebracht sind, betrachte ich ein Wandmosaik, auf dem Sultan Mehmed II. Fatih und Patriarch Gennadios II. Scholarios zu sehen sind. Der Eroberer von Konstantinopel übergibt dem ersten Patriarchen unter osmanischer Herrschaft einen sogenannten »Ferman«, einen Sultanserlass in Form einer Schriftrolle. Das Mosaik ist berühmt, ebenso die Schriftrolle. Sie bezeugt die Sonderstellung der orthodoxen Kirche im Osmanischen Reich.

Der junge Sultan – Mehmed II. war 21 Jahre alt, als er Konstantinopel eroberte – hing zeitweise angeblich einer islamischen Glaubensrichtung an, die sich für die Aussöhnung von Islam und Christentum einsetzte. In seinem Umfeld sei deshalb sogar seine Rechtgläubigkeit angezweifelt worden, berichten Biografen. Gegen solche Widerstände wurden die griechische und die armenische Kirche als Teil des Millet-Systems in den Staatsapparat integriert, das die Verwaltung der Minderheiten und die fiskalische Hoheit den Religionsgemeinschaften zugestand.

Im Hauptgebäude treffe ich den Sprecher des ökumenischen Patriarchen, er trägt das schwarze Gewand der Priester. »Willkommen im Patriarchat«, begrüßt er mich auf Deutsch. Dositheos Anagnostopulos entstammt zwar einer alteingesessenen Istanbuler Familie, er hat aber lange in Mannheim gelebt. Er beziffert die Zahl der noch in Istanbul lebenden Griechen auf etwa 2000 – die letzten Nachkommen der Byzantiner. Die Gemeinden seien über die Stadt verstreut, »mal zehn Familien, mal fünf Familien, mal 100 Familien«, sagt Anagnostopulos. Hier in Fener jedoch, im historischen Viertel der Phanarioten, lebt kein einziger Grieche mehr.

***

König Konstantin, Eleftherios Venizelos und sein britischer Freund Lloyd George hatten sich verspekuliert. Im August 1921 kam die griechische Offensive kurz vor Ankara zum Stehen.

Sultan Mehmed II. Fatih und Patriarch Gennadios II. Scholarios, Wandmosaik im Patriarchat von Konstantinopel, 2016

Mustafa Kemal, damals schon Präsident der Nationalversammlung, hatte den Oberbefehl über die türkischen Truppen übernommen. Die anschließende Schlacht am Sakarya-Fluss endete mit einer totalen Niederlage der Griechen. Als erste Siegermacht des Ersten Weltkriegs erkannte Frankreich die türkische Nationalregierung in Ankara an.

Ein Jahr später, im August 1922, erfolgte der Gegenangriff der kemalistischen Armee. Binnen weniger Tage brach die griechische Front zusammen, die militärische Führung löste sich auf. Die Türken verfolgten die gegnerischen Soldaten, bis sie die Ägäisküste erreichten. »Jeder lief auf eigene Rechnung«, erzählt Dido Sotiriou in ihrem biografischen Roman. Auf dem Rückweg hinterließen die griechischen Soldaten verbrannte Erde. Sie plünderten, vergewaltigten, legten türkische Dörfer in Schutt und Asche, wie verwundete Tiere, die alles um sich her mit sich ins Verderben rissen. »Der Tod schreckte mich nicht mehr«, zitiert Sotiriou ihren Protagonisten. »Ich fürchtete die Lebenden, die jede Menschlichkeit verloren hatten.«

Der Vormarsch der türkischen Armee endete am 9. September 1922 in Smyrna. Hier, in der 700 000 Einwohner zählenden Hafenstadt, spielte sich das letzte tragische Kapitel der Chronik gegenseitigen Vergeltungsdrangs beider Völker ab. Bei Pogromen und Massakern der vorstürmenden türkischen Armee wurden zahllose Menschen getötet. Die christlichen Viertel, das griechische, das armenische und das italienische Quartier, gingen in Flammen auf. Zigtausende Einwohner Smyrnas kamen um, die meisten davon Griechen und Armenier. Nach dem Brand fand sich eine riesige Menschenmenge am Kai ein und hoffte auf eine Chance zur Flucht über das Meer.

Unter den Eingekesselten befand sich die damalige Ärztin und spätere Präsidentin des American Women's Hospital in New York, Esther Clayson Pohl Lovejoy. Ein türkischer Soldat schlug sie mit dem Gewehrkolben nieder, weil er sie für eine Griechin hielt; vor weiteren Misshandlungen rettete sie die Intervention eines amerikanischen Offiziers. »Ich war die erste amerikanische Rot-Kreuz-Frau in Frankreich«, berichtete sie später der *New York Times*. »Aber was ich während des Weltkriegs sah, scheint ein Liebesfest zu sein im Vergleich mit den Gräueln von Smyrna. Die Massen verharrten am Wasser zusammengedrängt so eng, dass kein Platz blieb, um sich hinzulegen. Die Sanitärverhältnisse waren unaussprechlich. Dreiviertel der Menge bestand aus Frauen und Kindern, und nie habe ich so viele Frauen Kinder tragen sehen. Es schien, dass jede zweite Frau eine werdende Mutter war. Die Flucht und die Umstände führten zu zahlreichen Frühgeburten, und auf dem Kai, wo es kaum Platz gab, um sich hinzulegen, und ohne Hilfe wurden die meisten dieser Kinder geboren. In den fünf Tagen, die ich dort war, erfolgten über 200 solcher Niederkünfte. Noch herzzerreißender waren die Schreie der Kinder, die ihre Mütter, oder der Mütter, die ihre Kinder verloren hatten. Mütter kletterten mit der Kraft des Wahnsinns fünf Meter hohe Stahlzäune empor und suchten trotz der Schläge mit Gewehrkolben in ihre Gesichter nach ihren Kindern, die wie Tiere schreiend umherjagten. Unter dem Befehl, neutral zu bleiben, sah ich Soldaten und Offiziere sämtlicher Staatszugehörigkeiten untätig bleiben, während türkische Soldaten mit ihren Gewehren Frauen schlugen, die versuchten, zu ihren Kindern zu gelangen, die außerhalb des Zaunes weinten.«

Vor Smyrna lagen europäische und amerikanische Kriegsschiffe, die jeweils die Staatsbürger und Schutzbefohlenen ihrer Länder aufnahmen. Griechen oder Armenier, die versuchten, auf die Zubringerboote zu den Schiffen zu gelangen, wurden abgewiesen, berichtet der armenische Arzt Garabed Hatscherian in seinem Tagebuch, in dem er die letzten Tage von Smyrna eindringlich beschreibt. Statt wie viele andere frühzeitig aus Smyrna zu fliehen, harrte er mit seiner Familie bis zum Schluss in seinem Haus aus – in dem irrigen Glauben, wie er schreibt, dass die türkische Armee Smyrna geregelt einnehmen und die Ordnung wieder herstellen werde. Hatscherian, der später mit seiner Familie über Lesbos nach Thessaloniki fliehen konnte, verurteilt aufs Schärfste die Zurückhaltung der westlichen Beobachter gegenüber den Gräueln, die sich vor ihren Augen am Kai von Smyrna abspielten. Empört notierte er, wie er Kameras an Bord der Schiffe entdeckte, die auf den Kai gerichtet waren. »Man dreht Filme über unsere Misere.«

Smyrna, ausgebrannte Gebäude in der Nähe des Kais, nach 1922

John Clayton, Reporter und Korrespondent für die amerikanische Tageszeitung *Chicago Daily Tribune,* war eigentlich von seiner Regierung verpflichtet worden, im Sinne der Kemalisten zu schreiben. Angesichts der Brandkatastrophe von Smyrna gab er seine Parteinahme auf: »Der Verlust von Leben ist unmöglich zu berechnen«, schrieb er in seiner Zeitung: »Die Straßen sind mit Toten übersät. Abgesehen von dem schmutzigen türkischen Viertel hat Smyrna aufgehört zu existieren. Das Problem der Minderheiten ist hier für alle Zeit gelöst.« Clayton ließ keinen Zweifel am Ursprung des Feuers: »Die Fackel wurde von türkischen regulären Soldaten gelegt.«

Bis heute schieben sich Griechen und Türken gegenseitig die Schuld an dem mehrtägigen Brand von Smyrna zu. Bedeutet er für die Türken den Sieg im nationalen Befreiungskampf, so steht er in der griechischen Geschichtsschreibung für die »kleinasiatische Katastrophe«, die als Trauma bis heute fortwirkt. Besiegelte die Katastrophe vom Smyrna doch das Ende der Existenz von Griechen in Kleinasien und Anatolien.

***

Der Brand und die Massaker von Smyrna waren zweifellos monströs. Aber sie wirken im kollektiven Gedächtnis der westlichen Welt vor allem deshalb so stark nach, weil es hier eine Stadt getroffen hat, in der damals viele Europäer lebten und die von ihnen als kulturell nahestehend empfunden wurde. In jenen Septembertagen 1922 waren zahlreiche Beobachter vor Ort, neben Lovejoy und Clayton etwa die britische Journalistin Clare Sheridan, eine Cousine von Winston Churchill. Außer einer ausführlichen Berichterstattung kam damals allerdings nur wenig Hilfe von den Westmächten. Mit allem, was folgte, sah sich Griechenland allein gelassen.

Erst einmal blieb den Alliierten nichts anderes übrig, als den Sieg der Kemalisten anzuerkennen. Der Vertrag von Sèvres wurde nie ratifiziert, stattdessen wurde der Friedensprozess neu aufgerollt, unter Einfluss der Kemalisten. Entsprechende Gespräche begannen im November 1922 und waren vom Völkerbund initiiert worden, eine 1920 ins Leben gerufene Vorläuferorganisation der Vereinten Nationen, deren Repräsentant der Arktisforscher und Menschenrechtler Fridtjof Nansen war. Schon bald hatten İsmet Pascha, der Delegationsleiter der Türken in Lausanne, und der griechische Staatschef Eleftherios Venizelos ein Dokument ausgehandelt, das Fassungslosigkeit hinterlässt.

Die »Konvention über den Austausch von griechischen und türkischen Populationen« vom 30. Januar 1923 machte den Weg für die große Umsiedlung frei: Alle Christen mit griechisch-orthodoxer Konfession auf türkischem Boden sollten gegen alle in Griechenland lebenden Muslime ausgetauscht werden. Die Religionszugehörigkeit, die hier zum Kriterium für die Ausweisung gemacht wurde, deckte sich allerdings nicht immer mit der ethnischen Zugehörigkeit: Alle Muslime wurden zu Türken erklärt, dazu gehörten auch Angehörige von Minderheiten, die weder Türken noch Griechen waren, sondern Vlachen, Roma, Pomaken oder Bulgaren. Sie wurden aus ihren Dörfern und in die Türkei vertrieben. Im Gegenzug sollten Christen, die kein oder kaum Griechisch sprachen, nach Griechenland umgesiedelt werden. Betroffen von dieser Vereinbarung waren 1,6 Millionen Menschen in beiden Ländern.

Es hatte zwar bereits früher politische Abkommen über den Austausch von Volksgruppen gegeben, etwa nach den Balkankriegen. Sie beruhten aber auf der Freiwilligkeit der Ausreise. Wer in diesem Fall den Vorschlag aufbrachte, den Bevölkerungsaustausch zur Pflicht zu machen, bleibt offen. İsmet Pascha verwies auf Venizelos. Der wiederum erklärte, Fritjof Nansen – erster Hochkommissar für Flüchtlingsfragen des Völkerbunds – habe den Zwangsaustausch vorgeschlagen, um auf diese Weise die umherirrenden, obdachlosen Flüchtlinge zu retten. Der leugnete ebenfalls. Letztlich erschien allen Beteiligten die Schaffung homogener Staaten die einzige praktikable Lösung zu sein, um künftig Konflikte zu vermeiden. Wenn das Zusammenleben der Völker nicht gelang, musste man eben einzelne Gruppen entfernen. Und so wurde die Konvention in den Friedensvertrag von Lausanne aufgenommen, der am 24. Juli 1923 unterzeichnet wurde. Er revidierte wichtige territoriale Bestimmungen des Vertrags von Sèvres zugunsten der Türkei und legitimierte nachträglich die Vertreibung und Ermordung der Griechen und Armenier. Vertragspartner waren auf der einen Seite die Türkei und auf der anderen Griechenland, Großbritannien, Frankreich, Italien, Japan, Rumänien und das Königreich der Serben, Kroaten und Slowenen.

Nach dem Jahreswechsel 1922/23 hatten die meisten Griechen die noch nicht existierende Türkei verlassen, auch meine Familie. Wer nicht freiwillig ging, wurde verhaftet und zu einem Schiff gebracht. Insofern wurden im Vertrag von Lausanne nur noch die Fakten festgeschrieben, die bereits im Winter zuvor geschaffen worden waren. Mit einem kleinen Unterschied: Die Ratifizierung des Dokuments zerstörte die letzten Hoffnungen der Flüchtlinge, ihre Heimat jemals wiederzusehen.

Eine spezielle Frage war der Umgang mit den griechischen Einwohnern Konstantinopels. Die Türkei hatte bei den Lausanner Friedensverhandlungen den Standpunkt vertreten, dass auch sie dem Austausch unterworfen werden müssten. Für Griechenland sei diese Forderung unannehmbar gewesen, so der Völkerrechtler Leonidas Leontiades, weil das durch seine bäuerlichen Strukturen geprägte Griechenland unmöglich mehr als 100 000 Großstädter hätte aufnehmen können. Diesen Aspekt sahen die übrigen Delegationen ein, und deshalb unterstützten sie den griechischen Standpunkt.

Auch das ökumenische Patriarchat, immerhin spirituelles Oberhaupt für die orthodoxen Christen in aller Welt, darunter auch Russen, Serben und Bulgaren, sollte an seinem angestammten Ort bleiben dürfen. Also wurde die Bevölkerung Konstantinopels und der beiden ägäischen Inseln Imbros und Tenedos am Eingang der Dardanellen von der Zwangsumsiedlung ausgenommen. Im Gegenzug durften die Muslime der griechischen Provinz Westthrakien ebenfalls in ihrer Heimat bleiben. Das machte 100 000 Menschen auf jeder Seite. Ein Faustpfand für künftige Verhandlungen, Drohungen und Gegendrohungen.

Die Ausnahmeregelung war tückisch. Wer glaubte, sich darauf berufen zu können, weil er in Konstantinopel wohnte, lag oft falsch. Meine Familie etwa lebte zwar seit mehreren Jahren dort – aber sie stammte nicht von dort. Der entscheidende Passus im Vertrag von Lausanne hieß »établis en Constantinople«. Was das in der Praxis bedeuten sollte, blieb lange unklar. Türkische Behörden entschieden im Zweifel für die Ausweisung. Griechenland schaltete zur Klärung der Frage sogar den Völkerbund-Gerichtshof in Den Haag ein, der sie jedoch an die Regierungen zurückgab. Erst 1925, also lange nach der großen Zwangsumsiedlung, einigten sich die Türkei und Griechenland auf ein Zusatzabkommen.

Es sah vor, dass jeder Grieche, der vor der Kapitulation des Osmanischen Reichs und dem Waffenstillstand von Mudros nach Konstantinopel gezogen war, ohne weitere Untersuchung als »établis« anzusehen sei. Griechen, die also bereits aus Konstantinopel geflohen oder deportiert worden waren, mussten nur beweisen, dass sie dort vor dem 30. Oktober 1918 ihren ständigen Wohnsitz gehabt hatten. Dann waren sie berechtigt, nach Konstantinopel zurückzukehren. Viele alteingesessene Einwohner waren aber vor diesem Datum bereits weggezogen, hatten ihren Besitz aufgegeben, ihn verkauft und waren nach Griechenland, Amerika oder ganz woanders hingezogen. Auch für sie war die Heimat verloren.

Alexandra hätte es sowieso nichts genutzt, sie kam zu spät. Was aber geschah mit dem Besitz der Griechen, mit deren Immobilien? In vielen Fällen waren in die Häuser bereits andere Flüchtlinge eingezogen. Um langwierige Prozesse zu vermeiden, schlossen die Türkei und Griechenland ein weiteres Abkommen, durch das die Immobilien in das Eigentum der jeweiligen Staaten übergingen. Der Wert der Häuser sollte geschätzt und die gegenseitig geschuldeten Summen miteinander verrechnet werden. Der Unterschied war in bar zu entrichten. Obwohl viel mehr Griechen als Türken von dem Bevölkerungsaustausch betroffen waren, wog sich am Ende die Summe, die sich die beiden Staaten gegenseitig zahlen mussten, in etwa auf. Den Enteigneten wurde von ihrem Aufnahmeland eine Entschädigung gezahlt, wobei die Höhe als unzureichend empfunden wurde.

Vieles wurde angesichts der Not der Flüchtlinge informell geregelt. Ihnen wurden einfach die leerstehenden Häuser der anderen Volksgruppe zugewiesen. Aber auch hier bestand ein krasses Ungleichgewicht – 1,2 Millionen Griechen gegenüber 400 000 Türken. Zudem lagen die Häuser der Muslime oftmals in ländlichen Regionen. Nicht wenige Griechen waren jedoch Handwerker oder Händler, die es eher in Großstädte wie Thessaloniki oder Athen zog, wo sie hofften, ein Auskommen zu finden. Für Griechenland bedeutete der Zuzug der Flüchtlinge eine riesige Herausforderung. Die Bevölkerungszahl des Landes vergrößerte sich um ein Viertel, während in der Türkei die Umsiedler dieser Jahrzehnte mit drei bis vier Prozent nur geringfügig zum

Bevölkerungswachstum beitrugen. Mit staatlichen Programmen wurden in Griechenland ganze Stadtviertel hochgezogen, in Kavala zum Beispiel, der Stadt meiner Familie, Ta Pentakosia, die »Fünfhundert«, also Häuser.

Auch die 400 000 Muslime, die aus Griechenland in die Türkei zwangsumgesiedelt wurden, mussten wieder ganz von vorn anfangen. Manche sprachen nicht einmal die türkische Sprache. Viele gehörten zu einer slawischen Minderheit, andere waren Roma, Pomaken oder muslimische Vlachen. Die Häuser der ausgesiedelten Griechen, die ihnen zugewiesen wurden, konnten sie oft nicht beziehen, wie der deutsche Journalist Hans Tröbst 1924 berichtete: »Auch Pergamon ist voll von diesen Unglücklichen«, schrieb er. »Die griechischen Häuser, auf die sie rechneten, liegen in Trümmern. Türkischer Hass und griechische Verzweiflung haben sie in Flammen aufgehen lassen. Und so beschäftigen sich die Mohadschirs [Auswanderer d. A.] damit zu warten.« Sie kampierten derweil in Kirchen oder antiken Tempeln.

Die Umsiedlung in die Türkei folgte einem strikten Plan. Nach der Vorstellung des türkischen Migrationsministers sollten beispielsweise Tabakpflanzer aus dem makedonischen Drama nach Samsun oder Bafra an die mittlere Schwarzmeerküste oder in den Ägäis-Raum ziehen, weil auch dort Tabak angebaut wurde. Die türkische Regierung kam in der Regel zwei Monate für den Unterhalt der ausgetauschten Familien auf, aber nur unter der Voraussetzung, dass sie sich an dem für sie vorgesehenen Ort niederließen. Wer dieser Wohnsitzauflage nicht folgte, etwa bei Verwandten in einer größeren Stadt unterkam, erhielt keine Unterstützung.

Auch alle Pontos-Griechen mussten ihre Heimat verlassen – bis auf wenige, die aufgrund ihrer Herkunft oder verwandtschaftlicher Beziehungen die russische Staatsbürgerschaft innehatten. Auch von diesen gingen die meisten bis zu den 1930er-Jahren freiwillig nach Griechenland. Die letzte orthodoxe Griechin, schreibt Sam Topalidis, war Elena Lazaridou. Sie besaß die rus-

Flüchtlinge aus Samsun in Patras/Westgriechenland, vermutlich zwischen 1923 und 1925

sische Staatsbürgerschaft, ihr Name verweist auf lazische Wurzeln. Sie starb 1965 in Trabzon im Alter von 90 Jahren. Zu Grabe getragen wurde sie vom katholischen Priester der Santa-Maria-Kirche in Trabzon.

***

Wie hatte es so weit kommen können? War der Hass zwischen den Religionsgruppen wirklich so tiefgreifend, dass am Ende der Austausch von ganzen Bevölkerungen zwangsläufig war? Der Geschichtsphilosoph Arnold J. Toynbee etwa war der Ansicht, dass erst der Einmarsch der Griechen in Smyrna der türkischen Nationalbewegung von Mustafa Kemal zu ihrem durchschlagenden Erfolg verholfen und die Nationalitätenfrage verschärft habe: »Die Griechen des Pontos und die Türken in den griechisch besetzten Gebieten waren in gewissem Grade Opfer der ursprünglichen Fehlkalkulation der Herren Venizelos und Lloyd George in Paris.«

Die Pontos-Griechen fühlen sich gleich mehrfach verraten: Erst bei der Gründung ihrer Republik Pontos, die weder von Russland noch von den Westmächten unterstützt wurde. Dann bei den Verhandlungen über die Friedensverträge in den Pariser Vororten, wo sie lächerlich gemacht und abserviert wurden. Und dann wurden sie, wie alle anatolischen Griechen, Opfer der Hybris von Eleftherios Venizelos und Lloyd George. Letztlich wurden sie von allen Siegermächten im Stich gelassen, die erst den Krieg gegen Mustafa Kemal mittrugen und sie dann mit den Folgen allein ließen. Noch heute ist bei vielen Nachkommen der Pontos-Griechen die Skepsis gegenüber den ehemaligen Entente-Mächten zu spüren, deren Bauernopfer sie waren.

Und meine Großmutter? Sie hatte in Konstantinopel geheiratet und ein Kind bekommen, meinen ältesten Onkel Thassos. Denn auch das gab es in der Zeit des Wartens, Bangens und Hoffens: Alexandra hatte Christos Markopoulos kennengelernt, Sohn eines Kupferschmieds, der mit seiner Familie aus dem rumänischen Brăila nach Konstantinopel gezogen war. Bei der Anbahnung der Beziehung half sicherlich, dass die Markopoulos ebenfalls ursprünglich Pontos-Griechen waren. Christos war ein guter Handwerker, und in ihm floss das Blut eines Unternehmers. Alexandra konnte hart arbeiten und gut rechnen. Und sie stand bedingungslos an seiner Seite. Gemeinsam hatten sie vielleicht kurzzeitig gehofft, Konstantinopel könne ihnen eine Zukunft bieten. Doch sie waren eben nicht »établis en Constantinople«. So mussten sie sich einreihen in die Masse derjenigen, die an den Piers auf ein Schiff nach Westen warteten.

Die Flüchtlinge durften mitnehmen, was sie am Körper tragen konnten. Mein Großvater schulterte das Werkzeug für die Kupferwaren, für die Kessel, Pfannen und kleinen, edlen Kaffeekocher, mit denen der berühmte türkische Mokka zubereitet wird. Meine Großmutter trug an einem Arm einen Koffer und in dem anderen das Kind, das gerade 40 Tage alt war. Zögernd stiegen sie die Gangway hoch, unsicher, was sie in dem fremden

Land finden würden, das nun ihre neue Heimat werden sollte. Ein letzter Blick zurück auf die Hagia Sophia, die Blaue Moschee, das Gewimmel der Boote im Bosporus. Zum letzten Mal hörten sie den Ruf des Muezzins. Von fern wehte noch der Klang einer Kirchenglocke herüber, worauf Alexandra wie üblich drei Mal das Kreuz schlug. Das Schiff lief aus, sein Ziel war Thessaloniki. Es war wohl Schicksal, dass es nie dort ankommen sollte.

Die letzten Byzantiner
Zwischen der Türkei und Griechenland

Die Griechen von Konstantinopel blieben zurück und wurden Bürger der Republik Türkei, wie das neue Land ab 29. Oktober 1923 offiziell hieß. Der Name Konstantinopel war nicht mehr gebräuchlich, die Stadt hieß ab 1930 offiziell Istanbul. Das war einer von vielen Namen für die Stadt gewesen, er war schon nach der Eroberung Konstantinopels durch die Osmanen gebräuchlich. Auch »Istanbul« ist griechisch, es leitet sich von dem Ausdruck »Eis tin Poli« ab, übersetzt »In der Stadt«. Den Hauptstadttitel musste Istanbul abgeben: Ankara stand für den Neuanfang und schlug mit seiner Lage eine Brücke nach Ost-Anatolien.

Während die Bevölkerungszahl der muslimischen Minderheit im griechischen Westthrakien sich bis heute nur wenig verändert hat, ist die Zahl der Griechen in Istanbul stark geschrumpft. Nach der Republikgründung sahen sie sich einem zunehmend unfreundlichen Klima ausgesetzt, was viele zur Auswanderung bewog. Wer sich der Anpassung an die türkische Mehrheitskultur verweigerte, wurde unter Druck gesetzt. In der Zeit zwischen den beiden Weltkriegen tauchten Plakate mit dem Aufdruck »Bürger, sprecht Türkisch« auf. Die griechische Sprache wurde in der Türkei zunächst verpönt, dann sogar verboten, wie auch andere Minderheitensprachen, etwa Kurdisch. Bei Verstößen gegen dieses Gesetz konnte man bis zu zwei Jahre in Haft genommen werden.

Wiederholt wurden Griechen Opfer von Anfeindungen und Gewalt. Das Pogrom von 1955 erlebte Dositheos Anagnostopoulos, der Sprecher des Patriarchen, als Jugendlicher mit. Das Klima den Griechen gegenüber war wegen des Zypern-Konflikts aufgeheizt, den Anstoß gab der erwähnte Bombenanschlag auf das Geburtshaus von Atatürk in Thessaloniki. Am folgenden Abend zog ein gewalttätiger Mob durch die von Griechen bewohnten Stadtteile Istanbuls, plünderte Geschäfte und griff Passanten an. Die Polizei griff nicht ein.

Dositheos selbst bezeichnet das Pogrom als traumatisches Erlebnis. »Es hat mir die Türkei fremd gemacht«, sagt er. Umso leichter fiel es ihm, seine Heimat zu verlassen und nach Deutschland zu gehen, wo er als Chemiker in der Pharmaindustrie arbeitete. Im Ruhestand zog es ihn wieder zurück in seine Geburtsstadt, wo er sich in den Dienst des orthodoxen Patriarchats stellte. Nostalgisch wird er nicht, wenn er über die Lage der Griechen in der Türkei berichtet. Eher blickt er zuversichtlich in die Zukunft. »Sehr viele junge Türken, Anfang 20, die an der Universität studieren, kommen zu uns ins Patriarchat und wollen alles über unsere Vergangenheit wissen«, erzählt er. »Ich glaube, die jungen Türken bedauern den Verlust der griechischen Kultur.« Auf die Jugend setzt er große Hoffnungen. »Es sind offene, liberal denkende Menschen. Wenn diese jungen Menschen dereinst an die Macht kommen, dann wird die Türkei eine andere sein.«

***

Viele Cafés in Fener haben griechische Namen, es wird sogar griechischer Eiskaffee angeboten, Frappé. Eine Anspielung an die Vergangenheit des Viertels. Und ein Gag für Touristen – die Betreiber sind ausnahmslos Türken. In einem der Cafés treffe ich mich mit Alexis, einem jungen Griechen. Alexis kam als Student nach Istanbul und verliebte sich: in die Stadt, in die türkische Sprache, in die Menschen. Seit zehn Jahren wohnt er nun hier, der Zuzügler aus Griechenland. »Bist du zum ersten Mal in der Polis?«, fragt er mich. Über einem dunklen Dreitagebart blitzen blaue Augen. Seine Bewegungen sind bedacht, er wirkt sanftmütig. Ich erzähle, wie ich das erste Mal als 20-Jähriger nach Istanbul gereist bin. »Magic Bus« nannte sich die einzige Busverbindung, die zwei Mal pro Woche die Hauptstädte Athen und Istanbul miteinander verband und ausschließlich von jungen Rucksackreisenden genutzt wurde. Damals herrschte zwischen den beiden Ländern weitgehend Funkstille.

Die griechischen Nachbarn meiner Tante in Kavala, allesamt Nachkommen von Flüchtlingen aus dem Osmanischen Reich, hatten mich gewarnt: Ich solle nur bei griechischen Istanbulern essen, das türkische Essen mache krank. Zugleich bewunderten sie mich, dass ich das Abenteuer wagte, und waren sehr gespannt darauf, was ich nach meiner Rückkehr erzählen würde. Damals habe ich zum ersten Mal die tiefe Sehnsucht der Griechen gespürt, die wie eine fast verblasste Erinnerung auflebte, wenn das Zauberwort im Raum stand: »Konstantinoupolis«.

Auch für Alexis hatte der alte Name der Stadt diesen besonderen Klang. Seine Großmutter war ebenfalls eine osmanische Griechin. Sie stammte aus Aydın an der kleinasiatischen Küste, nicht weit entfernt von Smyrna. Kurz bevor die türkische Armee auf ihrem Vormarsch ihre Heimatstadt erreichte, rettete sie sich mit ihrem kleinen Bruder auf ein Schiff, das sie nach Griechenland brachte. Acht Jahre war sie alt, ihr Bruder fünf. Irgendwie gelangten sie nach Thessaloniki, wo sie ein halbes Jahr lang auf der Straße lebten und Zeitungen verkauften. Ihre Mutter hatte auf einem späteren Schiff nachkommen sollen. Sie starb auf der Überfahrt. Alexis glaubt, dass ihre Leiche über Bord geworfen wurde. Der Vater blieb vermisst. Die beiden Kinder kamen in ein Waisenhaus. Jahre später nahm ein Mann aus dem nahe gelegenen Serres das Mädchen auf, weil er eine Haushaltshilfe brauchte. Der kleine Bruder wurde von einer anderen Familie adoptiert. So wuchsen die Geschwister getrennt voneinander auf, in verschiedenen Städten. Erst als Erwachsene nahmen sie wieder Kontakt auf.

»Meine Großmutter hat ihr ganzes Leben lang das Gefühl in sich getragen, von Türken verfolgt und bedroht zu werden«, sagt Alexis. »Dass ich, der Enkel, mich ausgerechnet von der Türkei angezogen fühle, von der Sprache, der Kultur, der Stadt Istanbul, hat sie nicht verstanden.«

Alexis lebt im Istanbuler Stadtteil Kurtuluş. Früher hieß der Bezirk Tatavla und war das Wohnviertel der Armenier und Griechen. Diesen besonderen Geist spüre man noch heute, findet Alexis. Istanbul halte ihn fest, sagt er. »Ich möchte hier leben, und ich möchte hier sterben. Wenn es möglich ist, möchte ich hier begraben sein.« Aber warum? Er kann es nicht sagen. »Meine griechischen Freunde haben sich von mir abgewandt, meine Familie hat kein Verständnis für meine Entscheidung. Aber ich fühle, dass es meine Stadt ist. Wenn mich jemand fragt, woher ich komme, sage ich: Ich stamme aus Thessaloniki, aber ich bin Istanbuler.«

Mit den türkischen Nachbarn komme er gut klar, er habe griechische wie türkische Freunde. Türken und Griechen seien ja kulturell ähnlich. »Aber natürlich gibt es diese Vergangenheit, all das, was sich unsere Völker angetan haben und weshalb es diesen tief verwurzelten Hass gibt. Er führt dazu, dass wir nichts voneinander wissen wollen. Aber das entspricht nicht meiner Einstellung. Wenn wir alles aufrechnen und uns für alle Zeiten hassen, dann wird sich niemals etwas ändern.«

In diesem Moment beginnt der Muezzin von der nahegelegenen Moschee zu singen. Schweigend schauen wir in unsere Kaffeetassen. Man merkt dem jungen Mann seine Zerrissenheit an. »Ich fühle, dass ich ein Fremder in der Türkei bin«, sagt er schließlich. Aber sein Wunsch sei übermächtig gewesen, die türkische Sprache zu lernen und zu verstehen, wie die Gesellschaft funktioniert.

»Mein Gefühl ist: Die Istanbuler versuchen, sich mit ihrer Vergangenheit auseinanderzusetzen. Sie interessieren sich für die griechische Vergangenheit ihrer Stadt. Sie wollen verstehen, warum Griechen die Stadt verlassen mussten. Sie wollen wissen, warum vor 100 Jahren 100 000 Griechen hier lebten und jetzt nur noch 2000.«

Plötzlich sind die Gezi-Proteste wieder Thema. Alexis war dabei, mitten unter den türkischen Studenten, er hatte das Gefühl, einer von ihnen zu sein und mit ihnen gemeinsam eine neue Zeit zu begründen. Er hoffte, nach Gezi würde eine zivilgesellschaftliche Bewegung in der Türkei entstehen, die bereit wäre, sich der Vergangenheit des Landes zu stellen. Doch der Traum war bald vorbei. Die junge Frau aus dem Flugzeug von Berlin nach Istanbul fällt mir ein. Sie hatte es ganz ähnlich beschrieben.

Ein Jahr nach der Niederschlagung der Gezi-Proteste rief eine Gruppe, die sich während der Proteste gebildet hatte, dazu auf, der Istanbul-Pogrome von 1955 zu gedenken, erzählt Alexis. Die Idee: »Wir machen einen Spaziergang durch die einschlägigen Quartiere und erinnern daran, dass hier einmal Griechen und Armenier gelebt haben.« Hunderte Menschen, 20 bis 30 Jahre alt, zogen durch die Hauptstraßen von Kurtuluş und skandierten: »Wir sind Türken, Armenier, Juden und Griechen, wir gehen hier gemeinsam, um uns zu erinnern.« Die Demonstranten verteilten Flugblätter, die Informationen über die ethnischen Minderheiten in der Türkei und über die Pogrome enthielten. »Wir waren höflich, wir baten die Anwohner um Entschuldigung, bevor wir sie ansprachen und erklärten, dass wir uns für den Schutz der Minderheiten einsetzen.« Die Reaktionen haben Alexis verblüfft. »Wir bekamen sehr viel positive Resonanz, es gab viele sehr emotionale Gespräche. Die Nachbarn kamen herunter auf die Straße, sie sprachen uns an. Ich erinnere mich an eine Dame, sie war 90 Jahre alt. Sie weinte. Es war das berührendste, was ich in Istanbul erlebt habe.«

Die Gezi-Proteste von 2013 haben die Türkei verändert. Aber am Ende nicht zum Guten, fürchtet Alexis. Zu viele junge, engagierte Türken haben das Land seitdem verlassen. »Nachdem die Proteste gewaltsam niedergeschlagen worden waren, zahlten viele Menschen einen hohen Preis dafür«, sagt Alexis. »Viele verloren ihre Arbeit, viele wurden verhaftet und verurteilt. Gezi hat alles verändert: die Art, wie die Polizei mit Bürgern umgeht, wie der Staat mit seinen Bürgern umgeht. Die Art, wie die Regierung auf Fremde schaut, die in der Türkei leben, arbeiten oder hier Urlaub machen.«

Die Gezi-Proteste waren für ihn das letzte große Aufbegehren der Zivilgesellschaft gegen die Willkür der Regierung. Das letzte Aufbäumen der lebendigen Demokratie in der Türkei, bevor der Präsident die Macht vollständig an sich zog.

Viele türkische Politiker stellten damals die Gezi-Proteste als Verschwörung westlicher Mächte dar. So sei Misstrauen gegenüber den westlichen Touristen und nichttürkischen Einwohnern von Istanbul aufgekommen, befürchtet Alexis. »Wir müssen vorsichtig sein, denn wir werden überwacht und argwöhnisch beobachtet. Was immer du öffentlich sagst oder schreibst, egal, in welcher Sprache: Diese Regierung findet alles über dich heraus.« Er will dennoch in Istanbul bleiben, so lange es nur geht.

Als ich am Abend mit Ismail, meinem alten Freund aus dem Ruhrgebiet, der inzwischen in Istanbul lebt, durch die Gassen von Kadıköy im asiatischen Teil Istanbuls streife, fällt unser Blick durch ein offenes Tor auf den Hof einer griechisch-orthodoxen Kirche. Dort sitzen ein paar Männer und Frauen beisammen. Ismail spricht sie auf Türkisch an, ich auf Griechisch. Die Menschen sind freundlich, aber distanziert. Wir führen ein kurzes Gespräch, uns wird aber kein Platz angeboten. Auf die Frage, ob wir uns ein andermal treffen könnten, reagieren sie ausweichend. Nach einigen Minuten verabschieden wir uns.

Wir fragen uns, warum sie so abweisend waren. Vielleicht wollen sie einfach ihre Ruhe haben. Was sollen die letzten Griechen von Istanbul noch erwarten? Sie haben keine Zukunft mehr. Vielleicht wollen sie keine Gespräche führen, die in eine Melange von Gefühlen hinein rühren, von der sie froh sind, wenn sie unter dem Deckel bleiben. Wie hatte der Priester gesagt? »Nichts ist mehr übrig. Nur Ruinen.« Konstantinopel ist Vergangenheit. Alles andere müsste neu entstehen. Menschen müssten es neu erschaffen. Menschen wie Alexis. Oder Ismail.

Auch ich muss meinen Frieden machen mit diesem Ort. Ich muss hier nichts mehr finden wollen. Die verbliebenen Seelen, das ist es, was von der einstigen Welthauptstadt Konstantinopel übrig ist. Wer mitfühlt, ob Türke, Grieche oder Erdenbürger, der darf bedauern, dass hier die Relikte einer einstmals reichen Kultur verschwinden. Die letzten Römer, Byzantiner, Phanarioten, das Patriarchat, das alte Gymnasium und die Kirchen – das alles ist, wenn nicht bereits verloren, so doch dem Untergang geweiht. Konstantinopel, die einzige und wahre »Polis« der Griechen nach der Antike – sie existiert nur noch im Gedächtnis der Vertriebenen. Es ist ihr romantischer Sehnsuchtsort, der im Diesseits keinen Platz mehr hat. Von Istanbul ist nur noch der Name griechisch. Und auch das wird wohl bald vergessen sein.

***

Winter 1922/23. Meine Großeltern befinden sich auf einem Schiff nach Westen. Ordu, das Schwarze Meer, Konstantinopel, das Osmanische Reich – das alles ist jetzt Vergangenheit. Wenn meine Großmutter Alexandra über die Reling bugwärts blickt, sieht sie in Richtung Europa. Das Schiff kämpft sich voran in schwerer See. Am Ausgang der Dardanellen treffen Segler in dieser Jahreszeit häufig auf den gefürchteten Südwind Lodos. Was der Nordwind Boreas im Schwarzen Meer, ist der Lodos in der Ägäis. Er drückt von der offenen See in die Meerenge hinein und sorgt für eine starke Dünung. Gischt sprüht herauf. Die Ägäis hat einen völlig anderen Charakter als das Schwarze Meer. Das Wasser ist extrem salzig, es brennt in den Augen. Es reflektiert die Sonne so stark, dass die Haut verbrennt, sogar in den kalten Monaten. Das Wasser liegt im Süden, das Land im Norden. Für die Flüchtlinge aus dem Pontos muss es sich angefühlt haben, als stünde die Welt auf dem Kopf.

Das Schiff ist völlig überladen mit Menschen, ein Seelenverkäufer, alt und verrostet. Als die Maschine ihren Geist aufgibt, können Mannschaft und Passagiere von Glück reden, dass die

Der Hafen von Kavala, 1919

Küste in Sichtweite ist. Fischer schleppen das Flüchtlingsschiff in den nächsten Hafen, nach Kavala. Einst war hier eine Poststation, in der Kuriere ihre Pferde wechseln konnten, daher der Name, der sich vom italienischen Wort für Pferd, Cavallo, ableitet. 1923 ist es ein Tabakdorf mit einer alten osmanischen Festung und ein paar Tausend Einwohnern. Der Hausberg erinnert meine Großmutter an den Boztepe in ihrer alten Heimatstadt Ordu. Warum nicht einfach hier bleiben?

Auf dem Schiff sind viele ehemalige Nachbarn meiner Großeltern und andere Griechen vom Schwarzen Meer. An Land richten sie sich notdürftig ein. Manche werden von den Einwohnern aufgenommen oder beziehen leerstehende Häuser, die vorher Muslimen gehört haben. Andere nächtigen in Schafställen, die sie mit der Zeit zu einfachen Hütten ausbauen. Aus Hütten werden Häuser. Die Tabakpflanzer brauchen Arbeitskräfte. Und alle brauchen Kochgeschirr, das aus Kupfer hergestellt wird. Aus der Werkstatt meines Großvaters, dem Kupferschmied Christos, wird eine kleine Manufaktur. Aus dem osmanischen Dorf Kavala wird eine griechische Stadt.

Ich lege die Strecke von Istanbul nach Kavala mit dem Expressbus Richtung Athen zurück. Die Busse starten vom Esenler Otogarı in Bayrampaşa auf der europäischen Seite Istanbuls. Der Busbahnhof hat sich in den letzten Jahren stark verändert. Endlose Minuten kurvt der Kleinbus, der das Zentrum Istanbuls mit dem Busbahnhof verbindet, unter der Erde herum, bis wir auf der Ebene der Fernbusse wieder auftauchen. Sie fahren nicht mehr zwei Mal pro Woche, sondern beinahe jeden Tag. Aber der Fahrplan ist immer noch der gleiche wie vor 20 Jahren. Für die Fahrt in das etwa 600 Kilometer entfernte Thessaloniki benötigt der Bus etwa zehn Stunden, er fährt die ganze Nacht. Geplanter Zwischenstopp in Kavala: 4.30 Uhr am Morgen.

Der Fahrer ist ein griechischer Türke, vielleicht auch ein türkischer Grieche, wer weiß das schon. Jedenfalls spricht er beide Sprachen. Neben mir sitzt ein junger Mann, der aus Bad Tölz in Bayern kommt und dort eine duale Ausbildung als Immobilienmanager macht. Seine Verwandten leben in der Nähe von Xanthi in Griechenland, erzählt er, und er habe eine Tante in Istanbul besucht. Er ist Muslim und lebt in Westthrakien. Seine Familie muss also zu jenen 100 000 Muslimen gehören, die nach der Zwangsvertreibung in Griechenland bleiben durften.

Als ich ihn als Angehörigen der muslimischen Minderheit in Griechenland bezeichne, muss er lauthals lachen. »A was«, sagt er mit breitem Akzent. »I bin Angehöriger einer bayerischen Minderheit, die zu Deutschland gehört. Nur beim Fußball nicht. Da san mia Weltklasse«. Seine Fröhlichkeit steckt an, die Fahrt in den Abend wird unterhaltsam. Er ist froh, wieder zurück nach Griechenland zu kommen und dort seine Eltern zu treffen. In Xanthi wird er den Rest seines Sommerurlaubs verbringen. Istanbul findet er den »blanken Wahnsinn«. Der Verkehr, die vielen Menschen, die Armut auf der Straße – »da können wir mal wieder sehen, wie gut wir es in Deutschland haben«.

Der türkisch-griechische Grenzübergang befindet sich an einer Brücke über den Evros. Der Fluss zieht sich entlang der einzigen Landgrenze zwischen beiden Staaten; über etwa 200 Kilometer stehen sich hier Soldaten der beiden Nationen direkt gegenüber. Die Zollbeamten sind unfreundlich, alles geht unfassbar langsam. Beinahe eine ganze Stunde dauern die Kontrollen – eine Ewigkeit in diesem heißfeuchten Flussdelta. Es wimmelt vor Mücken, man atmet sie fast ein. Ein paar Kilometer nordwärts kämpfen sich vermutlich auch heute wieder Flüchtlinge durch den Sumpf in Richtung Europa.

In den Jahren nach dem verordneten Bevölkerungsaustausch strömten weitere Menschen nach Griechenland, sie kamen aus allen Teilen des ehemaligen Osmanischen Reichs. Bis Ende der 1920er Jahre trafen anderthalb bis zwei Millionen Zuwanderer, darunter auch Armenier und andere Christen aller Konfessionen, auf eine Residenzbevölkerung von sechs Millionen. Ein Ansturm von ungeheurem Ausmaß. Die meisten landeten im Umschlaghafen Thessaloniki an und blieben erst einmal in Nordgriechenland, in den jungen Provinzen Makedonien und Westthrakien. In den alten Zentren im Süden Griechenlands war es bereits sehr eng geworden. Die Einwohnerzahl von Athen und Piräus verdoppelte sich in jener Zeit. Flüchtlinge wurden in neu angelegten Siedlungen untergebracht, in Hütten und schnell hochgezogenen Mehrfamilienhäusern. Viele Dörfer erhielten die Namen der Orte, aus denen die Flüchtlinge gekommen waren. Nea Smyrni, Nea Ephesos oder Nea Trapezunda erinnern an verlorene Städte. Die griechischen Fußballvereine AEK Athen und PAOK Saloniki tragen das K für Konstantinopel in ihren Kürzeln.

Die Ägäis, das blauschimmernde Meer, wurde zum neuen Ankerpunkt für die Griechen vom Pontos. Aber wurde es ihre Heimat? Meine Mutter meint: nein. Ihre Mutter Alexandra konnte sie nie annehmen. »Ihre gefühlte Heimat war immer der

Pontos und nicht Kavala. Griechenland wurde nie ihr Zuhause.« Selbst meine Mutter sagt, sie fühle sich mehr als Pontierin denn als Griechin.

***

Ganz Nordgriechenland ist durch die Schwarzmeer-Griechen geprägt. Reisende sehen es auf den zweiten Blick. Ich verbringe einen Abend mit meinen Eltern und ihren Freunden in Eleochori, dem »Olivendorf«, auch eine dieser einstmals muslimischen, makedonischen Ortschaften, in die nach dem großen Exodus zahlreiche griechische Flüchtlinge gezogen sind. Außerhalb des kleinen Dorfkerns, in dem man die Relikte der einstigen Moschee nur noch vermuten kann, stehen die typischen Betonhäuser der Flüchtlinge. Die Zuzügler kamen zunächst in Baracken und Lagern unter. Diejenigen, die sich entschieden, hier zu bleiben, haben sich mit viel Mühen hochgearbeitet. Jedes Mal, wenn sich die Familie vergrößerte, wurde ein neues Stockwerk auf das Haus gebaut.

Wir sitzen gemeinsam auf der überdachten und von Weinreben umrankten Terrasse, als der Herr des Hauses pontische Lieder anstimmt. Er lebt mit seiner Frau in einem großen Neubau, hinter dem Haus ein wild wuchernder Garten, in dem die beiden Obst und Gemüse anbauen. Der Vater des Hausherrn entstammte einer alt eingesessenen Händlerfamilie aus Batumi am Schwarzen Meer, dem einstigen Handelszentrum an der Seidenstraße, wo auch meine Großmutter strandete. So spricht er, wie schon sein Vater, vier Sprachen: Russisch, Armenisch, pontisches Griechisch, also Romeyika, und Neugriechisch. Sein Sohn hat all diese Sprachen ebenfalls erlernt und mit Englisch und Französisch aufgestockt. Er arbeitet heute als Rechtsanwalt für internationale Organisationen. Die Sprachbegabung seines Sohns, glaubt der Vater, ist auch ein Erbe des Pontos.

Die Trauben hängen schwer von den Dachbalken herunter, ihr süßlicher Duft senkt sich auf uns, während der alte Mann in Sprachen singt und rezitiert, die fremd und zugleich seltsam vertraut klingen. Und noch ein Tsipouro, ein selbstgebrannter Schnaps! Und hoch die Gläser! »Auf die Patrida«, die alte Heimat. Aber kein böses Wort über die Türken, das waren unsere Nachbarn, stattdessen Unverständnis über die aktuellen Entwicklungen, Verwunderung, warum die Türken einen Autokraten wählen, sie sind doch eine stolze Nation. Keine Revanche, sondern »Kismet«, wie die Türken sagen, Schicksal, so ist eben der Lauf der Zeit.

Und jetzt sitzt man hier in Nordgriechenland, einer Region, die aus dem Osmanischen Reich heraus gesehen provinziell wirkte, bäuerlich, deren Städte weder eine Vergangenheit hatten noch Kultur vorweisen konnten. Dagegen schaue man sich Istanbul an, mit seinen in Stein gemeißelten Huldigungen an uralte Dynastien, an Herrscher längst vergangener Zeiten und an den Gott dreier Religionen. Die von einer Geschichte erzählen, die man einst die eigene nannte. Wenig überzeugend wirken da die Versuche des modernen Griechenlands, sich auf die antike Kultur zurückzubesinnen. Was hat die heidnische Akropolis, das Orakel von Delphi, was haben die mykenischen Königsgräber mit den Griechen von heute zu tun? Der Kitt der griechischen Nation ist das orthodoxe Christentum, das hier in allen Generationen lebendig ist. Seine Monumente aber stehen in Istanbul, der tausendjährigen Stadt des Ostens. Das Wort Konstantinopel wird seinen Zauber nicht so schnell verlieren.

Die heutigen Nationen sind jung im Vergleich zu den alten Reichen, die viele hundert Jahre und mehr Bestand hatten. Dennoch sind sie für viele höchst bedeutsam. »Ich würde für mein Land sterben«, sagt ein junger Türke in einem aktuellen Istanbul-Porträt der TV-Autorin Yasemin Ergin. Ist der Geist der Nation, einmal der Flasche entwichen, vielleicht doch stärker, als man sich eingestehen möchte?

Die Antwort lautet wohl derzeit: ja. Dass Identitäten aber viel komplexer sind als das Schema der Nation zulässt, darauf verweist die Istanbuler Künstlerin Gülsün Karamustafa in ihren Arbeiten. Sie greift in ihren Gemälden Stilelemente aus der byzantinischen Ikonenmalerei auf und verknüpft sie mit anderen orientalischen Stilelementen. Karamustafa scheut nicht davor zurück, die Geschichte ihrer Stadt zu thematisieren und zu zeigen, aus welcher Melange die Istanbuler Gesellschaft einst bestand. Augenfällig zeigt sich dies in »The Apartment Building«, dem Miniaturnachbau eines mehrstöckigen Bürgerhauses in Istanbul. Das Original steht in der Straße Cihangir Caddesi im Stadtteil Beyoğlu und wurde aufwendig restauriert. Einst gehörte es einer der wohlhabendsten griechischen Familien der Stadt. Nach den Pogromen von 1955 wurde es von seinen Besitzern aufgegeben.

Indem Karamustafa das Modell ausstellt, weist sie auf diese Geschichte hin und illustriert zugleich, welche kulturelle und wirtschaftliche Bedeutung die Griechen einstmals in Istanbul hatten. Sie selbst lebt in der Erdgeschosswohnung des Hauses. Für die griechische Kuratorin Anna Kafetsi ist die Arbeit »ein Geschenk der Wiedergutmachung und Freundschaft, der tiefen menschlichen Beziehung und der Kommunikation«. Man kann es so sehen: Karamustafas Arbeiten sind ein Andenken an die verloren gegangene Kultur der osmanischen Griechen, an das vergessene Volk.

Mein Freund Ismail fährt in den Ferien mit seinen Kindern nach Griechenland, er schwärmt von der dortigen Lebensart. Er liebt griechische Musik, das Essen, den Wein und den Ouzo. Gern hätte er Griechen in Istanbul als Nachbarn. Auf Facebook sehe ich, dass Ezgi, die Kindergärtnerin aus Ordu, an einer Umfrage teilgenommen hat. Welcher historischen Person würdest du gerne einmal begegnen, welches Buch liegt bei dir auf dem Nachttisch, solche Fragen. Und: Welche Sprache würdest du gern lernen? »Griechisch«, schreibt sie da.

Den berühmten griechischen Musiker Mikis Theodorakis verband eine enge Freundschaft mit seinem türkischen Kolle-

Rembetiko-Trio: Dimitris »Salonikios« Semsis, Agapios Tomboulis, Roza Eskenazy, Athen 1932

gen Zülfü Livaneli. Ihre gemeinsamen Konzerte waren legendär. Heute noch pflegen viele griechische Künstler Freundschaften mit türkischen Kollegen, darunter Maria Farandouri und George Dalaras. Wer hören möchte, welche atemberaubenden Ergebnisse die Synthese von Kulturen hervorbringen kann, muss Roza Eskenazy hören. Geboren in Konstantinopel in einer jüdischen Familie, aufgewachsen in Thessaloniki, sang sie Lieder in griechischer, türkischer und armenischer Sprache und wurde zu einer gefeierten Rembetiko-Sängerin. Sie überlebte die deutsche Besatzungszeit mit gefälschten Taufpapieren in Athen.

Auf meiner Reise und danach sind Beziehungen entstanden. Bewusst sage ich nicht: Freundschaften. Vielleicht passt der Begriff der Schicksalsgemeinschaft besser. Mit den Menschen, mit denen ich auf diese Weise verbunden bin, teile ich eine Herkunft –

und eine Sehnsucht. Griechen und Türken, es ist in unserer Generation noch zu spüren, waren einst wie zwei Teile, die das Ganze formten. Und nun leben sie verstreut in der Welt und begegnen sich auf den Spuren ihrer Ahnen. »Wir sind alle eine Familie«, schrieb mir Hatice Aksoy, die in Deutschland aufgewachsen ist und deren Vorfahren ebenfalls aus Ordu stammen – und unterstrich die Aussage mit gleich mehreren Ausrufungszeichen.

Meine Großmutter ist am Karfreitag 1975 gestorben. Friedlich ist sie in dem knarzenden, schmalen Bett eingeschlafen und nicht mehr aufgewacht. Da war ich gerade mal acht Jahre alt. Von ihr selbst habe ich kaum etwas erfahren können, dabei hätte ich so viele Fragen. Wie war es für sie, im Osmanischen Reich aufzuwachsen, in einem Land mit so vielen so unterschiedlichen Kulturen und Religionsgruppen? Was dachte sie über die Muslime in ihrer Stadt? Was bedeutete es im Alltag, Untertan eines Sultans zu sein? Hat sie das Schicksal ihrer Vertreibung wirklich so stoisch ertragen, wie sie nach außen wirkte? Ihre Stärke habe ich immer bewundert, auch ihren unerschütterlichen Gleichmut, den sie meinem kleinen Bruder und mir, zwei lauten und wilden Jungen, stets entgegenbrachte. Ich habe sie als liebevolle alte Dame in Erinnerung behalten.

In meiner Familie haben sich nur wenige dafür interessiert, woher sie einst gekommen sind. Meine Mutter hat nachgefragt, aber viel zu selten, sagt sie reuevoll. Und meine Recherche, meine Reisen – sie haben mehr Fragen hinterlassen, als sie beantworten konnten. Manchen Menschen in der Türkei bin ich sehr nahe gekommen. Ich habe das Gefühl, einen Zipfel der Seele dieses Landes erhascht, eine Ahnung von seinem Reichtum an Völkern und dieser so unglaublich vielschichtigen Kultur bekommen zu haben. Ein bekannter Song der Istanbuler Band Baba Zula beginnt mit einer Aufzählung Dutzender Volksgruppen, darunter auch Lazen, Armenier und Griechen. Im Refrain werden sie alle zu »Istanbul Çocukları«, zu Kindern Istanbuls. Auch ich bin, so empfinde ich es, zu einem Kind Istanbuls geworden. Mit einer deutsch-protestantischen und einer griechisch-orthodoxen Seite, einem lazischen und einem westfälischen Hintergrund, einer rheinischen Prägung, einer europäisch-demokratischen Gesinnung und einem Anspruch darauf, zuvorderst das Gemeinsame zu sehen und das Trennende zu überwinden.

In vielen Geschichten des Orients wird das Trennende überwunden, oft unter großen Opfern. Es geht um Brücken, deren Bau den Tod eines Menschen fordern, es geht um Straßen, auf denen Reisende unter Lebensgefahr unterwegs sind. Dann hilft ein Fremder überraschend bei der Erfüllung eines Auftrags oder befreit den Helden aus großer Gefahr. Es geht um Räuber und Retter, um Aufstände gegen Menschenschinder, um Mörder und Mitläufer, die ihre Greueltaten bereuen. Am Ende schließt sich ein Kreis, die Versöhnung obsiegt. Die Geschichte der leeren Häuser von Ordu, so lehren die Erzähler des Ostens, ist noch nicht zu Ende.

Völkermord – oder nicht?

Nachwort

Unter »Genozid« verstehen wir die Zerstörung einer Nation oder einer ethnischen Gruppe. [...] Allgemein gesprochen, bedeutet Genozid nicht notwendigerweise die sofortige Zerstörung einer Nation, außer wenn er durch Massentötungen aller Angehörigen einer Nation vollführt wird. Er bezeichnet eher einen koordinierten Plan verschiedener Handlungen, die auf die Zerstörung der Lebensgrundlagen nationaler Gruppen abzielen, mit dem Ziel, die Gruppen selbst zu vernichten. Die Ziele eines derartigen Plans wären die Auflösung der politischen und sozialen Einrichtungen, der Kultur, Sprachen, Nationalgefühle, Religion und der wirtschaftlichen Existenz nationaler Gruppen sowie die Zerstörung der persönlichen Sicherheit, Freiheit, Gesundheit, Würde und sogar des Lebens der Individuen, die solchen Gruppen angehören. Genozid richtet sich gegen die nationale Gruppe als Wesenheit, und die angewendeten Handlungen richten sich gegen Individuen nicht in ihren individuellen Eigenschaften, sondern als Angehörige der nationalen Gruppe. [...] Genozid erfolgt in zwei Phasen: Die eine ist die Zerstörung des nationalen Modells der unterdrückten Gruppe; die andere die Auferlegung des nationalen Modells des Unterdrückers. Die Auferlegung wiederum kann sich auf die unterdrückte Bevölkerung beziehen, der zu bleiben gestattet wurde, oder nur auf das Territorium, nach Entfernung der Bevölkerung und der Kolonisierung des Gebiets durch die eigenen Staatsangehörigen des Unterdrückers.

Aus Raphael Lemkin: Axis Rule in Occupied Europe, Washington 1944 (Übersetzung: Tessa Hofmann)

Mit welchem Begriff lassen sich die Vertreibungen, Deportationen und Massakrierungen der Pontos-Griechen fassen? Handelte es sich um einen »Genozid« oder eher um »genozidale Vertreibung«, »ethnische Säuberung« oder »kriegsbedingte Umsiedlungen«? Was angesichts von Hunderttausenden Opfern zynisch und nach Haarspalterei klingt, hat einen juristischen Hintergrund: Wird der Krieg gegen eine Ethnie als staatlich organisierter Völkermord eingestuft, entstehen Schadensersatzansprüche.

Die völkerrechtlich verbindliche Definition von Genozid orientiert sich an der Völkermordkonvention der Vereinten Nationen (Konvention über die Verhütung und Bestrafung von Völkermord) von 1948. Ihr Artikel 2 definiert eine Handlung als Völkermord, »die in der Absicht begangen wird, eine nationale, ethnische, rassische oder religiöse Gruppe als solche ganz oder teilweise zu zerstören: Tötung von Mitgliedern der Gruppe; Verursachung von schwerem körperlichem oder seelischem Schaden an Mitgliedern der Gruppe; vorsätzliche Auferlegung von Lebensbedingungen für die Gruppe, die geeignet sind, ihre körperliche Zerstörung ganz oder teilweise herbeizuführen; Verhängung von Maßnahmen, die auf die Geburtenverhinderung innerhalb der Gruppe gerichtet sind; gewaltsame Überführung von Kindern der Gruppe in eine andere Gruppe.« Verfasst wurde diese Konvention im Wesentlichen von dem polnisch-jüdischen Juristen und Völkerrechtler Raphael Lemkin. Als Anschauungsbeispiele lagen ihr der Völkermord an den Armeniern im Osmanischen Reich sowie die Vernichtung der Juden Europas im Zweiten Weltkrieg zugrunde.

Für die Genozid-Forscherin Tessa Hofmann sind die an den Pontos-Griechen begangenen Verbrechen Bestandteil des osmanischen Genozids an indigenen Christen Kleinasiens, des Pontos und Ostthrakiens. Sie benutzt in ihren Aufsätzen ebenfalls die im griechischen Sprachraum für die Geschehnisse jener Zeit üblichen Begriffe »Sphagi« (Massaker) und »Xerisomos« (Entwurzelung). Diese Begriffe, so Hofmann, beschreiben vier von fünf in der späteren UN-Genozidkonvention aufgezählten Straftatbestände von Völkermord, wie beispielsweise die gewaltsame Überführung von Kindern der Gruppe in eine andere Gruppe und die vorsätzliche Auferlegung von Lebensbedingungen, die auf die völlige oder teilweise physische Zerstörung der Gruppe abzielen. Den von ihren Kollegen häufig benutzten Begriff »ethnische Säuberung« lehnt sie ab. Er stamme aus der »Tätersprache« und sei keine Kategorie des Völkerrechts.

Ihr Kollege Boris Barth hält in seinem Buch über *Genozide des 20. Jahrhunderts* dagegen. Er argumentiert, den anatolischen Griechen sei die Flucht nach Griechenland möglich gewesen, sie hätten also, im Gegensatz zu den Armeniern, eine Ausweichmöglichkeit gehabt. »Die Griechen litten während des Krieges erheblich, wurden aber nicht alle deportiert und zur Vernichtung vorgesehen«, schreibt Barth. »Während des Krieges ergriffen die Jungtürken eine Reihe von anti-griechischen Maßnahmen, die als ethnische Säuberungen, nicht aber als Genozid bezeichnet werden können.«

Die Pontos-Griechen vernachlässigt Barths Argumentation allerdings. Ihre Fluchtmöglichkeiten waren schon durch die räumliche Entfernung vom »Mutterland« eingeschränkt; ähnlich wie den Armeniern blieb ihnen nur die gefährliche und kostspielige Flucht ins Nachbarland Russland, zumeist per Schiff. Eine erfolgreiche Flucht ganzer Familien auf dem Landweg erscheint im Rückblick kaum möglich gewesen zu sein. Irreguläre Soldaten und Banditen machten die Straßen unsicher. Reisende mussten Wegegeld zahlen, oder sie wurden unter dem Vorwand, sie gehörten nicht zur richtigen Volksgruppe, ausgeraubt und ermordet.

Der Historiker Taner Akçam hat für sein Buch *The Young Turks' Crime against Humanity* die osmanischen Archive studiert und zahlreiche Dokumente aus der Zeit der Jungtürken-Regierung gesichtet, die in osmanisch-türkischer Sprache und arabischer Schrift verfasst sind. Darunter waren »Fermane«, Anordnungen von höchster Stelle, und militärische Befehle – auch über Deportationen von Griechen. Akçam, der als erster renommierter türkischer Historiker im Zusammenhang mit den Verfolgungen der Armenier von Völkermord gesprochen hat, meidet diesen Begriff im Zusammenhang mit der Verfolgung der Griechen im Osmanischen Reich. Stattdessen spricht er von Massakern und ethnischer Säuberung. Bereits im Untertitel seines Buchs wird der Unterschied in der Bewertung deutlich: »The Armenian Genocide and Ethnic Cleansing in the Ottoman Empire«. Ethnische Säuberung, nicht Völkermord, sei die Intention der jungtürkischen Machthaber gegenüber allen Volksgruppen außer den Armeniern gewesen. Die Pontos-Griechen habe man nicht vernichten, sondern zur Flucht bewegen wollen, so Akçam, um eine vollständig muslimische Türkei zu schaffen.

Was die Opferzahlen betrifft, schwanken die Einschätzungen erheblich. Griechische Quellen gehen davon aus, dass zwischen 1912 und 1923 im Osmanischen Reich bis zu 1,5 Millionen Griechen an den Folgen von Zwangsaussiedlungen, Zwangsarbeit und Unterernährung sowie bei Massakern umkamen. Dabei sind die Opfer der Balkankriege mit berücksichtigt. Andere sprechen von 500 000 bis zu 700 000 getöteten anatolischen Griechen im Laufe und nach dem Ersten Weltkrieg. Dabei beziffert der – allerdings als recht unzuverlässig geltende – osmanische Zensus von 1914 die Gesamtzahl der im Reich lebenden Griechen auf zwei Millionen.

Die Pontos-Griechen, deren Einwohnerzahl an der südlichen Schwarzmeerküste vor dem Ersten Weltkrieg mit etwa 700 000 Einwohnern angegeben wird, beklagen 353 000 Opfer. Die letztere Zahl wurde auf Grundlage von Berichten der Internationalen Liga für die Rechte und Freiheit der Völker geschätzt.

Nicht nur bei offiziellen Vertretern der Türkei, sondern auch bei vielen Türken und türkischstämmigen Deutschen löst der Begriff »Völkermord« oder »Genozid«, englisch »Genocide«, einen Abwehrreflex aus. Man bestreitet nicht, dass es im Laufe des Ersten Weltkriegs Hunderttausende tote Zivilisten unter den ethnischen Minderheiten gegeben hat. Die türkische Geschichtsschreibung weist eine Vernichtungsabsicht jedoch zurück – dafür gebe es keine Belege. Vielmehr seien die Deportationen Notmaßnahmen eines Staates gewesen, der um seine Existenz habe bangen müssen und sich der Loyalität seiner christlichen Untertanen nicht habe sicher sein können.

In der Tat kämpften christliche Freischärler, darunter waren neben den Griechen auch überlebende Armenier vertreten, in kleinen Gruppen und mit ausländischen Waffen gegen die Staatsmacht. Wie stark diese griechischen Partisanenkämpfer wirklich waren, darüber gibt es unterschiedliche Auffassungen. Während der Balkankriege hatten sie die osmanische Armee in Westthrakien ernsthaft unter Druck gesetzt. Im Pontos aber, fernab vom »Mutterland« Griechenland, handelte es sich vielfach um Deserteure aus den Amele Taburları, den osmanischen Arbeitsbataillonen, die sich in den Bergen versteckten und dort versuchten, den Krieg zu überleben.

Tessa Hofmann sieht die Aktivitäten der pontos-griechischen Partisanen vom Recht auf Notwehr gedeckt und verweist auf das heute allgemein anerkannte Recht auf Selbstverteidigung bedrohter Menschen. Dabei stellt sie den Notwehrkampf der Griechen in eine Reihe mit dem Aufstand im Warschauer Ghetto vom April 1943 und der Selbstverteidigung der Armenier in der Stadt Van 1915. »Die Christen im Osmanischen Reich«, so das Fazit der Genozid-Forscherin, »waren in einer Situation, in der sie versuchten sich zu verteidigen. Dieser Versuch war in aller Regel erfolglos.«

***

In einem Interview, das Rolf Hosfeld, wissenschaftlicher Leiter des Lepsiushauses in Potsdam, Mitte der 1990er-Jahre mit Taner Akçam geführt hat, wundert sich der türkische Historiker über die dogmatische Haltung der heutigen türkischen Machthaber zur Genozid-Frage. Für die Gründer der Republik sei das »eine klare Sache« gewesen. Bei den ersten Parlamentssitzungen in Ankara ab 1920 habe es mehrere Redner gegeben, die mit der Genozid-Frage offen umgingen. »Sie sagten: Sie haben das gemacht, aus dem einfachen Grund, weil wir damit die Grundlagen dafür geschaffen haben, eine Republik zu gründen.« Fast wörtlich: »Wir haben es sogar hingenommen, dass uns andere Völker als Mörder bezeichnen.«

Die meisten Anführer der irregulären Truppen, die später die Pontos-Griechen vertrieben, seien bereits von den Alliierten wegen Völkermords steckbrieflich gesucht worden. Mustafa Kemal aber habe sich aus dem Geschäft mit dem Tod herausgehalten, glaubt Akçam. Seiner Meinung nach vertrat der spätere Atatürk insgesamt eine »pragmatische Position«. 1919 habe Mustafa Kemal selbst eine strafrechtliche Verfolgung der Verantwortlichen für den Völkermord durch die Siegermächte verlangt. Auch habe er in einer nichtöffentlichen Sitzung der Nationalversammlung, des alternativen Parlaments der türkischen Republik, am 24. April 1920, den Völkermord an den Armeniern ausdrücklich kritisiert.

Zugleich aber habe Mustafa Kemal in vielen Gesprächen behauptet, die ausländischen Mächte benutzten die »Armenierangelegenheit« als Vorwand, um die Türken niederzumachen. Er habe die Taten nicht geleugnet, die Schuld aber den Armeniern zugeschoben. Je nachdem, wie es gerade passte, hat Atatürk also entweder den Völkermord verurteilt oder, wie die heutige offizielle Politik es immer noch tut, die Geschehnisse heruntergespielt und die Verantwortung zurückgewiesen. Kurz vor der Gründung der türkischen Republik, am 31. März 1923, amnestierte er alle in den Völkermord-Prozessen Verurteilten, vorrangig Mitglieder und Helfer der jungtürkischen Regierung.

Wenn es um Pragmatismus geht, steht der türkische Präsident Recep Tayyip Erdoğan dem Republikgründer kaum nach. Wie es gerade passt, gibt er Minderheiten mehr Rechte oder zieht die Zügel wieder an. Den Völkermord an den Armeniern leugnet er. Für planmäßig ausgeführte Massaker der osmanischen Regierung gebe es keine Beweise. Gleichwohl sendet er versöhnliche Töne nach Armenien. Die Türkei habe die Verantwortung, den Schmerz der armenischen Mitbürger wegen der »Ereignisse von 1915« zu teilen, erklärte er etwa 2018.

Zugleich nutzt der Präsident die feindliche Stimmung in Teilen der Bevölkerung gegenüber den Armeniern und instrumentalisiert sie zur eigenen Profilierung, statt zu beschwichtigen. Ähnlich ist seine Politik gegenüber den Kurden. Seit 2009 gibt es mit TRT Kurdi einen staatlichen Fernsehsender in kurdischer Sprache – als Versuch, den PKK-nahen Informationsprogrammen etwas entgegenzusetzen. Zur Eröffnung sprach Erdoğan sogar einige Worte in kurdischer Sprache.

Das Agieren der türkischen Machthaber zu verstehen, fällt schwer. Man zeigt einerseits Toleranz gegenüber Minderheiten, andererseits will man verhindern, dass sie innerhalb der Türkei ein eigenständiges Profil entwickeln. Das scheint typisch für Nationalstaaten zu sein, die ihre Einheit gefährdet sehen. Griechen und Armenier stellen seit den Massakern und Vertreibungen keine innere Bedrohung der Türkei mehr dar, bei den Kurden sieht das anders aus – sie machen immerhin rund 15 Prozent der Gesamtbevölkerung aus. Viele davon leben in den Großstädten oder verstreut auf dem Land. Zahlreiche Prominente machen aus ihrer kurdischen Identität keinen Hehl. Sie darf als eine Art folkloristischer Subtext mitlaufen, solange die Betroffenen keinen Zweifel daran aufkommen lassen, dass sie sich als Türken sehen. Wehe aber, sie singen oder spielen in kurdischer Sprache oder setzen sich politisch für Belange der Volksgruppe ein. Dann hat die Toleranz schnell ein Ende, und ein Repressionsapparat läuft an, der von öffentlichen Beschimpfungen, Drohungen bis hin zur Verhaftung reichen kann.

Repression ist derzeit die Sprache der türkischen Republik. Anklagen, Verhaftungen, harte Strafen für Meinungsäußerungen – sie sind kein Ausdruck der Stärke, sondern von Fragilität und Unsicherheit, von der fehlenden Selbstgewissheit der türkischen Nation. Anklagen und politischer Druck aus dem Westen, sagte der Historiker Taner Akçam einmal sinngemäß dazu, führten kaum weiter, könnten sogar kontraproduktiv sein. Man müsse positive Antworten finden. Wie diese aussehen können, ist fraglich. Eines ist aber gewiss: Teil einer positiven wie auch befriedigenden Antwort muss die kompromisslose Aufarbeitung der eigenen Geschichte sein.

In der Türkei werden stattdessen bis heute absurde Verschwörungstheorien verbreitet. So schrieb im Oktober 2017 ein türkischer Journalist in einem Artikel über das jüdische Leben im Osmanischen Reich, die Deportationen der Armenier im Jahr 1915 seien auf »Empfehlung der jüdischen Lobby« erfolgt. »So konnten die Juden die Kontrolle über die Wirtschaft des Reichs erlangen.« Diese hanebüchene These hat nicht ein abseitiger Spinner verfasst, sondern ein Kolumnist der regierungsnahen Zeitung *Daily Sabah.* Große Teile der türkischen Gesellschaft sind offenbar nicht geneigt, auch nur die geringste Verantwortung zu übernehmen.

Am 15. Dezember 2007 verabschiedete die »International Association of Genocide Scholars«, die größte internationale Vereinigung von Genozidforschern, eine Resolution, mit der sie die an den christlichen Volksgruppen des Osmanischen Reichs begangenen Verbrechen als Völkermord wertete. Dutzende Staaten haben die Verfolgungen und Ermordungen der Armenier im Osmanischen Reich in Resolutionen als Genozid anerkannt. Der Deutsche Bundestag folgte am 2. Juni 2016 mit dem Beschluss: über die »Erinnerung und Gedenken an den Völkermord an den Armeniern und anderen christlichen Minderheiten in den Jahren 1915 und 1916«. Darin erkennt das Parlament die »planmäßige Vertreibung und Vernichtung von über einer Million ethnischer Armenier« an und bedauert die »unrühmliche Rolle« des Deutschen Reichs, das als »militärischer Hauptverbündeter des Osmanischen Reichs trotz eindeutiger Informationen auch von

Seiten deutscher Diplomaten und Missionare über die organisierte Vertreibung und Vernichtung der Armenier nicht versucht hat, diese Verbrechen gegen die Menschlichkeit zu stoppen.« Erwähnt werden außerdem Deportationen und Massaker an den aramäisch-assyrischen und chaldäischen Christen. Und während eine Resolution des Europäischen Parlaments von 2006 die Pontos-Griechen ausdrücklich mit einschließt, werden sie in der Bundestags-Resolution nicht erwähnt. Stattdessen werden sie unter die Formel »Angehörige anderer christlicher Volksgruppen« subsummiert.

Dem griechischen Historiker Theodosios Kyriakidis ist das zu wenig: »Nicht nur, dass die Resolution die Griechen nicht erwähnt. Sie beschränkt sich auf einen engen Zeitrahmen, nämlich 1915 bis 1916.« Der eigentliche Genozid an den osmanischen Griechen aber habe erst 1916 begonnen. »Richtig wäre es gewesen, zum einen die Griechen zu erwähnen und den Zeitraum auszudehnen. Bis 1922 noch sind Massaker an Griechen verübt worden, auch an Armeniern, die bis dahin noch nicht deportiert worden waren.«

2015, ein Jahr vor der Verabschiedung der Bundestags-Resolution, zum hundertjährigen Gedenken an den Völkermord der Armenier, hatte der damalige Bundespräsident Joachim Gauck in einer Rede im Berliner Dom an die Vertreibungen und die Ermordungen im Osmanischen Reich erinnert – und dabei die Pontos-Griechen mit eingeschlossen. »In dieser Stunde gedenken wir der Angehörigen des armenischen Volkes, die vor einem Jahrhundert zu Hunderttausenden Opfer von geplanten und systematischen Mordaktionen geworden sind«, sagte er. »Unterschiedslos wurden Frauen und Männer, Kinder und Greise verschleppt, auf Todesmärsche geschickt, ohne jeden Schutz und ohne jede Nahrung in Steppe und Wüste ausgesetzt, bei lebendigem Leibe verbrannt, zu Tode gehetzt, erschlagen und erschossen. Diese geplante und kalkulierte verbrecherische Tat traf die Armenier aus einem einzigen Grund: weil sie Armenier waren. Ähnliches traf ihre Leidensgenossen, die Assyrer oder Aramäer und die Pontos-Griechen.«

Anhang

Recherchehinweise und Danksagung

Wer den Blick auf die Einzelschicksale richtet, dem eröffnet sich ein Panoptikum von Grausamkeit, Leid und Tod. Überall auf der Welt haben Überlebende Zeitzeugenberichte gesammelt. Vor allem in den USA und Australien, wohin viele Griechen nach ihrer Vertreibung ausgewandert sind, sind große Online-Archive entstanden, in denen die Berichte in englischer Sprache eingesehen werden können. Für meine Recherche waren diese Online-Archive wichtig. Auch wenn sie in den meisten Fällen wissenschaftlichen Ansprüchen nicht standhalten, zitieren sie oftmals wissenschaftliche Quellen und verlinken zu zeitgenössischen Zeitungsberichten. Letzteres unterscheidet sie von Zeitzeugenberichten, die frei im Netz oder gedruckt kursieren. Ausschmückung und Übertreibung sind gängige Stilmittel, was die Verwendung solcher Berichte schwierig macht.

Sehr hilfreich bei meiner Recherche war das in Australien ansässige »Greek Genocide Ressource Center«. In Australien leben mehr als 700 000 griechische Auswanderer, Melbourne bezeichnet sich selbst gern als größte griechische Stadt außerhalb von Griechenland. Viele überlebende Pontos-Griechen pflegen dort noch heute ihre Traditionen und ihre Kultur. Beim »Greek Genocide Ressource Center« habe ich den Bericht einer Überlebenden aus Ordu gefunden. Aufgeschrieben hat ihn die Enkelin, belegt ist er mit zahlreichen anderen Primärquellen.

Das wohl umfangreichste Archiv zu diesem Thema betreibt das »Asia Minor and Pontos Hellenic Research Center« mit Sitz in Chicago. Es verfügt über eine Bibliothek mit mehr als 1000 Monografien, richtet Kongresse aus und hat ein knappes Dutzend eigener Publikationen in englischer Sprache veröffentlicht. Ziel des Forschungsinstituts ist es, die englischsprachige Öffentlichkeit über das Thema zu informieren und sie zu sensibilisieren.

Auch die *New York Times* entpuppte sich als weitere wichtige Quelle. Die Zeitung hatte im Ersten Weltkrieg zahlreiche Korrespondenten vor Ort. Deren Berichte aus den Tiefen Anatoliens fußten häufig auf Erzählungen Dritter. Oft wurden aber auch Amerikaner zitiert, die bis zu einem gewissen Grad als neutrale Beobachter angesehen werden können – Ärzte und Krankenschwestern, die in Hilfsorganisationen tätig waren, oder Unternehmer. Dazu kommt, dass die *NYT* geschulte Journalisten beschäftigte, die in der Lage waren, in den komplexen Kriegswirren Zusammenhänge zu erkennen und aufzuzeigen.

Als ebenfalls sehr wichtige Informationsquelle erwies sich die »Arbeitsgruppe Anerkennung« (AGA), die sich dem Gedenken an den Völkermord an den Armeniern widmet. Die treibende Kraft dahinter ist die Berliner Soziologin und Armenien-Expertin Tessa Hofmann. Sie ist im Zuge ihrer Recherchen über den Armenier-Genozid auch auf das Schicksal der Pontos-Griechen aufmerksam geworden, hat Zeitzeugenberichte gesammelt, Briefe und historische Unterlagen ausgewertet.

Bedanken möchte ich mich bei allen Menschen, die mich auf meinen Reisen und bei den Recherchen unterstützt haben und in diesem Buch erwähnt werden. Danken möchte ich Axel Novak für seine wertvollen Ratschläge und Hatice Aksoy für ihre Hilfe bei der Recherche und der Übersetzung türkischer Quellen. Hervorragende Arbeit hat mein Lektor Christof Blome geleistet. Ebenso mein Verleger Christoph Links, ohne den es dieses Buch nicht geben würde. Euch beiden: Danke! Meiner gesamten Familie gilt meine Dankbarkeit für ihre Ermutigung und Unterstützung, insbesondere meiner Mutter Kyriaki Heinemann, geborene Markopoulou.

Literatur

Akyol, Çiğdem: Erdoğan. Die Biografie, München 2016

Akçam, Taner: The Young Turks' Crime against Humanity. The Armenian Genocide and Ethnic Cleansing in the Ottoman Empire, Princeton/N.J. u.a. 2012

Andrić, Ivo: Die Brücke über die Drina. Eine Chronik aus Visegrad, München o.J. [1959]

Banken, Roland: Die Verträge von Sèvres 1920 und Lausanne 1923. Eine völkerrechtliche Untersuchung zur Beendigung des Ersten Weltkrieges und zur Auflösung der sogenannten »Orientalischen Frage« durch die Friedensverträge zwischen den alliierten Mächten und der Türkei, Berlin, Münster 2014

Barth, Boris: Genozid. Völkermord im 20. Jahrhundert, München 2006

Bengtson, Hermann: Griechische Geschichte. Von den Anfängen bis in die Römische Kaiserzeit. Sonderausgabe der 5. Aufl., München 1979

Benninghaus, Rüdiger und Peter A. Andrews: Ethnic groups in the Republic of Turkey, Wiesbaden 1989

Bombarding Ships Rescue 2,000 Greeks, in: *The New York Times,* 7. April 1918

Bonsal, Stephen: Suitors and Suppliants. The little Nations at Versailles, New York 1946

Boxler, Horst und Idris Bozkurt-Mevrik: Vom Schwarzmeer zum Hochrhein. Lazen im Landkreis Waldshut, Waldshut 2000

Çetin, Fethiye: Anneannem, Istanbul 2004

Çetinoğlu, Sait und Fikret Başkaya: Minorities in Turkey, Ankara 2009

Clark, Bruce: Twice a Stranger. The Mass Expulsion that Forged Modern Greece and Turkey, Cambridge 2009

De Hungaria, Georgius: Traktat über die Sitten, die Lebensverhältnisse und die Arglist der Türken. Nach der Erstausgabe

von 1481 herausgegeben, übersetzt und eingeleitet von Reinhard Klockow, Köln u.a. 1993
Dinamo, Hasan İzettin: Kutsal İsyan, Istanbul 1990
Dizman, İbrahim, 20. Yüzyilda Ordu, Ordu Belediyesi Yayinklari 2011
Djemal, Pascha: Erinnerungen eines türkischen Staatsmannes, München 1922
Eldem, Edhem / Sophia Laiou / Vangelis Kechriotis: The economic and social development of the port-cities of the southern Black Sea Coast, Late 18th-Beginning of 20th century (Black Sea History Project Working Papers 5), Corfu 2017
Erhan, Halil: 1915'ten 1980'e Karadeniz. Ermeniler, Eşkıyalar, İnsanlar, Yaşamlar, Istanbul 2015
Fallmerayer, Jakob Philipp: Geschichte des Kaiserthums von Trapezunt, München 1827
Φωτιάδης, Κωνσταντίνος: Η γενοκτονία των Ελλήνων του Πόντου. Ίδρυμα της Βουλής των Ελλήνων (Fotiadis, Konstantinos: Der Völkermord an den Griechen des Pontos), Athen 2004
Fotiadis, Konstantinos: Die Islamisierung Kleinasiens und die Kryptochristen des Pontos, Diss. Tübingen 1985
Goltz, Colmar Freiherr von: Das Volk in Waffen, Berlin 1883
Gottschlich, Jürgen: Beihilfe zum Völkermord. Deutschlands Rolle bei der Vernichtung der Armenier, Berlin 2015
Gottschlich, Jürgen: Türkei. Erdoğans Griff nach der Alleinherrschaft, Berlin 2016
Gust, Wolfgang (Hg.): Der Völkermord an den Armeniern 1915/16. Dokumente aus dem Politischen Archiv des deutschen Auswärtigen Amts, Springe 2005
Halo, Thea: Not Even My Name. A True Story, New York 2000
Hofmann, Tessa: Annäherung an Armenien. Geschichte und Gegenwart, München 1997
Hofmann, Tessa (Hg.): Verfolgung, Vertreibung und Vernichtung der Christen im Osmanischen Reich 1912–1922, Münster 2004

Hanioğlu, M. Şükrü: Atatürk. Visionär einer modernen Türkei, Darmstadt 2015

Hartwig, Thomas: Die Armenierin, München 2014

Hionides, Constantine: The Greek Pontians of the Black Sea, Thessaloniki 2003

Horton, George: The Blight of Asia. An Account of the Systematic Extermination of Christian Populations by Mohammedans and the Culpability of Certain Great Powers, Reading 2003 [zuerst 1926]

Hosfeld, Rolf: Operation Nemesis: Die Türkei, Deutschland und der Völkermord an den Armeniern, Köln 2005

Hosfeld, Rolf: Tod in der Wüste. Der Völkermord an den Armeniern, München 2015

Janßen, Karl-Heinz: Blut, Tränen, Haß und Rache, in: *Die Zeit*, 28. 8. 1974

Kadare, Ismail: Die Brücke mit den drei Bögen, Frankfurt/Main 2005

Kashdan, A. P.: Byzanz und seine Kultur, Berlin 1973

King, Charles: Mitternacht im Pera Palace. Die Geburt des modernen Istanbul, Berlin 2014

Leontiades, Leonidas: Die Neutralität Griechenlands während des Weltkrieges. Die Saloniki-Expedition der Entente. Hg. v. Max-Planck-Institut für ausländisches öffentliches Recht und Völkerrecht, Athen 1931

Lepsius, Johannes: Der Todesgang des Armenischen Volkes. Bericht über das Schicksal des Armenischen Volkes in der Türkei während des Weltkrieges, Potsdam 1919

Lotze, Detlef: Griechische Geschichte. Von den Anfängen bis zum Hellenismus, München 2017

Majoros, Ferenc und Bernd Rill: Das osmanische Reich 1300–1922. Die Geschichte einer Großmacht, Wiesbaden 2004

Merten, Kai: Untereinander, nicht nebeneinander. Das Zusammenleben religiöser und kultureller Gruppen im Osmanischen Reich des 19. Jahrhunderts, Berlin, Münster 2014

Morgenthau, Henry: Secrets of the Bosphorus, London 1918
Özbe, Ufuk: Du Armenier!, in: *Die Zeit,* 29.4.2015
Partnerschaft mit türkischer Stadt Trabzon vor dem Aus, in: *Dortmund Echo,* 3.8.2017
Rhodos, Apollonios von: Die Fahrt der Argonauten, Stuttgart 2002
Rogg, Inga: Türkei. Die unfertige Nation, Zürich 2017
Sakayan, Dora (Hg.): Smyrna 1922. Das Tagebuch des Garabed Hatscherian, Klagenfurt 2006
Σαλτσή, Ιωακείμ: Χρονικά Κοτυώρων, (Saltsis, Ioakim: Chronika Kotyoron), Thessaloniki 1955
Schwab, Gustav: Sagen des klassischen Altertums, Köln 2011
Schwarz, Michael: Ethnische »Säuberungen« in der Moderne. Globale Wechselwirkungen nationalistischer und rassistischer Gewaltpolitik im 19. und 20. Jahrhundert, Berlin 2016
Seewald, Berthold: Warum Erdoğan griechische Inseln zurückhaben will, in: *Die Welt,* 2.11.2016
Şener, Cemal: Topal Osman Olayı, Istanbul 1992
Shaw, Ezel Kural und Stanford J.: History of the Ottoman Empire and modern Turkey. Bd. 2: Reform, revolution, and republic: the rise of Modern Turkey, 1808–1975, Cambridge 2005 (NA).
Sotiriou, Dido: Grüß mir die Erde, die uns beide geboren hat, Köln 1994
Todt, Bernhard: Die Eroberung von Konstantinopel im Jahr 1204. Aus dem Altfranzösischen des Gottfried von Ville-Hardouin unter Ergänzung aus anderen zeitgenössischen Quellen, Halle 1878
Topalidis, Sam: A pontic greek history, Canberra 2007
Tsirkinidis, Harry: The Red River. The tragedy of Hellenism in Anatolia, Thessaloniki 1999
Turgay, Üner: Trade Merchants in Nineteenth-Century Trabzon. Elements of Ethnic Conflict, in: Benjamin Braude und Bernard Lewis: Christians and Jews in the Ottoman Empire, New York 1982

Wegner, Armin T.: Die Austreibung des armenischen Volkes in die Wüste. Ein Lichtbildvortrag. Herausgegeben von Andreas Meier, Göttingen 2011

Werfel, Franz: Die 40 Tage des Musa Dagh, Frankfurt/Main 1990

Woman Pictures Smyrna Horror, in: *The New York Times,* 8.10.1922

Xenophon: Anabasis, Stuttgart 1999

Abbildungsnachweis

Archiv Mirko Heinemann: Frontispiz, S. 8, 29, 33, 44, 87, 93, 97, 104, 106, 213

Library of Congress, Prints & Photographs Division: S. 114 (LC-USZ62-77293), 119 (LC-DIG-ggbain-31323), 159 (LC-USZ62-85047), 185 (LC-USZ62-133019), 216 (LC-DIG-matpc-15134), 222 (LC-DIG-ggbain-35544), 232 (LC-DIG-anrc-03943)

Wikimedia Commons: S. 130 (Coloured_photograph_of_Eleftherias_Square,_Thessaloniki,_in_1914.png), 136 (General_Mustafa_Kemal_in_Aleppo,_1917.png), 141 (Deutsche_Militärmission_Türkei_Kladderadatsch_Jg_67_H1_S20_4.1.1914_Gustav_Brandt.jpg), 150 (Bashi-bazouk_Ottoman_Postcard.jpg), 154 (Djemal_Pasha2.png), 169 (Chrysanthos.jpg), 179 (Map_of_Pontus.jpg), 193 (Topal_Osman_Agha.jpg), 204 (Matthaios_Kofidis.JPG), 238 (Semsis_Eskenazi_Tomboulis.jpg)

Personenregister

Kursivierte Seitenzahlen verweisen auf Bildunterschriften.

Ortsregister

Zum Autor

Mirko Heinemann

Jahrgang 1966, wurde als Sohn einer griechischen Mutter und eines deutschen Vaters in Thessaloniki geboren. Aufgewachsen ist er in Mönchengladbach. Seit seinem Studium der Publizistik, Politologie und Ethnologie arbeitet er als freier Journalist. 2000 wurde er mit dem Journalistenpreis der Pall-Mall-Foundation ausgezeichnet. Derzeit konzipiert er Themenbeilagen in *Die Zeit, Handelsblatt, Capital, Welt* und *WirtschaftsWoche* und arbeitet für Printmedien wie *taz, Das Parlament, FAZ* und für den Hörfunk, etwa die Programme des *Deutschlandfunks*. Er lebt mit seiner Familie in Berlin.

UNGARN
Kischinew
Jassy
Bessarabien
Odessa
RUMÄNIEN
Hermannstadt
Kronstadt
Braila
Belgrad
Bukarest
Konstanza
JUGO-
SLAWIEN
Donau
Süd-Dobrudscha
1918–19/20 bulg.
Warna
Nisch
Serbien
BULGARIEN
Sofia
Burgas
ALBANIEN
Prisren
Skopje
Edirne (Adrianopel)
1923–36
entfestigt
1920–22 griech.
Strumitza
Kavala
1919/20
Istanbul
(Konstantinopel)
Alexandropol
Iznik
Thessaloniki
Gallipoli
Bitola
(Manastir)
Bursa
(Brussa)
1923
Ioannina
Larissa
Ägäis
Lesbos
Ayvalik
1919–22 griech.
GRIECHENLAND
Chios
Izmir
(Smyrna)
Athen
Patras
Korinth
Aydin
Ionisches
Meer
Peleponnes
Kykladen
Rhodos
Dodekanes
ital.
Rhodos
Erwerbungen Griechenlands
1919/20
Kandia
Kreta
Türkei nach dem Frieden
von Sèvres (10.8.1920)
Türkei nach dem Frieden
von Lausanne (24.7.1923)
0
50
100
150 km